知りたかった！がつまってる

はじめてさんからの刺繍読本

河出書房新社

材料について

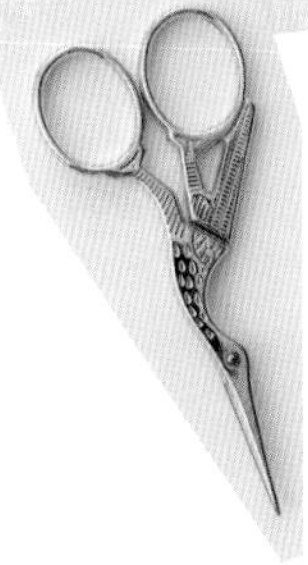

道具について

刺し始める前の準備のこと

刺すときのポイント

刺繍を彩る

刺したあとのこと

小物に仕立てる

さまざまな刺繍

刺繍にまつわる言葉

よく使われるステッチ

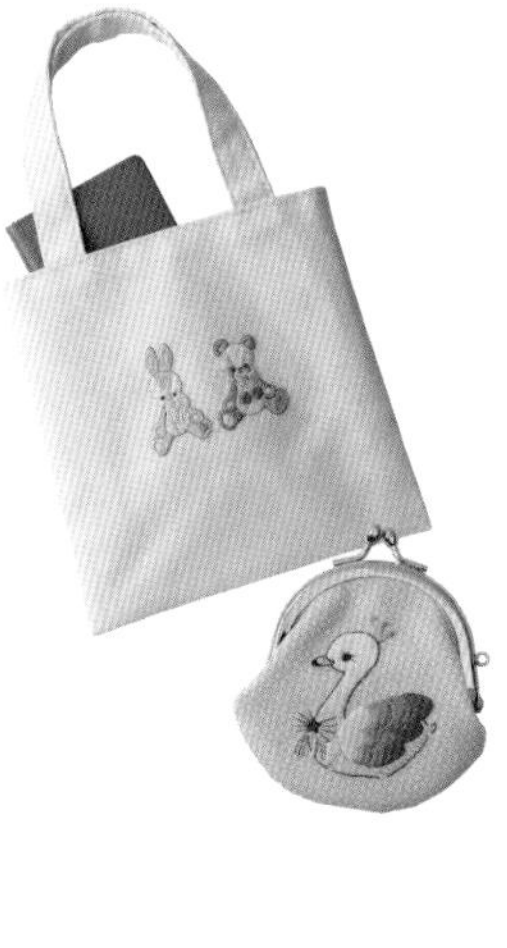

材料について

刺繍糸を中心として、刺繍をするために欠かせない
大切な材料のことを紹介します。

大活躍の25番刺繍糸

刺繍はどんな糸でも楽しめますが、中でも綿１００％の25番刺繍糸が一般的によく使用されます。色数が豊富で扱いやすく、市販のキットや図案集などでも使われることが最も多いでしょう。主な25番刺繍糸を下で紹介します。いずれも４３０～５００色程のラインナップがあります。

色のラインナップは変化する

たくさんの色が展開されている25番糸。新色が追加されたり、近似色の統廃合が行われることも。似た色を片方の色番号に統合したり、廃番の場合は、代替の色番号をアナウンスしてくれることもあります。

COSMO
（コスモ）

日本のメーカーLECIEN（ルシアン）の刺繍糸。シルクのような光沢とソフトな風合いに定評があります。

DMC
（ディー・エム・シー）

フランスの老舗刺繍メーカー。世界中で長く愛されています。洗っても色落ちしにくいのが特徴です。

Anchor
（アンカー）

ヨーロッパの老舗ブランド。ヨーロッパ独特の美しい色合いが魅力です。環境に配慮した染料を使用しているため、水濡れすると布に色が移る場合があります。

OLYMPUS
（オリムパス）

美しい光沢と風合いが魅力の国産刺繍糸。発色が良く、明るく華やかな色合いに惹かれる人も多い。

25番刺繍糸は6本の糸が合わせてある

25番刺繍糸は細い糸が6本合わせてあり、これを1本ずつ引き出し、必要な本数を引き揃えて使います。

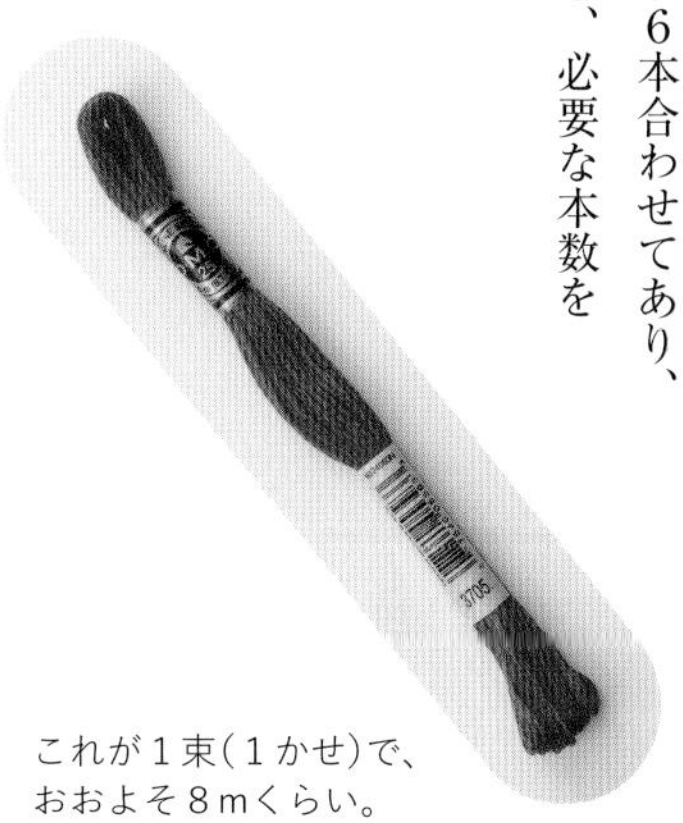

これが1束(1かせ)で、おおよそ8mくらい。

ラベルはしっかり保管を

糸についているラベルには「メーカー(ブランド名)」と「色番号」が書いてあります。同じ色番号でもメーカーによって色が異なるので、どちらも糸と一緒に保管しておきましょう。

色番号。数字ではなくECRUなど単語の場合も。

メーカー名(ブランド名)。

色が移り変わるグラデーション糸

25番糸には、単色のものだけではなく、グラデーション(段染め)糸もあります。刺し進めると自然に色が移り変わり、シンプルなステッチに表情が生まれます。面を刺すと、より顕著に。偶然を楽しむのもよし、色味を狙って使うのもよしです。

各メーカーのグラデーション糸。色の組み合わせがさまざまで楽しい。

グラデーション糸(COSMO Seasons)を使用した作品。ピンク系のグラデに。

意図的に特定の色部分を使ったりも！

〈by moha._.moha〉

キラキラした光沢が魅力の刺繍糸

25番刺繍糸で刺した作品にアクセントをつけたいときに活躍するのがキラキラ系の糸。綿100％の25番糸と違い、ナイロン、ポリエステル、キュプラなどが使われています。

25番糸にくらべると、刺すときに少し引っかかりを感じることもあります。初めて使うときは、ワンポイント程度で試し、慣れてきたら、どんどん使いこなしてみましょう。

25番糸と同じ形状（6本撚り）のものや、そのまま1本で使うものがあります。

DMC ETOILE（DMC）

ラメ糸のエトワールは、25番刺繍糸と同様に6本撚りになっています。

シャイニーリフレクター ラメ刺しゅう糸（OLYMPUS）

6本の細いラメ糸が撚り合わされています。

にしきいと（LECIEN）

手刺繍用のラメ糸。太さや光沢の違う5種類の糸があります。

DMC Diamant（DMC）

ダイヤモンドのような輝きのメタリック刺繍糸。1本（3本撚り）で、25番糸2本どりと同程度の太さです。

キラキラ糸を使うときのポイント

摩擦が生じやすい素材なのでからまりやすく、25番糸とくらべると少し刺しにくい印象です。できるだけ短くカットして使うのがおすすめ。長くても30㎝程度にしましょう。

刺すときは、ゆっくりまっすぐ糸を引くようにしましょう。

ラメ糸の水洗いやアイロンは商品によって確認を

ぬるま湯までの温度で手洗い&アイロンは中温で裏から、が基本。商品ごとに確認してから仕上げとお手入れを。

［25番糸以外の刺繍糸］

8番、5番

25番より太い番手の刺繍糸。しっかりとした撚りで光沢と艶があります。そのまま1本で使います。

［25番糸以外の刺繍糸］

コットンアブローダー

4本の糸が撚られて1本になっています。カットワークやドロンワークなどにも使われ、細番手～太番手さまざまな太さがあります。番手に関わらずそのまま1本で使用します。

左はDMC、右はアンカー。

［25番糸以外の刺繍糸］

花糸

艶なしの細い綿の刺繍糸で、ナチュラルな風合いが魅力です。デンマークのメーカーO.Oehlenschalagers Eftr ApS社（オーレンシュレーガー）のものが日本では有名。「ＯＯＥの花糸」などと記載されます。

［25番糸以外の刺繍糸］

ウール刺繍糸

羊毛の刺繍糸。やわらかで立体的、そして温かな印象に仕上がります。太いので刺し進めやすく大きな作品づくりにも◎。ニット小物に刺繍したいときにも相性が良いでしょう。

刺繍糸、使いやすい保管方法は？

いろいろな図案を刺していくと、どんどん刺繍糸が手元に増えていきます。購入した束（かせ）のまま保管していてもよいのですが、ここで保管方法をいくつか紹介します。保管スペースの都合や、色番号から探しやすくしたいかどうか、糸の長さは使う度に自由に決められる方がいいか、などそれぞれ環境や好みがあるでしょう。自分にあったものを見つけてみてください。

いずれにしても、メーカー名と色番号はしっかり分かるようにしておくことが大切です。

使いやすい長さにカットしてから保管

新しい糸を保管する際、ある程度の長さにカットしてから保管するほうが、使うときに切る手間が省け、使いやすくなります。刺繍糸は50～60㎝程の長さで使うのがおすすめなので、次の方法でカットしておくとよいでしょう。

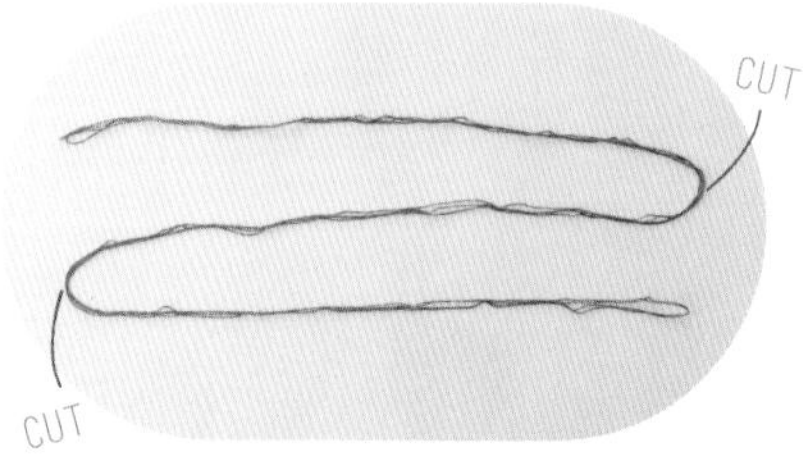

刺繍糸の束をすべてほどき、半分で一度折り返し、もう一度半分に折りたたみます。これを三等分にし、両端のわをカットすると、66㎝程の糸の束が出来上がります。

カットして三つ編みで保管

カットした糸がからまってしまわないように、ゆるく三つ編みをして保管しておきます。保管時の巻きぐせがつきにくくおすすめです。

使うときは１本（６本撚り合わせ）を抜き出します。すでに66㎝程の長さなので、カットは不要。ここから必要な本数を引き揃えて使います。

カット済みの糸を半分に折りたたみ、わのところにメーカー名と色番号のラベルを通します。

糸全体をゆるく三つ編みします。端は結んだり留めたりしなくてOK。

厚紙でお手製糸見本仕立てにする

厚紙に穴をあけ、カットした糸を通して保管します。色番号で探しやすいよう番号ごとにまとめるか、色選びしやすいよう似た色ごとにまとめるか、自分が使いやすい方で整理しましょう。

長いまま糸ホルダーや紙製糸巻きに巻く

カットはせずに、長いまま市販の刺繍糸ホルダーや紙製の糸巻きに巻き直して保管する方法もあります。色番号を忘れずに残しておきましょう。

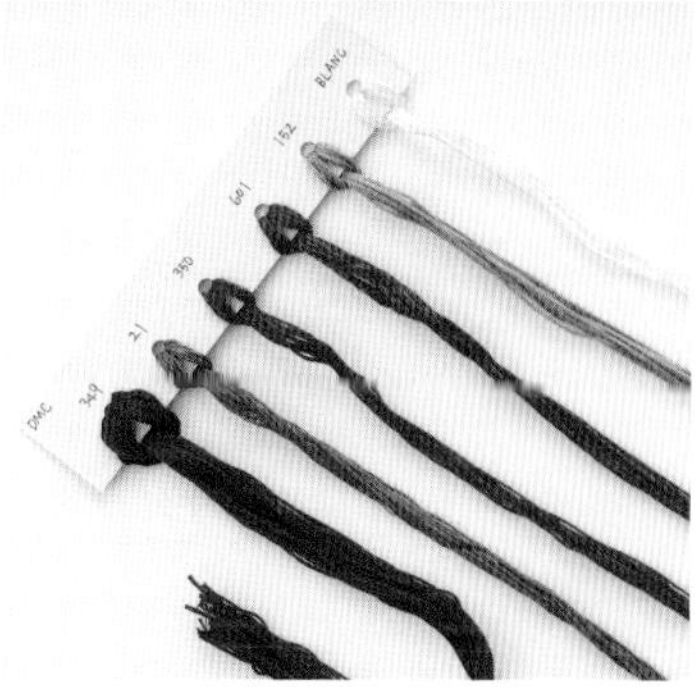

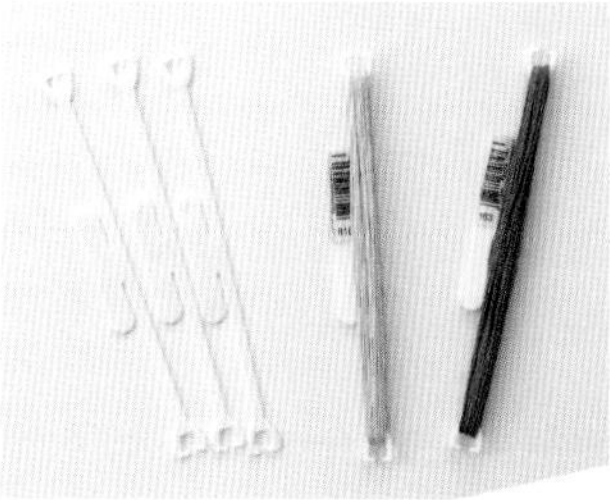

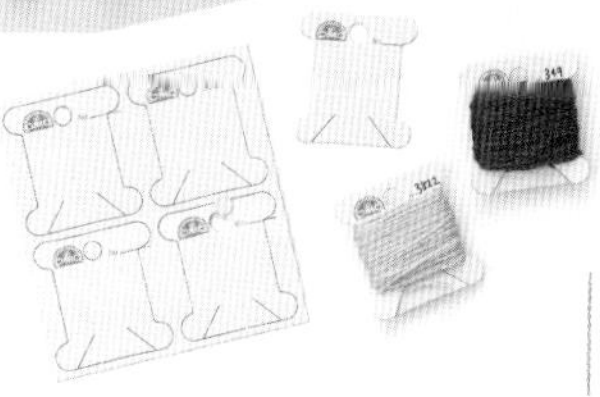

カットせずに保管するメリットは使うときに糸の長さを決められること。

あまり糸収納いろいろ

刺し終えたあとにあまった糸、捨てるのはもったいないですが、新しい糸と同じように保管するのも難しいもの。短いあまり糸の収納アイデアを紹介します。

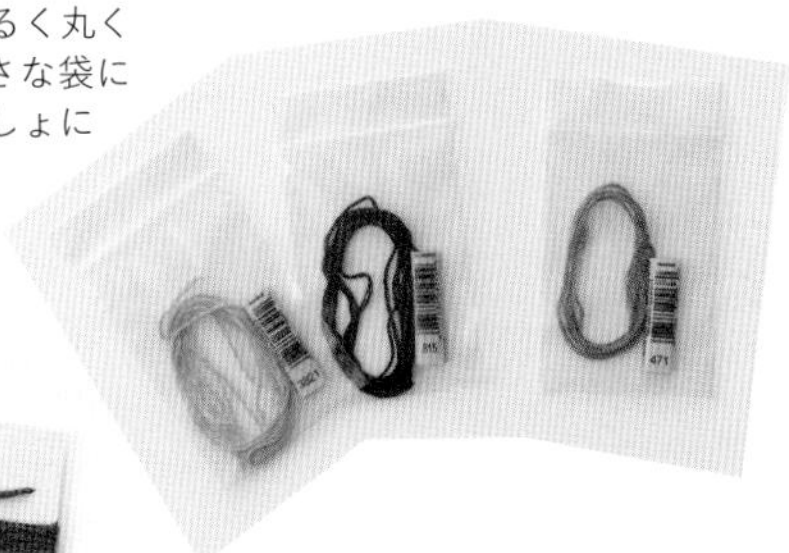

くるくるとゆるく丸くまとめて、小さな袋にラベルといっしょに保管。

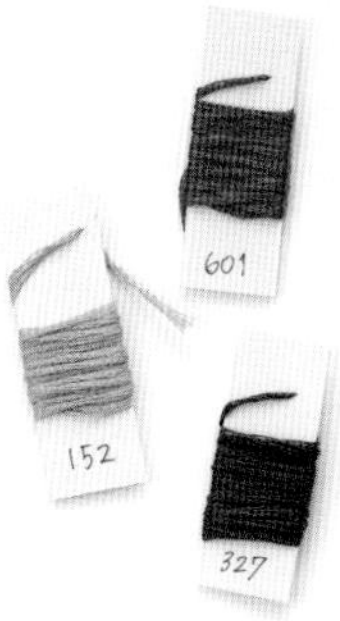

色番号を書いた厚紙に巻いておく。

小さな木製ピンチに巻いておく。色番号はシール貼りしたり、ペンでピンチに直接書いても。

作家さんに聞いてみた① 糸収納

たくさん糸を持っているであろう作家さんたちは刺繍糸をどんな風に保管・管理しているのでしょう？

DMCの紙製糸巻きに巻き直し、アンティークショップで1000円くらいで買ったトレイに番号順に並べて保管しています。

chicchai_chicchaiさん

DMCのステッチ棒に巻き直し、ドッチファイルに収納しています。あまり糸はステッチ棒に軽く結んでいます。

PieniSieniさん

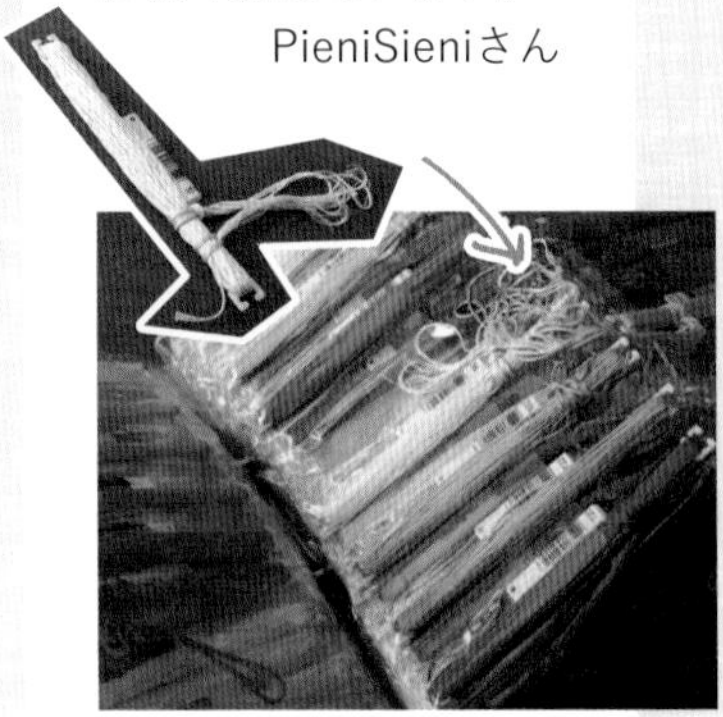

プラスチックの糸巻きに巻き直しています。その糸巻きに油性ペンで番号を書いて保管しています。

junさん

よく使う糸は２束ずつ三つ編み。あまり出番のないものは１束を三つ編みにしてステンレス吊り金具にぶら下げています。

MIKIさん

必要な分だけ束から引き出してパンの留め具(バッククロージャー)に巻きつけて保管しています。糸の色に近い色のマステを貼り、メーカーと色番号を記載して
います。

moha._.moha
さん

三つ編みにしてから、小さなジップ袋にラベルをつけたものに入れて保管しています。あまり糸もこの袋に。

itosinoさん

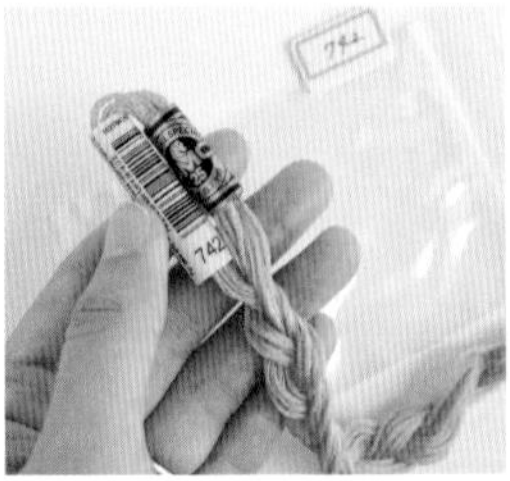

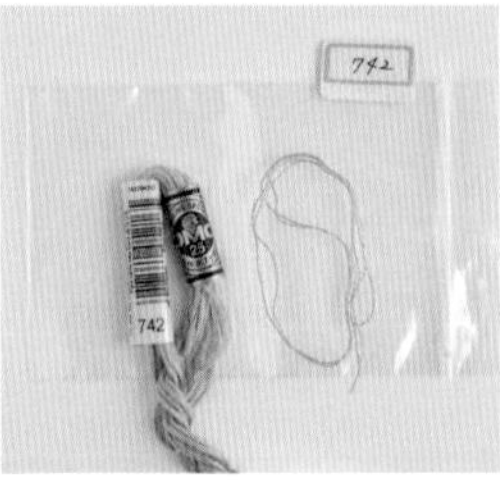

三つ編みにして、透明引き出しの書類ケースに、メーカー別＆トーン別に並べています。

Chicchiさん

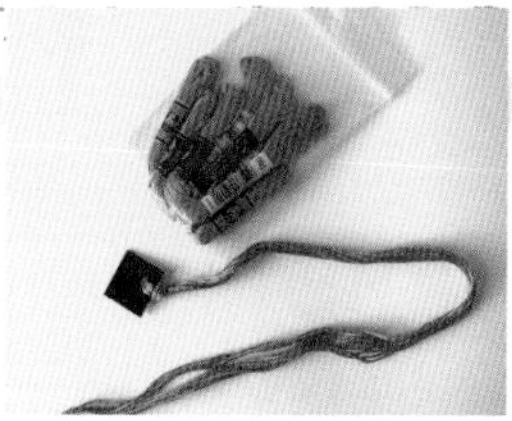

１～４本どりでよく使うので、厚紙にパンチングで穴をあけて、新品を使いやすい長さに切ったものと、使いかけを写真のように通して、小さな袋に整理して入れています。刺繍糸に巻きぐせもつかなくて便利です。この袋を収納しているのは、プロ仕様のメイクボックス。40×25cmの大きさがあり、ここに刺繍糸をしまった袋がたっぷり入っています。メイクボックスは全体が見渡せる作りになっているので色分けして収納しています。

itonohacoさん

三つ編みにして、手が届く場所に色合い毎にかけています。色褪せ防止のため、使わないときは左側の布を被せています。

FABBRICAさん

束のまま、中央に糸番のラベルを寄せて、なくならないようしておきます。使う長さはその時々変わるので切り分けることはしていません。

atelier de noraさん

紙のメッセージタグにメーカーと色番号を記入して巻き直しています。それをスタッキング可能なケースに収納しています。

OKEIKOさん

三つ編みにして１色ずつ小さな透明のチャック袋に入れ、DMC、コスモ、オリムパス、アンカーなどメーカー別にまとめて保管しています。

渡部友子さん

束のまま、無印良品のアクリルケースに入れています。棚の外からも見られて、段の入れ替えもでき、出してトレーとしても使えるので、とても使い勝手が良いです。使いかけの糸は、ある程度長さのあるものは同じ色の束の上に重ねて置いて、使いかけから使うようにしています。

itonomoriさん

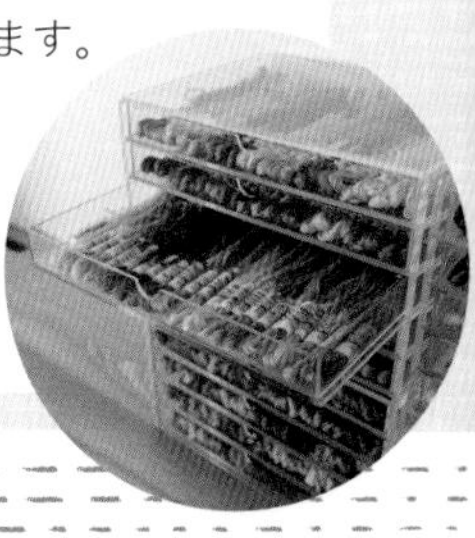

刺繍に使う布、何でもいいの？

布に図案を写して刺繍をするフランス刺繍の場合、針が無理なく通れば、どんな布にも刺すことができます。ポイントは布目が詰まった生地を選ぶこと。刺している間によれたり引き攣ったりしにくく、刺しやすいでしょう。

綿（コットン）や麻（リネン）が定番で、中でも最初は平織りの生地がおすすめ。平織りとは、たて糸とよこ糸を交互に交差させる最も基本的な織り方で、シーチングやオックスフォードといった生地があります。迷ったときは、刺繍用として販売されている布を購入するのが安心。

また、厚みがありながらもやわらかく針通りのよいフェルトもおすすめです。

水洗いで縮みやすい綿や麻は水通しを

綿や麻は水洗いすると縮みや歪みが出やすい生地です。刺したあとに、実用品に仕立て、繰り返し洗濯をする予定のある場合は、最初に水通しをしましょう（32ページ参照）。

薄くてやわらかい布には接着芯を使う

同じ素材（綿、麻）でも、布目の詰まり具合や厚さ、張りなどは、生地によってさまざま。薄い布、やわらかい布、布目が粗い布は少し刺しにくいので、布の裏に薄手の接着芯を貼り、布に張りを持たせると、刺しやすくなります。

布の表裏はどうやって見分ける？

プリント布などは柄の濃さなどによって表裏がわかりやすいですが、刺繍する布としては無地を選ぶことも多いでしょう。究極は自分が刺繍を刺したいと思った方を表にしてOKですが、それでもふと気になってしまうのが布の表裏。いくつか見分けるポイントがあります。

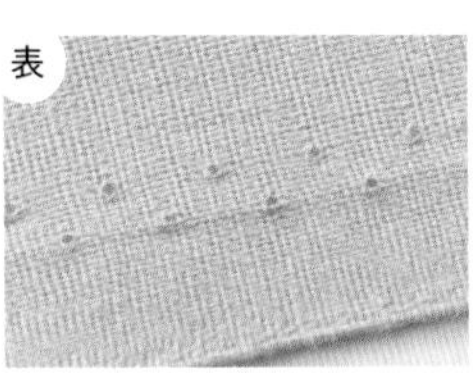

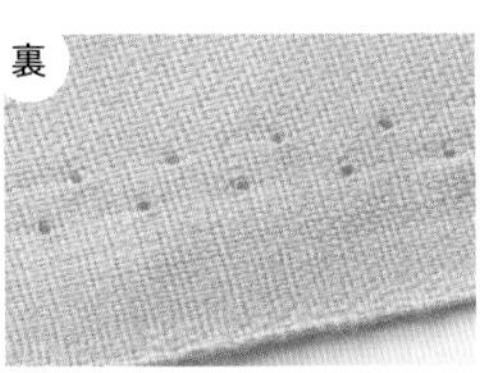

- 布に耳がついていたら、耳の穴が凸になっている方が表であることが一般的です（が、100%ではないので、他のポイントもあわせてチェックを）。
- 布の端にブランド名やメーカー名などの文字が入っていれば、その文字が読めるほうが表です。
- たて糸とよこ糸が交互に交差されている平織りの布は、基本的には表裏がなく、布の表情に大きな差はありません。
- ツイル（左ページ参照）は、斜線がよりはっきり見える方が表です。斜めの線が気になる場合は、あえて裏面を使ってみるという選択肢も。

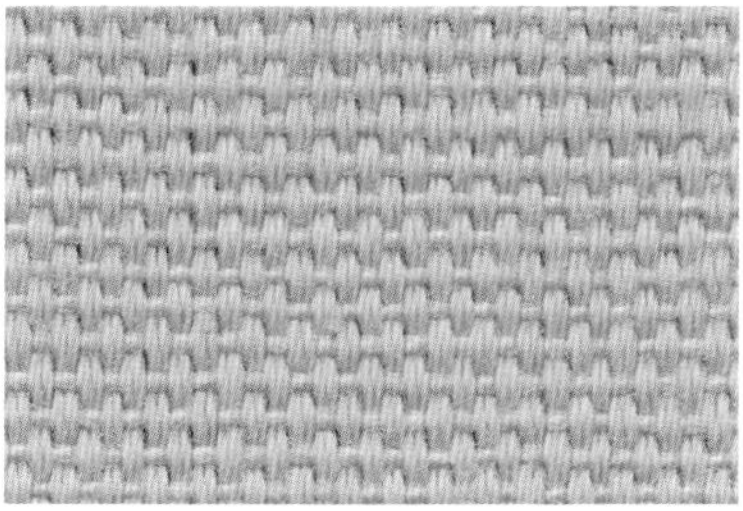

綿／オックスフォード

たて糸とよこ糸を複数本ずつ引き揃え交差させて織られた平織りの生地です（よこ糸は1本のことも）。一般的にシーチングより太い糸で織られていることが多い（厚手のものが多い）ので、刺繍をする際は、厚すぎないものを選びましょう。

綿／シーチング

薄手で針通りがよく、アイロンがけしやすく、安価で入手しやすいのもうれしいポイントです。シワになりやすいので、刺繍枠をはずしたあと（刺したあと）はしっかりとアイロンをかけてください。薄くて刺しにくい場合は、接着芯を貼ります。

麻

適度な張りとやわらかさを兼ね備えています。ざっくりとした手触りのものもありますが、刺繍用には目の詰まったものを選んでください。

POINT　**麻とリネンはどう違う？**

麻は植物から作られる繊維の総称で、亜麻糸の織物であるリネンもその中の一つです。

綿／ツイル

表面に斜めに線が入って見えるのが特徴。綾織りの生地で、ツイルとも呼ばれます。たて糸とよこ糸を交互ではなく規則性をもってずらして交差させるため、このように見えます。平織りの生地にくらべると伸縮性があってやわらかく、シワになりにくい生地です。

フェルト

羊毛などから作られた織り目がない不織布。柔らかくて針通りがよいので、刺繍にも向きます。切りっぱなしにでき、アイロン不要で、ブローチやワッペンなどにも仕立てやすいです。使用する図案写しペンによっては、綿や麻にくらべて線が写りにくいことも。

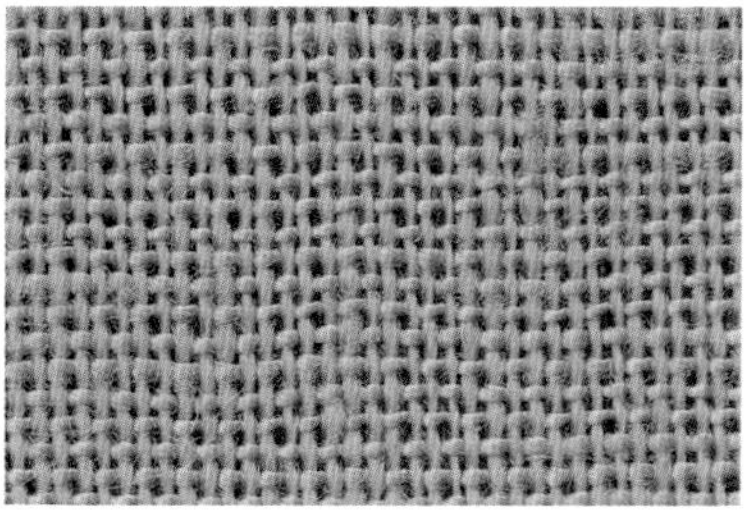

綿麻／シーチング

綿と麻の混紡シーチング（写真は綿50%、麻50%）。綿と麻の良さを合わせ持ち、麻の風合いがありながら麻100%よりも扱いやすいのが魅力です。

図案写しのアイテムを選ぶポイント

刺繍図案を布に写すための方法やアイテムは、たくさんあります。写す方法によって選ぶアイテムが変わり、また、仕上がりまでの工程（時間がかかるのかどうかなど）や刺し終えたあとのこと（水洗いするのかなど）も考え、作品や自分のスタイルにあうものを見つけましょう。

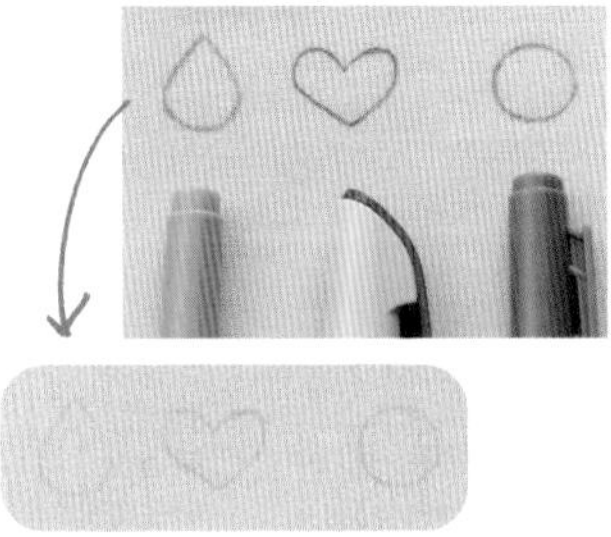

自然に消えるタイプのマーカは時間経過で段々と薄くなって消えていきます。

選ぶポイント	アイテムの特徴	メモ
線が何で消えるか	水 or 専用消しペン or アイロン(熱) or 自然に消える	水洗いできる作品か、長期間刺繍している間に図案線が自然に消えてしまわないか
線がいつ消えるか	自分のタイミングで消せる or 時間が経つと消える	概ねどちらも兼ね備えていることが多く、図案写しミスなどを考えるとすぐに消せる手段があるほうが便利
線の太さ	太い or 細い	図案自体の大きさ、刺すステッチが線か面か、何本どりかなど
線の色	布の色に映えるもの	目立つ色のほうが刺しやすい
その他	図案の大きさや使用頻度	広い面積が必要か、消耗が早いかでコストも検討
	布との相性	使う布によってはにじんでしまうこともあるので、試し書きを

図案の準備

本で見つけた図案や自分で描いた絵など、布に刺繍したいものが図案になります。

図案を写す際、何かしらのアイテムで図案をなぞるため、負荷がかかってしまいます。跡がついたり、ペンのインクが付着したりすることもあるので、自分が汚したくないもの、あるいは図書館から借りた本のように、傷めてはいけないものの場合は、そのまま写さずに、まず、図案のコピー取りましょう。

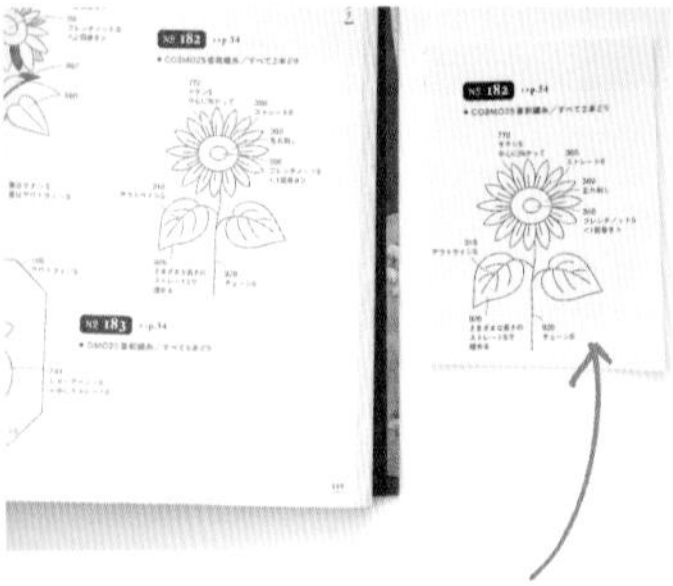

コピーを取ります！

まずは、基本を知ろう 図案写しの王道アイテム

昔からずっと使われている基本とも言うべき道具は、トレーシングペーパー、鉛筆、手芸用複写紙（図案写しペーパー）、OPPシート（セロファン）、トレーサーです。

どれも手芸店で購入できます。OPPシート（セロファン）はトレーサーでなぞる際に、トレーシングペーパーの上に重ねて図案がやぶれないようにするためのもの。100円ショップなどで購入できるOPP袋をカットして使ってもOK。

小さな図案には 小さな複写紙が便利

複写紙はソーイング（布小物や洋服といった裁縫）などに使われるため、刺繍ファンにとってはサイズが大きく感じられるかもしれません。

大きな図案を写したり、たくさん刺繍をするのであればよいのですが、もし、ワンポイントの図案しか刺さないということであれば、ハンディサイズの複写紙がおすすめ。ピリピリと手で取り外すことができて、扱いやすいサイズなので、作業中に手や布を汚すリスクも軽減できます。

HANDY CHACO PAPER

105×148mmとコンパクトなサイズ。青15枚、白5枚と色違いが入っているのも嬉しい。

複写紙不要の「ムーンベール」＆専用マーカー

ムーンベールは、やわらかい薄手のトレーシングペーパー。図案に重ねて専用マーカーで図案を写し、布に重ねてもう一度なぞることで、転写が完了します。アイテム2つで完結するすぐれもの。

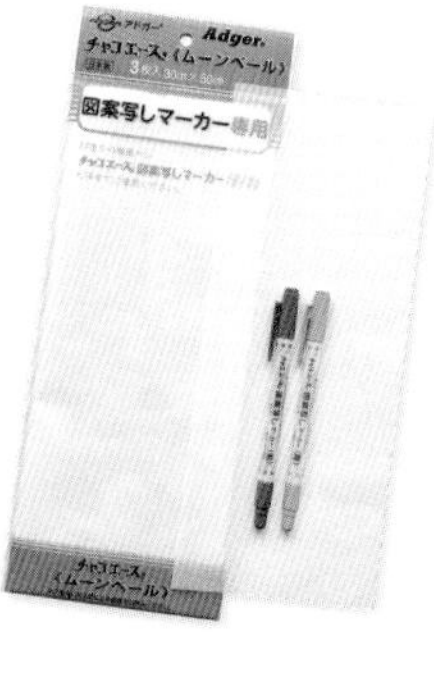

ずれない＆溶けてなくなる「スマ・プリ」

スマ・プリは、水に溶ける図案転写シール。水性ペンで図案を写し、透明な台紙をはがして布にそのまま貼るだけ。転写中にずれる心配がありません。

シールの上からそのまま刺繍し、最後に水に溶かせば完成です。

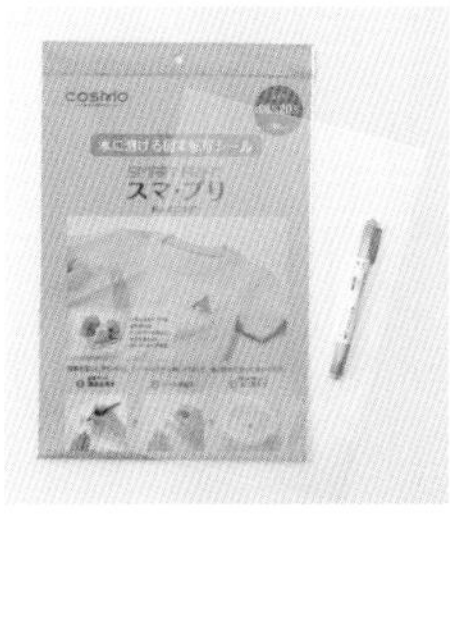

上から刺してあとで破く ピーシングペーパー

パッチワークなどでよく使われるピーシングペーパーは刺繍にも使えます。半透明の紙で、アイロンで布に仮接着でき、そのまま上から刺して、最後に破りとるだけです。

ピーシングペーパー
Clover（クロバー）
39×110cmのペーパー２枚が入っている。

1　ピーシングペーパーに図案を写します。

2　アイロン（中温）で布に仮接着します。

3　ペーパーの上から図案通りに刺繍します。

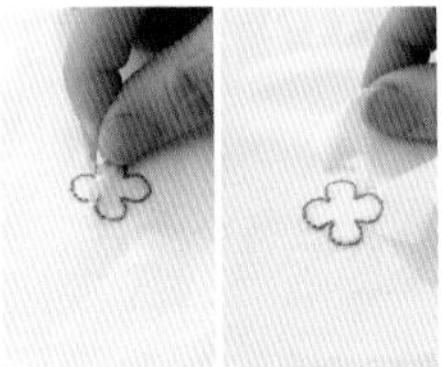

4　最後にペーパーを破り取ります。図案線の内側も取り除きます。

ピーシングペーパーを使うのはこんなとき

ピーシングペーパーのメリットは、水洗いしたり専用ペンを使ったりして図案線を消す手間がないことと、パッチワークやキルトに使われるの材料なので、ペーパーサイズが大きく、広い範囲をカバーできること。バックステッチやアウトラインステッチなどの線のステッチを多用するときや、広範囲の図案のときにおすすめです。

ピーシングペーパーの上から、サテンステッチやロングアンドショートステッチなどで面を埋めると、ステッチの中にペーパーが残りますので、刺繍後に水洗いするものにはおすすめできません。

直接布に描くフリースタイル

図案をトレースする必要がない場合や、自分で直接布に絵を描く場合は、アイテムはシンプル。布用のマーカーやボールペン、シャープペンシルがあればＯＫです。

直描き初心者はすぐに消せるペンだと安心

布用マーカーは、線が時間が経つと自然に消えるもの、水や専用ペンで消せるものなど、消し方もさまざま。すぐに消せるタイプ（専用ペンで消せるなど）だと、修正したいときにも安心です。

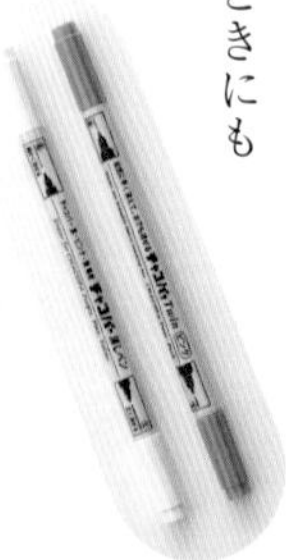

図案写しペンいろいろ

自然に消える＆専用ペン・水でも消せるマーカー

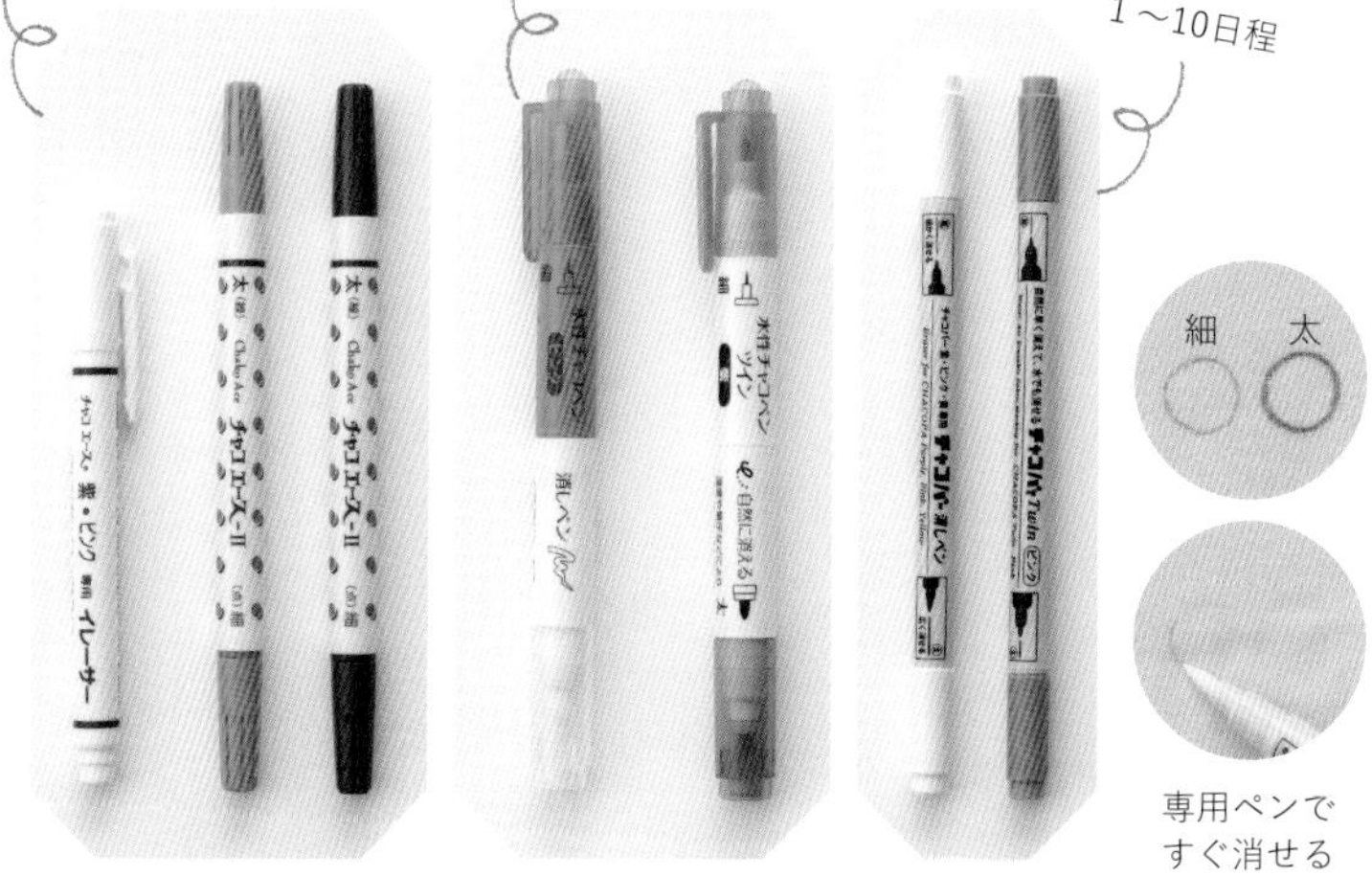

どのペンも
布端で試して
から使い
ましょう

専用ペン＆専用消しゴムで消せるシャープペン

自然に消える＆水でも消せるボールペン

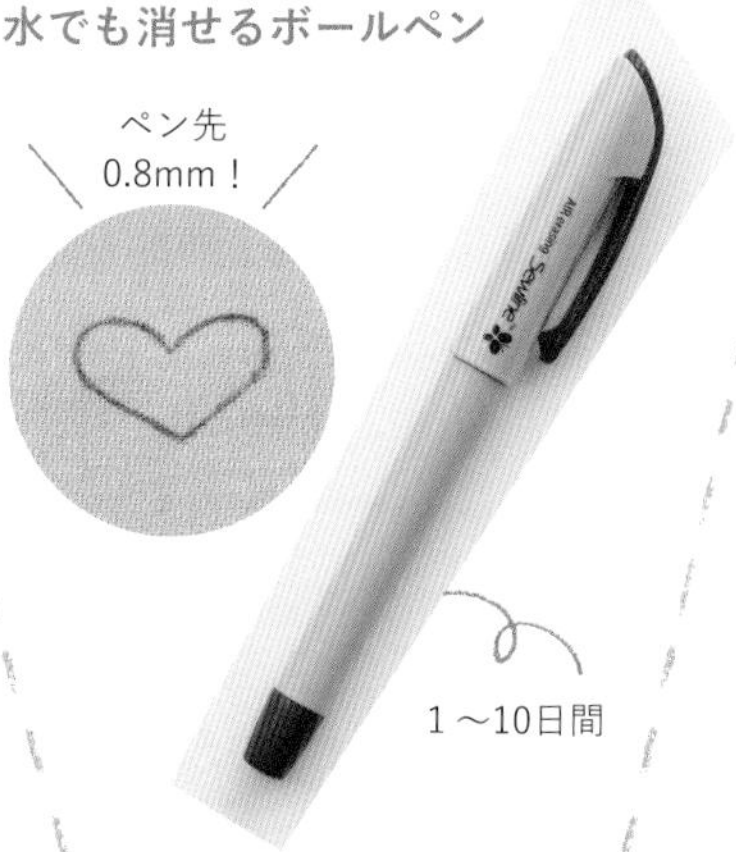

水で消える 自然には消えない

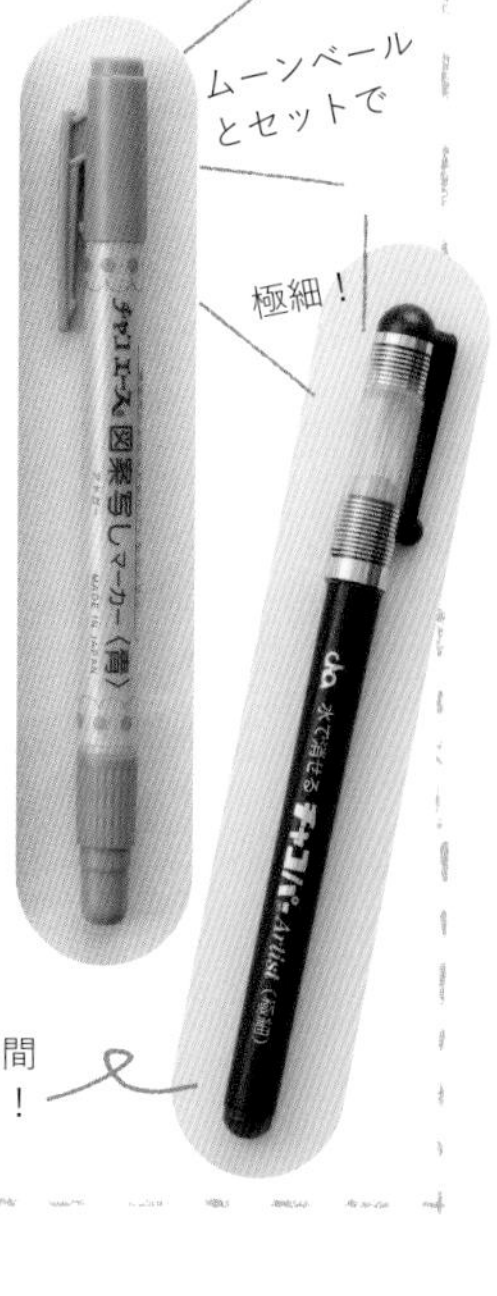

作家さんに聞いてみた② 図案写し

作家さんは、細かい図案を写すことも多いのでは？愛用のアイテムや図案写しの方法を聞いてみました。

布の色が濃い場合はキルターズシークレット(水に溶ける不織布)を使用しています。布の色や素材が薄く、下に図案を置いて写せそうな場合は直接チャコペンで描きます。愛用アイテムはチャコパーアーチストの茶色で、溶ける不織布に描く際も同じものを使用しています。少量の水で消せて布や糸にインクが残らないところ、ペン先が細く細かな図案が写しやすいところが気に入っています。写真はキルターズシークレットにチャコパーで描いて刺繍中のものです。

moha._.mohaさん

ずっと愛用していて、オススメなのはキルターズシークレットとフリクションペンの２点の組み合わせです。

itosinoさん

クロバーのトレーサーとクロバーチャコピークリアータイプの２点をずっと愛用しています。わずかな水でちゃんと下絵が消えるので素晴らしいです。綿棒に水を含ませて消しています。

itonohacoさん

濃い色の生地にはクロバーチャコピー白、その他の色にはクロバーチャコピークリアータイプを使います。白は刺している間に擦れて消えることも多いので、鉛筆タイプのチャコペンでなぞりながら進めていきます。写す際のペンは0.7のボールペンを使っています。これより細いものだと下絵がさけてしまうこともあるので、0.7がベストです。

図案を写したあとに気をつけていることとしては、大きな図案を刺していくとき、せっかく写した図案が制作中に消えてしまうのを防ぐために、刺したいところだけをくり抜いた別布を用意して、刺繍枠にはめる際に重ねています。

MIKIさん

A４サイズの薄型LEDトーレス台を使い、直接布にペンで描いて図案を写しています。図案は、まち針でとめるとズレることもあるので、マスキングテープで布に固定するようにしています。ペンは、数日で刺し終わりそうな小さな刺繍ならチャコパーの極細タイプ。細かい図案でもきれいに写せます。長期間かかる大きな刺繍の場合は、パイロットのフリクションカラーズのグレーを使っています。サインペンタイプで布にも描きやすいのと、時間が経っても図案が消えたりすることがないので安心です。

chicchai_chicchaiさん

基本的には水で消えるタイプの手芸用複写紙①チャコピークリアータイプまたは②スーパーチャコペーパー（デザイン用）とトレーサーを使っています。濃い色の生地には②の（白色）がくっきりと写っておすすめです。
図案を書き足すチャコペンは、通常はチャコパーアーチスト、濃い色の生地にはアイロンチャコペン（白）を愛用しています。
複写紙では写りにくいフェルトや起毛素材、ストレッチ性のある生地には、水に溶けるキルターズシークレットや仮接着して最後に破って生地からはがすピーシングペーパーを使っています。

FABBRICAさん

A4サイズのトレース台「SHOSAI」を使ってシャープペンシルで布に図案を写しています。愛用しているのはカリスマシャープペンシルですが、今はソーラインシリーズに生まれ変わっています。
トレース台を買う前はずっとスーパーチャコペーパーのグレーを使っていました。図案を写すのが難しい素材などには、スマ・プリやキルターズシークレットを使っています。

Chicchiさん

布用のシャープペン（黒／白）を愛用しています。写すときはトレース台を使用します。

OKEIKOさん

ムーンベール×チャコパーアーチスト（茶色）がお気に入り。ムーンベールは刺繍を始めた当初、チャコペーパーでの転写が上手くいかず挫折しかけたときに助けてくれた愛用品です。

itonomoriさん

色々と試しましたが、結局シンプルなチャコペーパー、トレペを使う！に戻りました。トレーサーは、手の力が上手く入らず写しづらいので鉄筆を使って描いています。
固い机の上に直で布を置くと、うまく写らず何度も書き直していたのですが、布の下に、やや柔らかい物を敷いて（新聞紙や雑誌、厚紙など）描くと、手の圧が弱くてもチャコペーパーの色が布にしっかりつくことに気付き、そのようにしています。

Junさん

ムーンベールとチャコペンを使っています。よく使うチャコペンは2種類で、小さくすぐ仕上がりそうな図案は、時間が経つと自然に消えるチャコエースファインマーカー（細）紫。完成までに数日かかる大きな作品は、水で消せるチャコパーアーチスト（極細）茶色を使用しています。気をつけていることは、あせらずゆっくり丁寧に写すことです。

spica-pikaさん

＊フリクションボールペンの使用はご自身のご判断で行なってください。

【材料についての素朴なギモン】

25番刺繍糸、メーカーを混ぜて使ってもいい？

一言で「赤」と言っても、同じメーカーの中でも色に違いがあり、さらにメーカーが変わればまた別の色が存在します。

メーカーによって、色、糸の質感や艶感など違いはありますが、個人で楽しむなら、どんどん気に入った色を使ってみてください。自分の気に入った色、使いやすい色を忘れないように、そして買い足せるように、メーカーと色番号をしっかり管理しておきましょう。

刺繍糸の「対応表」「変換表」って？

違うメーカーの糸で置き換えるならこの色番号のものが近い色ですよ、という表のことで、手芸店やネットショップ、作家さんなどが独自に作成していたり、図案集などで見本と違うメーカーの糸でも作れるように掲載されていたりします。

まったく同じ色というのは難しいので、自己判断ではありますが、場合によっては参考にしてみるのもよいでしょう。

１００円ショップの刺繍糸でもＯＫ？

はじめて刺繍をするときに、安価で身近なところで手に入る材料で始められたら便利ですよね。もちろんそれも一つの選択肢ですが、はじめてさんこそ、刺繍糸メーカーの刺繍糸を使ってみてほしい！というのも正直なところ。

毛羽立ちにくいので扱いやすく、艶があって仕上がりもきれいです。そして、素敵な色がたくさんあります。きっと満足のいく仕上がりに近づくはずです。

刺繍糸、どうして巻き直して保管するの？

カットする・しないに関わらず、刺繍糸を購入した束のままではなく、巻き直して保管するのは、絡まりにくくするための工夫です。８ｍの糸が折りたたまれた状態のままでは、引き出していくうちに絡まりやすいので、それを避けるための工夫として、カットして三つ編みにしたり、別の台紙などに巻き直したりして保管します。

もちろん、ラベルをつけたままでそのまま引き出しやケースなどに入れて保管してもＯＫ。収納しやすさ、扱いやすさなどを考えて、好みを見つけてください。

図案写しアイテムが多過ぎて選べない！

手芸店に行くとたくさんのアイテムが並んでいて、迷ってしまいますね。できれば、どんな図案をどこに刺すのか決めてから購入するのがおすすめです。

試しに布にワンポイント刺してみたいだけというなら選択肢は広がりますが、手持ちのTシャツや靴下、タオルなど図案を写しにくいもの刺してみたいならシールタイプの「スマ・プリ」がおすすめです。作品として飾る少し大きめの作品を綿布に刺したいのであれば、複写紙やムーンベールを使い、刺している間に消えてしまわないよう自然には消えないタイプのマーカーを使いましょう。

18ページのポイントを参考にして選んでみてください。

ぬいぐるみの目の図案写しのコツは？

推しぬいなど、ぬいぐるみの目を刺繍するときのポイントは、線をしっかり描く（写す）ことです。目はとても小さく、少しのズレで印象が大きく変わってしまうので、とにかく仕上げたい線をしっかりと濃く、そして極細タイプなどで、できるだけシャープに布に写しましょう。ぬいぐるみに使う布は図案線が描きにくいものも多いので、スマ・プリなどのシートも活用してくださいね！

図案写しをフリクションで試してみてもいい？

フリクションは特殊なインクで、紙に書いたインクを摩擦熱で消色するというペンです。ドライヤーで熱風をあてたりアイロンをあてたりして、フリクションの図案線を消すやり方も見かけますが、あくまで「紙」に書く文房具であり、摩擦によって消色はするもののインクが消滅しているわけではありません。

インクが消えずに残ったり、布に使うことでペンの先端に不具合が生じたりするなどのリスクもあり、メーカーさんも布への使用はお勧めしていません。使いたい場合には、あくまで自己責任と考えましょう。

ピーシングペーパーを試してみたいけど……

ペーパーの上から刺繍してあとから取り外すのはどんな感じなんだろう、上手く使えそうなら取り入れていきたいけど……と思う方も多いでしょう。

簡単に試してみるなら、家にあるクッキングシートで代用してみてください。気を付ける点はピーシングペーパーと同じです。サテンステッチやロングアンドショートステッチなどで面を埋めると、ペーパーは取り外せないので、注意してください。

道具について

刺繍針や糸切りばさみ、アイロンなど必須のものから
いざというときに手元にあると役立つアイテムまで。

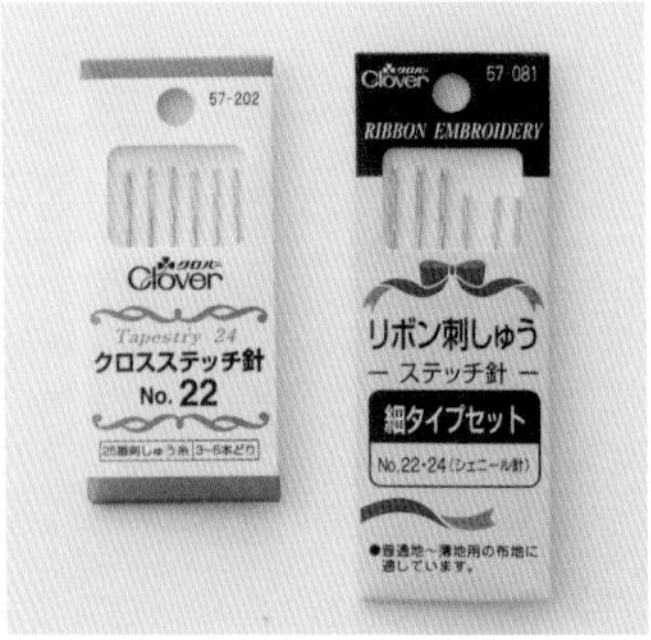

刺繍針は 刺繍の種類にあわせて

刺繍をする際には、一般的にフランス刺繍針を使います。裁縫用の手縫い針と違い、針穴が縦にあいていて、糸を複数本通して使うのに適した形になっています。フランス刺繍針のほか、クロスステッチ針、タペストリー針、リボン刺繍針など、さまざまな種類がありますので、技法にあわせて使いましょう。

最初に買うなら、まずはアソートがおすすめ

最初に買うなら、さまざまな号数が入っているアソートが便利です。それぞれ、入っている号数と本数が異なるので、チェックしてから購入を。

いろいろ試してみて、自分が使いやすいもの、自分が刺したいもの（作品の大きさや何本どりでよく刺すかなど）と相性のよい針を見つけましょう。

フランス刺しゅう針
No.3～9
Clover（クロバー）

Embroidery Needle
（No.3～9）
DMC（ディー・エム・シー）

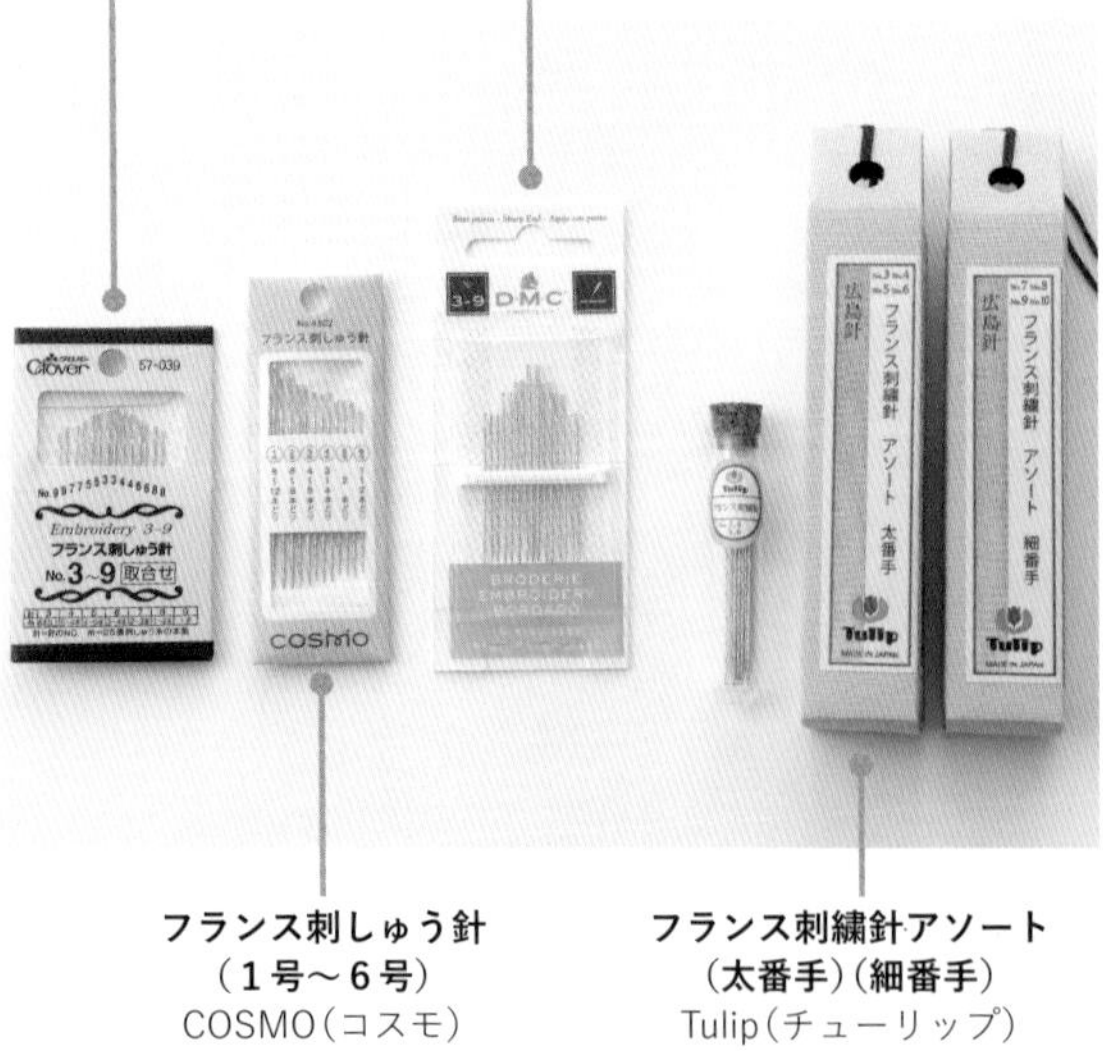

フランス刺しゅう針
（1号～6号）
COSMO（コスモ）

フランス刺繍針アソート
（太番手）（細番手）
Tulip（チューリップ）

針の太さは糸の本数に応じたものを

刺繍針は、針穴の大きさと太さに種類があります。「号」「番」「No.」などで表され、数字が小さい方が、針が太くて長く（針穴が大きく）、数字が大きくなるにつれ、細くなります。刺繍をするときは、糸の本数にあわせた針を使いましょう。

メーカーによって太さや針穴の大きさが違うので、パッケージに記載されている針の太さと糸の本数を確認してください。

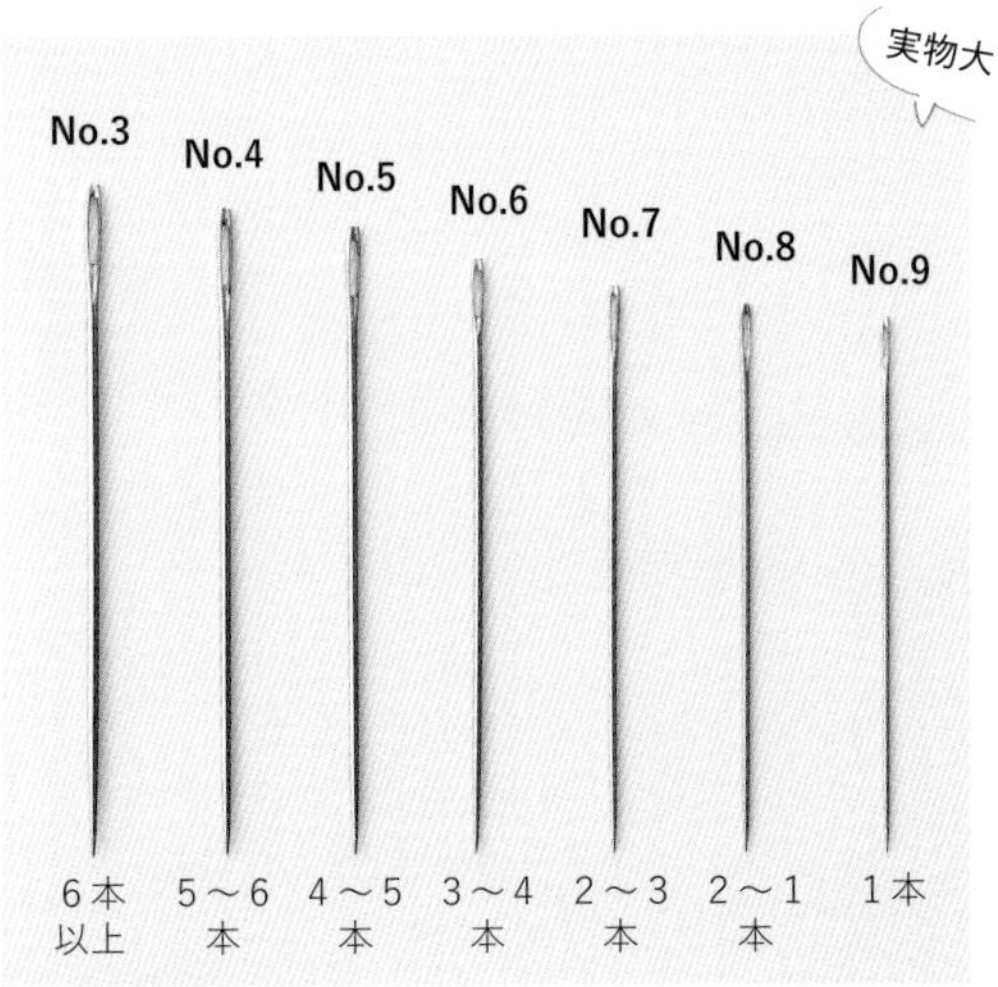

写真は実物大。
フランス刺しゅう針No.3～9
Clover（クロバー）

バリオンステッチ専用針

バリオンステッチのための専用針は、針穴から針先まで同じ太さで長めに作られており、糸が巻きやすくなっています。バリオンステッチをきれいに刺したいとき、たくさん刺したいときに重宝します。

ある特定のステッチのための針が存在するなんて、刺繍は奥深く面白いですね。

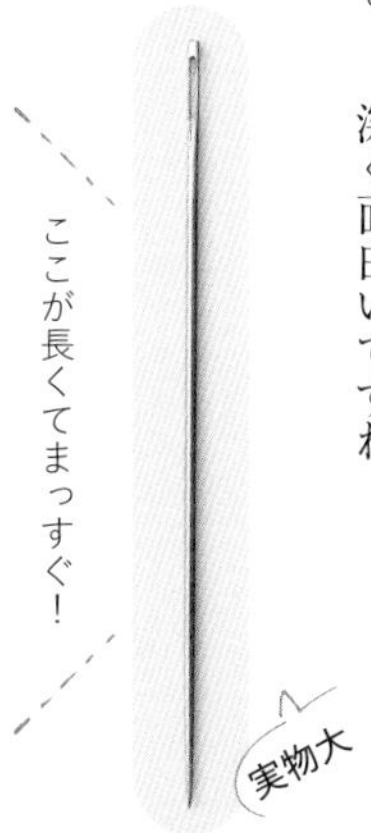

糸通しには刺繍専用のスレダーを

縫い針用の糸通しも使えますが、頻繁に使うなら、ぜひ刺繍用の糸通しを。刺繍糸が縦に並ぶため針穴をスムーズに通り、糸の本数が増えても糸を傷めにくい構造になっています。

エンブロイダリースレダー
Clover（クロバー）

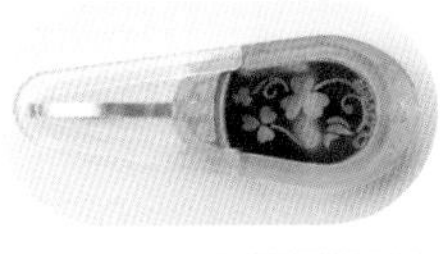

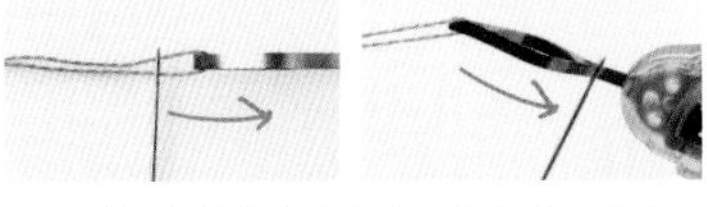

スレダーを針穴から出し、糸を通します。
ゆっくりと引き抜くとスッと糸が針穴を通ります。

錆びた針は使わないこと

針を触ると、手の油脂がつき、それが錆びの原因となります。

針通りが悪くなったり、布に汚れがついたりしてしまうので、錆びた針を使い続けるのはやめましょう。

毎日使う場合は、使いやすいようにピンクッションに刺したままでもよいかもしれませんが、しばらく使わない場合は、使ったあとに軽く拭いてから収納しておくと、錆びにくく長持ちします。

使用した針と未使用の針は混ぜない

新しい針を購入したとき、すべてをピンクッションに出してしまうよりは、使うものだけを出した方が、針の消耗を最小限にとどめることができます。錆びてきたな、使いにくくなってきたなと思ったら、替えの新しい針を出しましょう。新品の針が入っているパッケージに、使用した針を戻すのも避けたほうがベターです。

刺繍針は「道具」の中では、一番の消耗品。使い心地を優先しつつ、大事に使いながら、適度に交換していきましょう。

手縫い針で刺繍できる？

針穴に必要な本数の糸が通せて、ご自身が使いやすければ縫い針でも問題ありません。

刺繍針と手縫い針の大きな違いは針穴です。刺繍針の針穴は縦にあいていて複数本の糸が通しやすい形になっており、穴の下に溝があって糸が擦り切れにくくなっています。

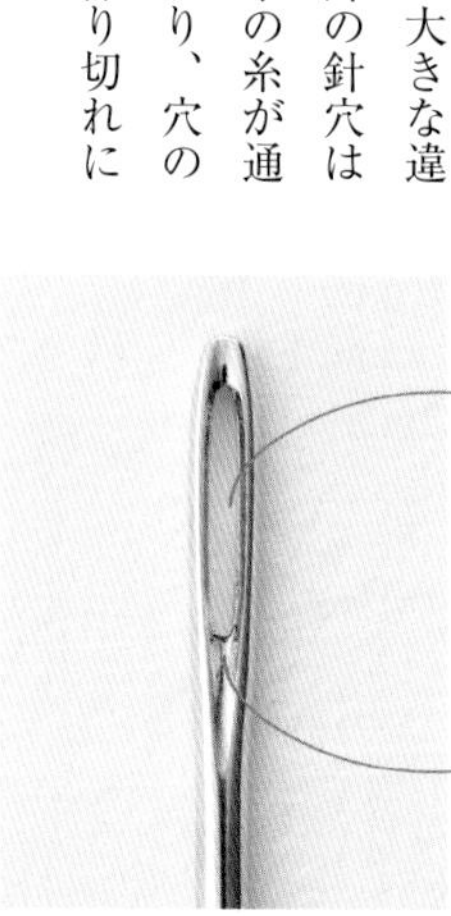

ピンクッションで号数が分かると使いやすい

一つの図案で、複数の号数の針を使うことが多いので、ピンクッションに刺した状態でも、何号の針か分かると安心です。

小さなものを複数用意したり、分類できるものを自作したりなど、アイデアいろいろです。

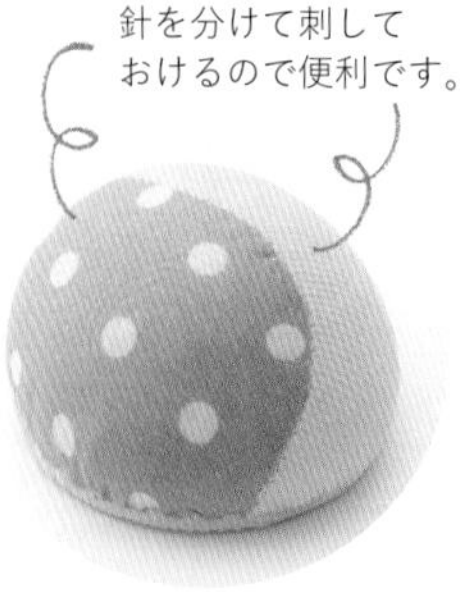

手元にあると安心
針磨き

針が錆びて通りが悪くなったときには、針磨きを使ってみるのもよいでしょう。

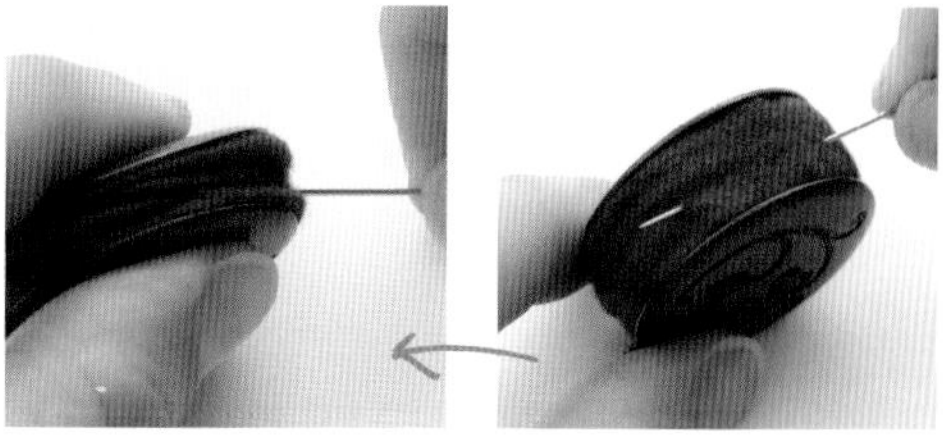

クッション部分に針を差し込みます。上下を指で押さえて挟み、ゆっくりと引き抜きます。様子を見ながら数回繰り返します。

ズレ防止に役立つまち針

図案を写すときなどに役立つのがまち針。慣れないうちは、頭の部分が小ぶりな方が、作業の邪魔になりにくいです。慣れてきたら、かわいいまち針も取り入れて、作業中のテンションを上げていきましょう！

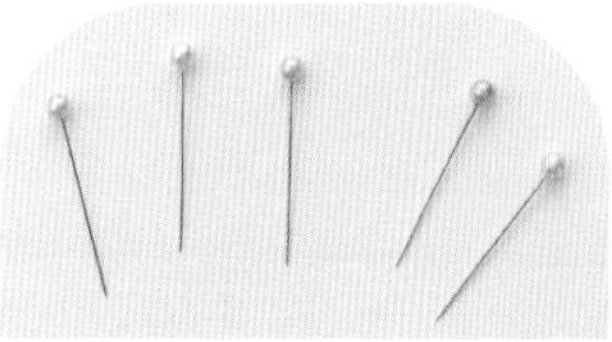

まち針も刺繍針と同じく錆びには注意しましょう。

刺しやすく布を張る刺繍枠

刺繍する布をピンと張るための道具。作業がしやすく、仕上がりがきれいになります。枠をゆるめたり締めたりするネジがついた木枠のタイプが一般的です。

はじめてさんには、8～12cmの小ぶりな枠がおすすめです。

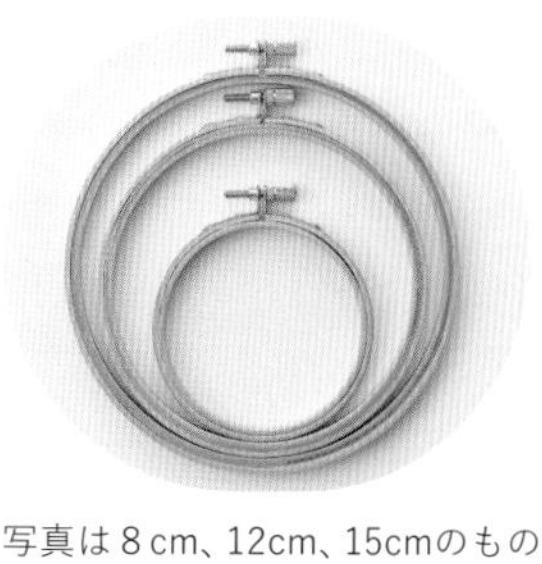

写真は8cm、12cm、15cmのもの。

糸が引っかかりにくい刺繍枠あれこれ

刺繍をしているとき、枠をゆるめたり締めたりするネジに、糸が引っかかってしまうことが多々ありますが、そんなお悩みを助けてくれる刺繍枠もあるので、気になる方はぜひ活用してみてください。

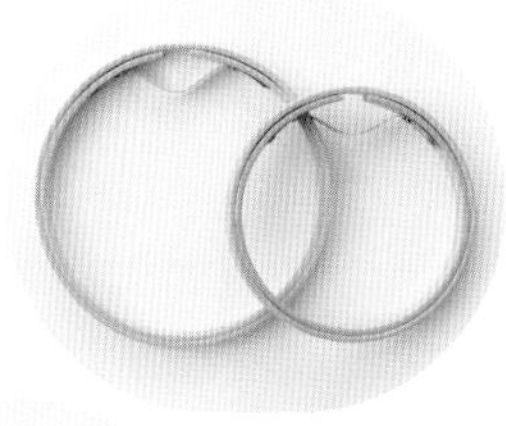

外枠に金具はなく、内枠に板バネを使った「ワンタッチ刺しゅう枠」(LECIEN)。

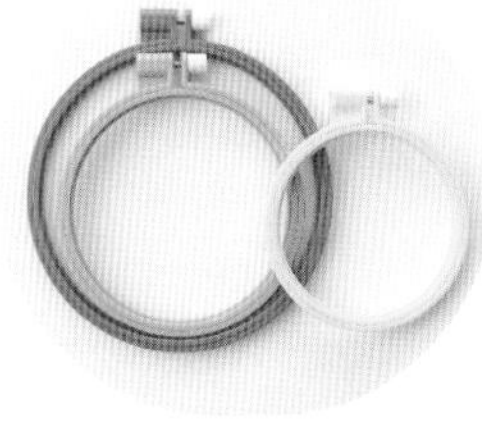

ネジ先カバーがついていて、作業中に糸が引っかかりにくくなっています。樹脂製ならではの軽さとかわいい色合いが素敵な「カラフル刺しゅう枠」(Clover)。

困ったときに目打ち

刺繍した糸をほどきたいときなどに役立ちます。針で代用もできますが、柄がついているので持ちやすく、力の加減がしやすいのです。扱いやすさは、使ってみると実感するでしょう。

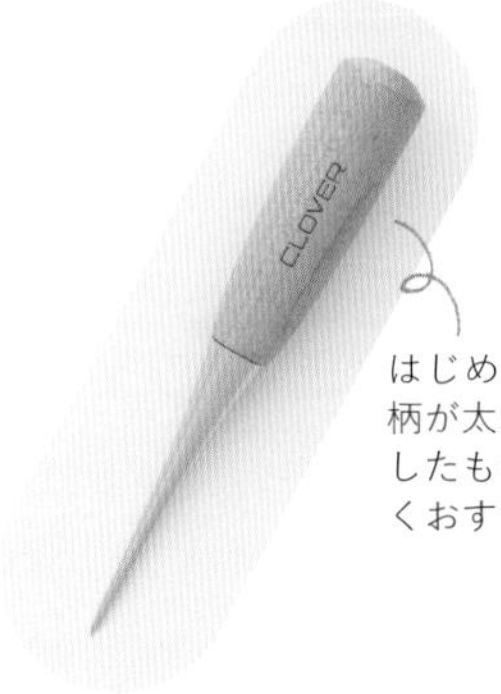

はじめて選ぶなら、柄が太めのしっかりしたものが持ちやすくおすすめです。

糸切りばさみは先の細いものを

刺繍に糸切りばさみは欠かせません。細かな作業に向く先端が細くなっているものがおすすめ。使用頻度が高いので、片手でにぎって使いやすい小回りの効くものがよいでしょう。

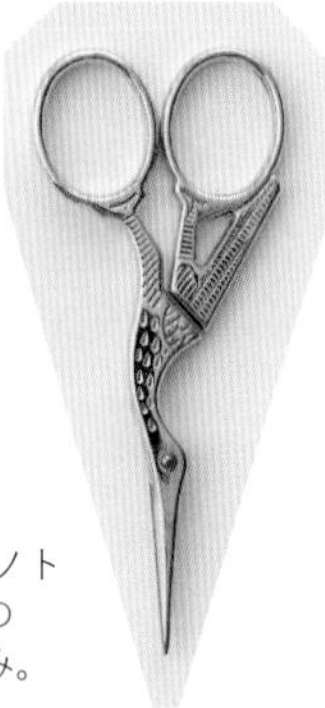
DMCのコウノトリモチーフの手芸用はさみ。

裁ちばさみは垂直に立てて使う

布を切る裁ちばさみは必須アイテムです。切るときは布を台などの上に広げて置き、布はできるだけ動かさずに、はさみを垂直に入れて切ります。はさみは台につけた状態で、刃の長さ全体を使うイメージで切り進めましょう。

落としたり強い衝撃を与えたりすると、刃のかみ合わせがずれて切りにくくなりますので、大切に扱ってください。

CAUTION!

裁ちばさみは、やわらかい生地が裁断できるよう刃が鋭く薄くなっています。図案などの紙類を切ると刃を傷めてしまうので注意してください。

錆びの原因になるので、この刃の部分には、直接触らないようにしましょう。

人さし指を外にかけて安定させます。

布端処理に
ピンキングばさみ

ピンキングばさみで布を切ると、切り口がギザギザになり、布端がほつれにくくなります。刺繍をしていると気になる糸のほつれのお悩みが、最初に一気に解決されます。

ギザギザのピッチは3mmや5mmなどがあります。ギザギザではなく半円形のものなども。

サッと塗れる
ほつれ止め液

カットした布の端にサッと塗って乾かすことでバッチリほつれ止めができます。

布によっては塗った部分の色が変わったままになってしまうものもあるので、必ず試し塗りをしてから使いましょう。

洗濯OKのほつれ止め液もあります。

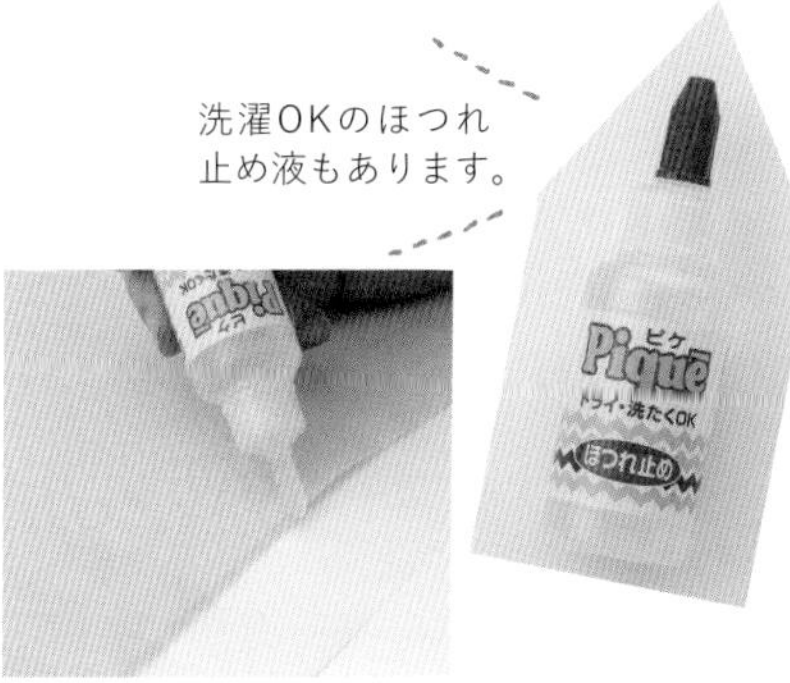

塗ったあとによく乾かしてから使いましょう。

刺繍前から刺繍後まで
大活躍のアイロン

刺繍する前に布のシワを取り、刺繍を終えたらまたシワを取り……アイロンにはとてもお世話になります。きれいなアイロン台やアイロンシートも必ずセットで準備しましょう。

ペタッとお助け
マスキングテープ

図案を写すときにトレーシングペーパーを布に留めたりなど、まち針の代わりとして助けてくれます。他にも目印にしたり仮留めに使ったりなど、手元にあると便利なアイテムです。

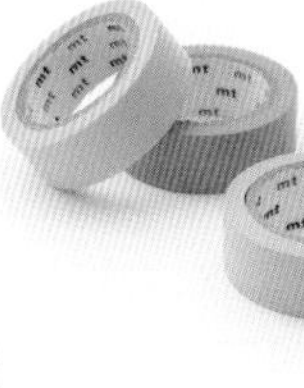

刺し始める前の準備のこと

きれいな仕上がりのためには準備も大切。
「刺す」手前のポイントやコツを紹介します。

刺繍に大切な布の準備

刺繍が主役ではありますが、その主役を支える布も、実はとても大切です。どんな色や質感がいいかなと「選ぶ」ことも重要ですが、せっかく選んだ布をできるだけベストな状態に準備することも忘れずに。

刺繍する面にシワがあると、きれいに刺せません。まずはアイロンをかけて、シワを取りましょう。

たて・よこの布目を整えるイメージで動かしましょう。

水洗いするものは「水通し」をしてから

綿や麻は水洗いすると縮みやすいので、刺繍したあとに水洗いする予定のあるものは、先に水通しをしておきましょう。布が縮むと、刺繍のまわりにシワができてしまったり、仕立てようと思っていた寸法に足りなくなってしまうかもしれません。

また、新品の既製品に刺すときも同様です。たとえば、キッチンクロスやエプロンに刺繍する場合、ワンポイントなら影響はあまりありませんが、広い面積に刺繍する場合には、水通ししておいた方が安心です。

水通しの方法

1 **布をゆったりと水に浸す。**
洗面器やきれいに洗った洗面台に水を張るなどして、布全体を1時間ほど浸します。
POINT
- 1種類の布だけ入れること
- 水が浸透しやすいように蛇腹にたたむこと

2 **手で軽く絞って、シワをのばして干す**
ぞうきん絞りや洗濯機での脱水は布が歪みシワができてしまうのでNG。陰干し推奨です。

3 **半乾きでアイロンをかける**
半乾きの状態で取り込み、たてとよこの布目を整えるようにアイロンをかけます。

必要なら接着芯を貼る

薄くて柔らかい布や目が粗い布、また伸縮性の強い布などは、刺繍枠を使っていても作業中に布が歪みやすく、刺しにくいものです。その場合は、布の裏に接着芯を貼り、補強するとよいでしょう。

接着芯は、最小でも図案より一回り大きなサイズを貼ります。刺繍後にパネルや枠で飾る場合などはその大きさにあわせた接着芯を貼ると布目がきれいに保たれてよいでしょう。

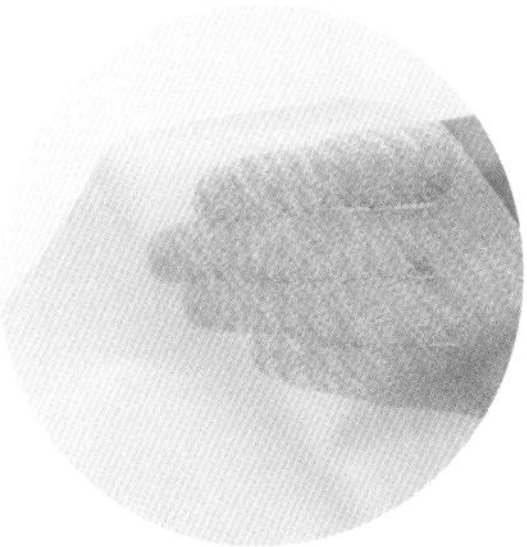

触ってみてザラザラした面がのりのついた接着面です。

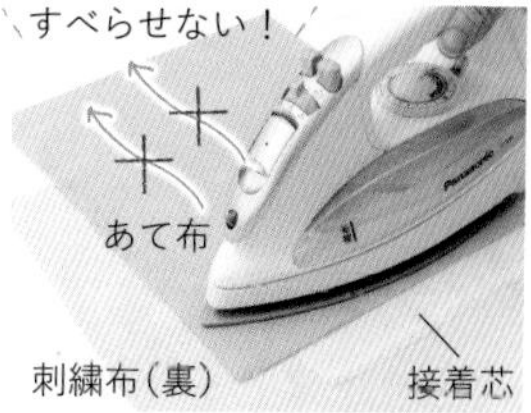

1　刺繍布（裏）に接着芯の接着面を重ね、あて布をしてアイロンをかけます。

2　アイロンはすべらせずに、上から押すように。少しずつ横に移動させます。

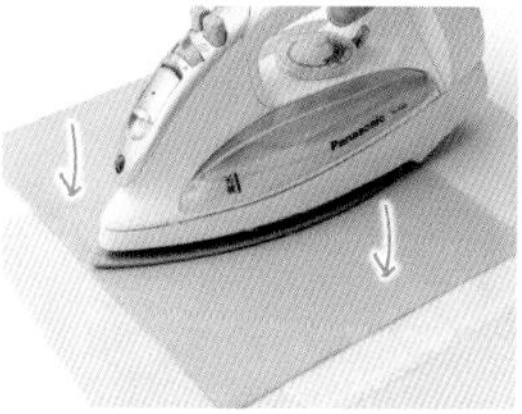

3　接着芯すべてにまんべんなくアイロンをかけたら、そのまま動かさずに、熱が冷めるのを待ちます。

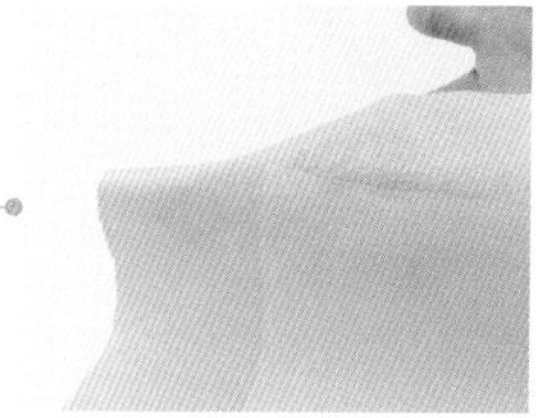

4　熱が冷めたら、動かしてOK！　図案を写しましょう。

薄手接着芯なら、刺繍枠にもしっかりはまります。

CAUTION!

図案は必ず接着芯を貼った後に写してください。図案線のある状態でアイロンをかけるとインクが定着する可能性があります。

刺しにくさだけなら接着芯を貼らない方法も

布が薄いので作業しやすくしたいという目的なら、接着芯を接着せずに使い、刺繍後に、刺繍以外の部分はカットするという方法もあります。

図案を写した布と接着芯を2枚いっしょに刺繍枠に挟み、その状態で刺繍をします。

刺繍を終えたら、布を切らないように注意しながら、刺繍（裏）のできるだけぎりぎりで接着芯をカットし、余分を取り除いたら完成です。

いっしょに刺繍枠に挟んだ状態。接着されていないので、枠より大きいサイズの接着芯が必要です。

布の向きを確認する

布に耳がついていれば、耳が左右になるようにして置き、耳の凹凸で表裏を確認（16ページ参照）すれば、自ずと天地（上下）が決まります。

耳がない場合は、布を少し引っ張ってみましょう。やや伸びる方向とあまり伸びない方向があります。伸びる方が横方向で、伸びない方が縦方向です。伸びる方を左右にして置き、天地（上下）を決めてから、図案を写しましょう。

左右対称の図案や円形の図案などの場合、天地が分からなくなってしまわないように、ペンや糸で布端に目印をつけておくとよいでしょう。

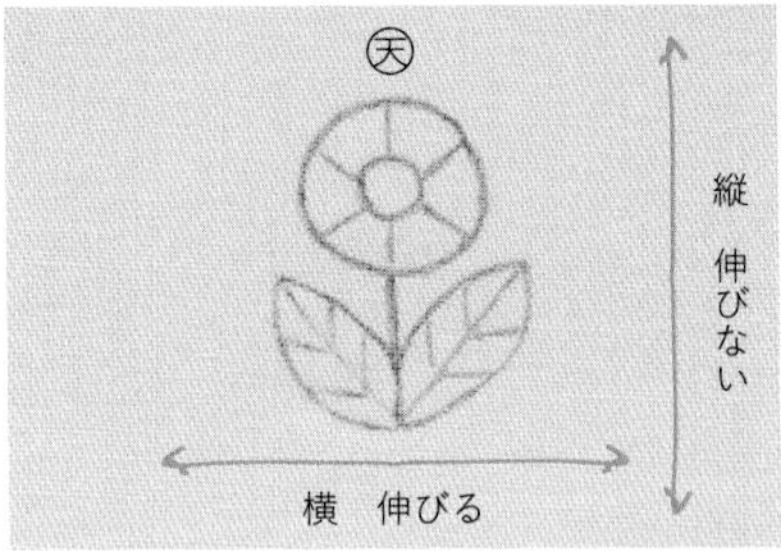

無地だけでなく柄布を使っても

図案が見えやすく使いやすいのは断然無地の布ですが、慣れてきたら柄布を使ってみるのもよいでしょう。図案の雰囲気に合う柄や、刺繍したあとに仕立てたいものに合う柄など、自由に楽しんでみてください。

〈by spica-pika〉

布は余裕を持たせて切る

刺繍枠を使える大きさに裁つことは大前提として、できれば、刺繍をしたあとにどのように仕上げたいか考えておき、必要な大きさ＋5～10㎝程度を見ておくとよいでしょう。

小物に仕立てる場合は、必要な布の真ん中に刺繍がくるとも限りません。あらかじめ仕立てる布の大きさや形を把握しておきましょう。

そのまま飾ろうと考えている場合にも、刺繍枠で飾るのか、フレームに入れるのか、厚みのあるパネルに仕立てるのかでも必要な布の大きさは変わってきます。

あまりギリギリの大きさに裁断せずに、余裕を持たせておくと安心です。

布端のほつれが気になる場合は？

裁断しただけの布は、端からほつれてきてしまいます。糸端が出てきて、抜け落ちたり、作業中に刺繍糸とからまったりして面倒な思いをすることも。

ほつれが気になる場合は、ジグザグミシンをかけるか、ざくざくと粗めにかがっておくとよいでしょう。

切りっぱなしのまま、刺繍をしているという方も、意外と多いようです。ほつれてきた糸を引っ張ってしまい、布がつれてしまうことだけは注意してくださいね。

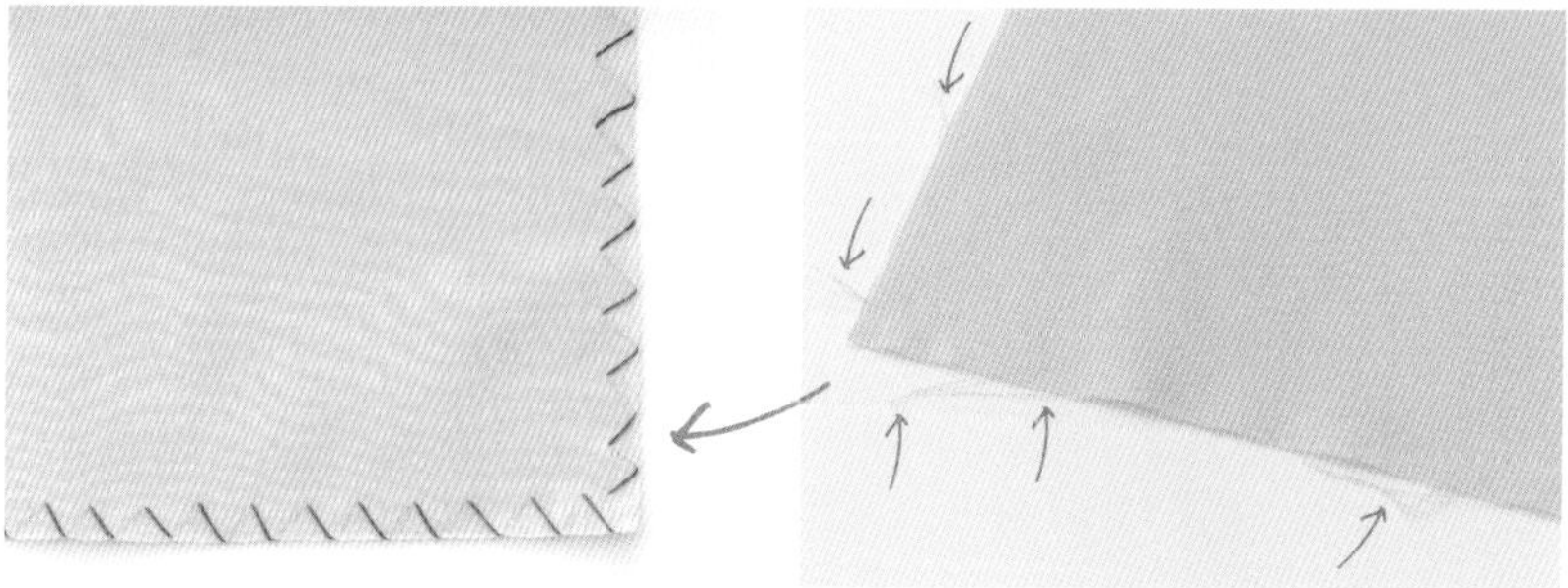

ピンキングばさみで切るだけで布端処理に

布端のほつれを、簡単に解決したい人には、ピンキングばさみがおすすめです。ギザギザにカットするだけでほつれ止めに。見た目にもかわいいですね。

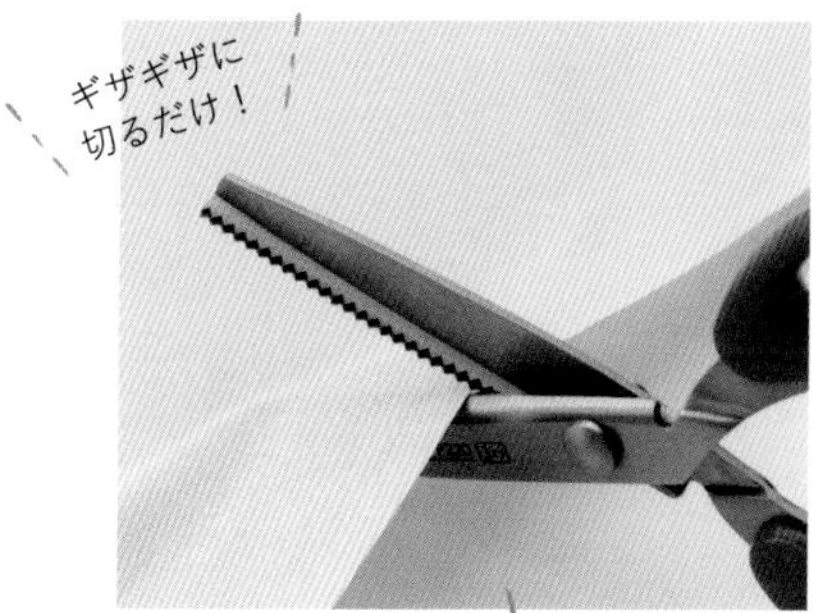

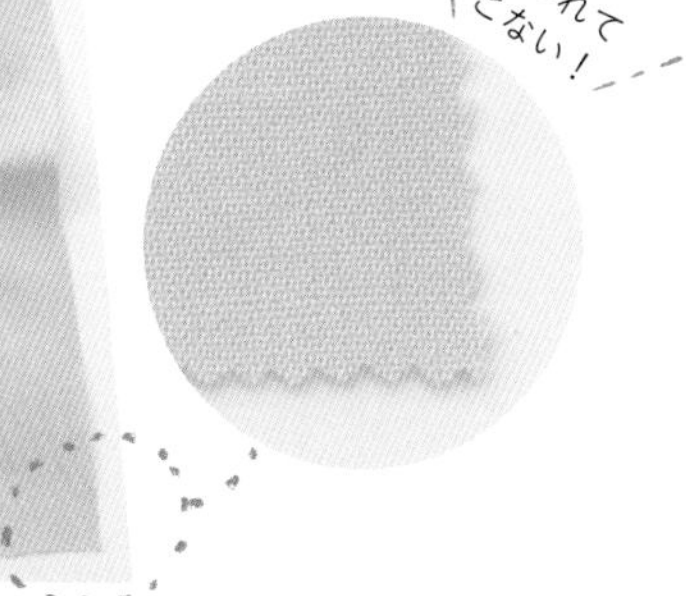

［図案の写し方❶］

定番！「複写紙」

刺繍図案の写し方の基本といえば、手芸用（布用）複写紙を使う方法です。片面タイプのものを準備します。

図案線は水で消えるものが多いですが、使う前に確認しましょう。

1　図案にトレーシングペーパーを重ね、図案を写します。

2　トレーシングペーパーをマステやまち針で布にとめます。

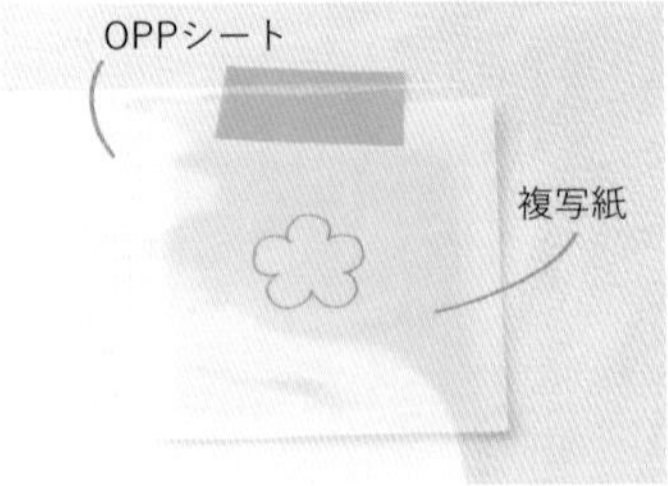

3　布とトレーシングペーパーの間に複写紙を複写面を布側にして挟み、トレーシングペーパーの上にOPPシートを重ねます。

4　トレーサーで図案をなぞります。

POINT

OPPシートを重ねることで、図案を写している間にトレーシングペーパーが破れるのを防ぎます。

完成

写し終わりました！

［図案の写し方❷］

「ムーンベール」&専用マーカー

「ムーンベール」は薄手のトレーシングペーパー。図案に重ねてマーカーで図案をムンベールに写し、それをそのまま布の上へ置き、再度なぞることでマーカーのインクがムーンベールを通って布につくというものです。写した図案は消せるので再利用できるというメリットも！

1　図案にムーンベールを重ね、図案写しマーカーで図案を写します。

2　ムーンベールを布にマステやまち針でとめ、図案写しペンでもう一度図案をなぞる。

CHECK!!

ムーンベールはマーカーのインクを通すので、最初に図案を写す際に、図案がペンで汚れることがあります。汚したくない図案や借りている本などを使う場合には、直接ムーンベールを載せずに、一度図案をコピーしましょう。

完成

ムーンベールをはずすと、布に図案が写せています！

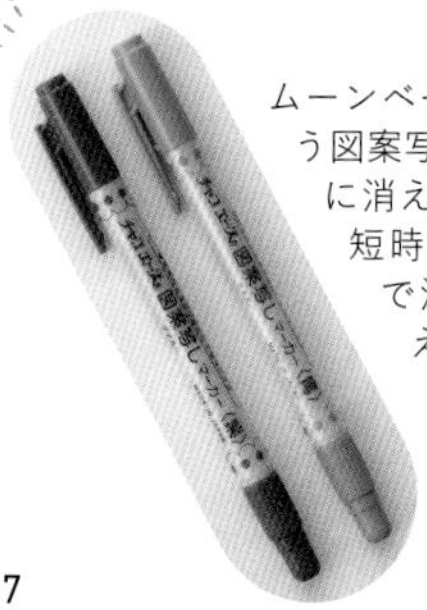

ムーンベールといっしょに使う図案写しマーカーは「自然に消える＆水でも消える」短時間作業向きと、「水で消える（自然には消えない）」長時間作業向きがあります。

〔図案の写し方③〕

「スマ・プリ」＆水性マーカー

スマ・プリは水に溶ける転写シートで、図案を写したシートをそのまま布に貼れるのがとても便利です。また、シートの透明度が高いので、図案がはっきりと見え、写しやすいのもポイントです。

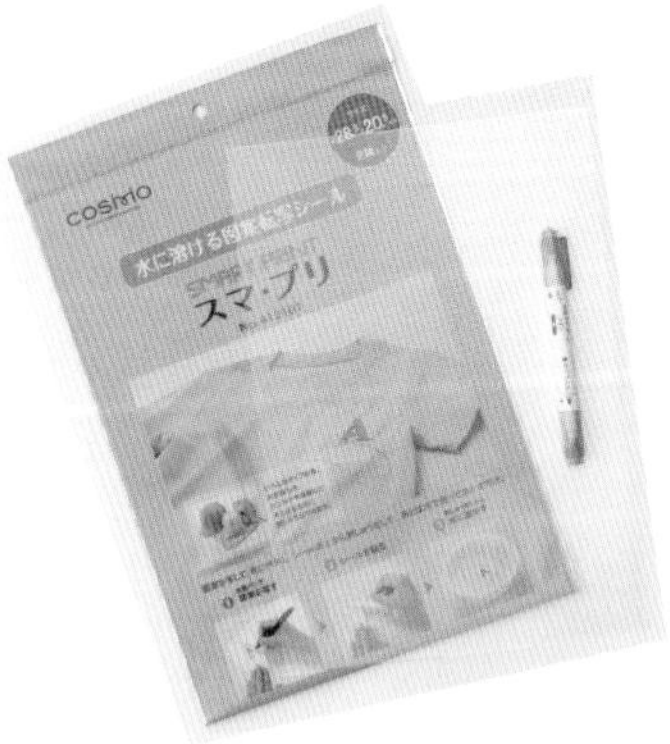

1 図案より一回り大きいサイズに切ったスマ・プリを重ね、水性ペンで図案をなぞります。

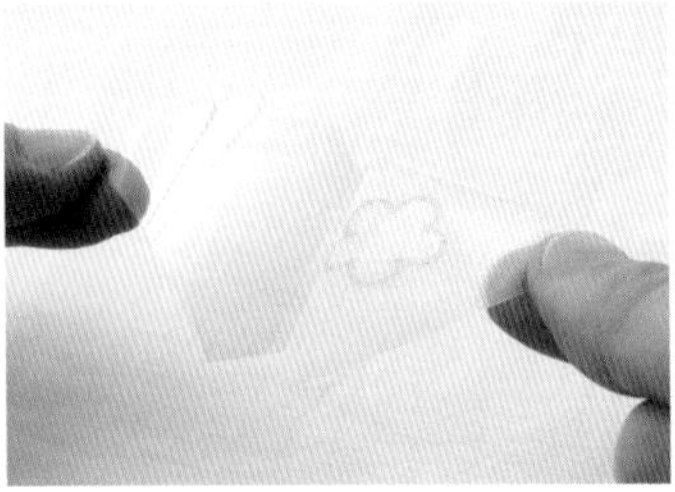

2 スマ・プリの剥離シートをはがします。

3 布に貼ります。

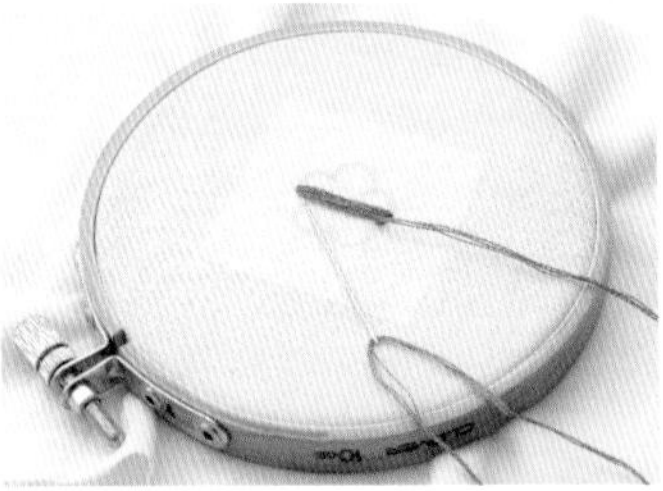

4 シートの上から刺繍をします。針がべとついてきたら、濡らした布やウェットティッシュで拭き取り乾拭きを。

5 刺繍が完成した状態（シートはまだ残っています）。

6 5分程、水に浸けます。

ハンカチやTシャツなどいろいろな布製品にも使えます。帽子など立体的なものにも向きますね。水洗いできてアイロンが使える布（布製品）を使ってください。

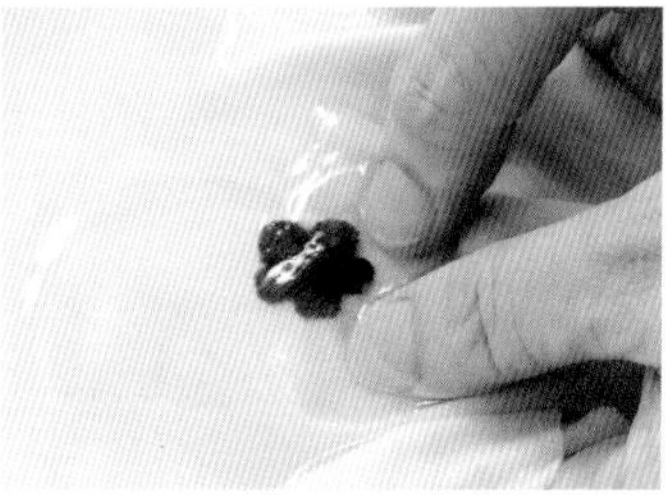

7 やさしくもみ洗いして、シートを溶かします。

8 水気を切って裏から当て布をして、アイロンをかけます。

完成

シートがなくなりました！

水洗いできる布や布製品はどの写し方でも

水洗いができてアイロンがかけられる布・布製品なら、どの方法でも安心して作業ができます。刺繍を傷めないように洗うときに注意し、アイロンの際には刺繍部分をつぶさないようにしましょう。

しっかり図案線を消してからアイロンをかける

図案線を消し切らずにアイロンをかけてしまうと、インクが定着してしまうおそれがあります。

しっかりと図案線を落としてからアイロンをかけるようにしましょう。

タオル地やウール生地など図案が写しにくい布は？

表面に凹凸のある布の場合、しっかりと図案をなぞる必要のある複写紙では、写りが悪くなりがちで、少し難しいかもしれません。ムーンベールやスマ・プリ、ピーシングペーパー（20ページ参照）がおすすめです。

洗えない＆洗いたくない場合は

ムーンベール＆図案写しマーカー（紫）なら、自然に線が消えます。線の濃さや布の質感などにより、1〜14日と消えるまでの時間には差があります。

また、ピーシングペーパーも役立つかもしれませんね。

布によっては インクがにじむ場合も

綿布や麻布なら、図案写しペンのインクはにじみにくいですが、布によっては、ペンのインクがにじんでしまうことも。使う前に布端で試し描きをしてみてください。

その上で、多少にじんでも、この布が使いたい！　という場合もあるでしょう。そのときは、にじんだ部分に惑わされずに、主線をしっかり意識して刺し進めます。

〈by spica-pika〉

たとえば、同じマーカー・同じ方法で図案を写しても、綿布はくっきり、サテン生地だと少しインクがにじみます。

部分的に消すなら消しペンが便利

刺繍したあとに図案線を消すときは全体に霧吹きをかけたり水洗いしたりしますが、図案を写しているときに、書き損じを部分的に消したい場合は、専用消しペンが便利。消したい部分をなぞるだけで線が消せます。

消しペンを使用した直後、同じ箇所にはインクがのらないので、乾いてから描き直しましょう。

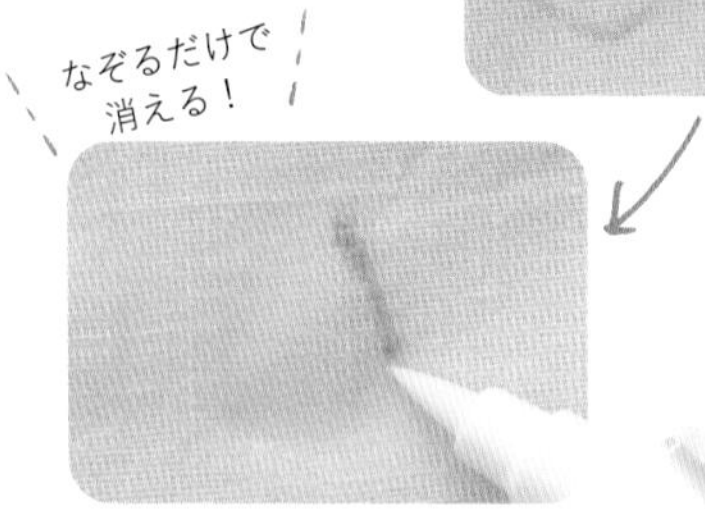

できるだけ、使用しているマーカーと同じメーカーの消しペンを使いましょう

必要なら、刺繍の途中で再度図案を写す

ステッチの上にステッチを重ねることも珍しくありません。その場合は先に刺した刺繍の上に、あとから刺すステッチの図案を描くことになります。

写した図案を、刺繍の上にもう一度重ね、必要な部分だけ再度描き足します。このとき、図案と刺繍した部分がずれないように注意しましょう。

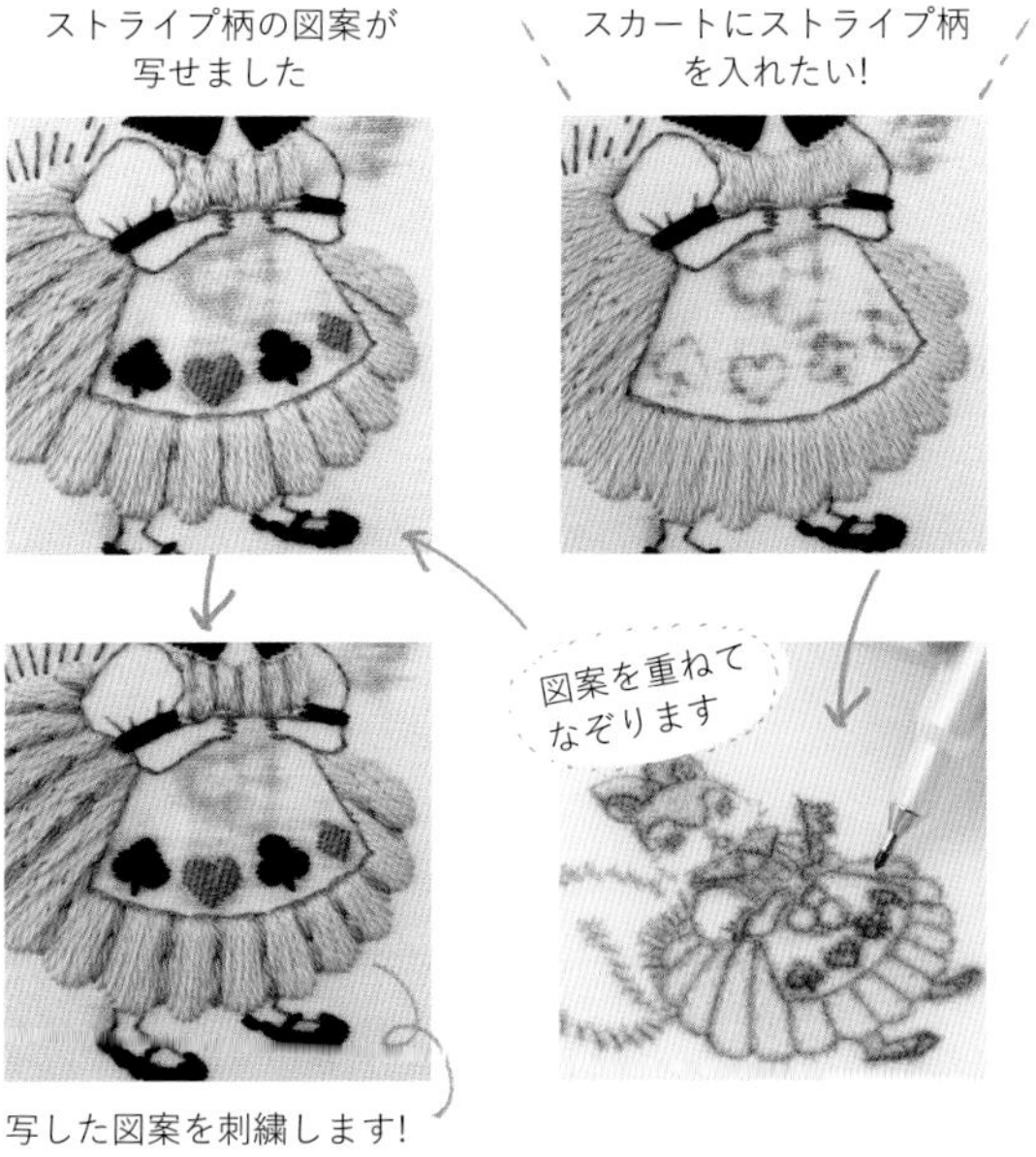

慣れてきたら 図案写しは最小限に

きれいに刺繍するためには、しっかり図案を写すことが大切ですが、慣れてきたら、図案線を最小限にとどめることも意識してみてください。

たとえばフレンチノットステッチは、刺す位置がランダムもしくはある程度固定されているようなら○は写さなくてもよさそうです。また、レゼーデージーステッチも針を出す位置が分かれば、自ずとその形になりますので、1つ1つ形を写さなくても、外周と針を出す位置をマークすれば刺せるでしょう。

<by chicchai_chicchai>

枝を刺繍すればフレンチノットステッチの位置は決まるので○は写さなくてもOK。

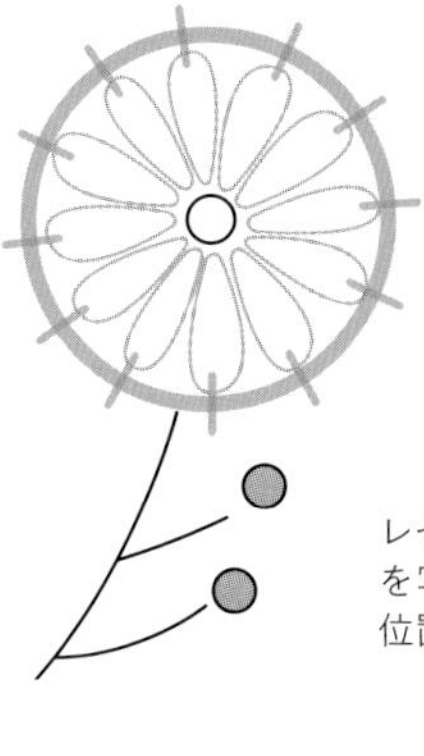

<by jun>

レゼーデージーステッチの形を写さなくても、外周と針の位置が分かればOK。

刺繍枠を使って刺しやすく

刺繍枠は布をピンと張って刺しやすくするための道具。布がピンとしていると、刺している間にシワが出来にくく、仕上がりがきれいです。

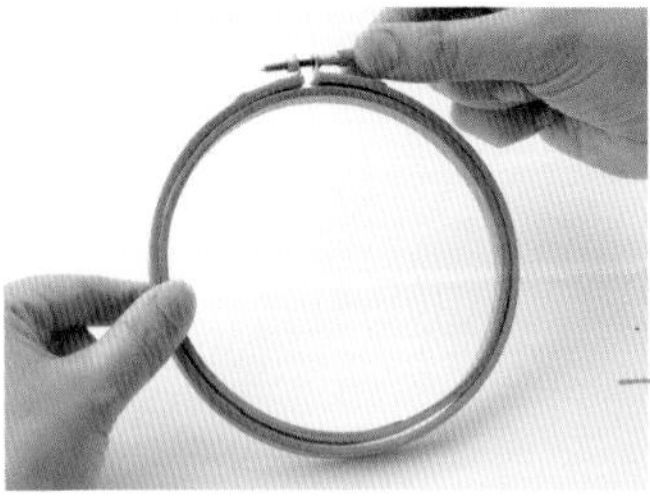

金具（ネジ）をゆるめて、外枠・内枠を取り外します。

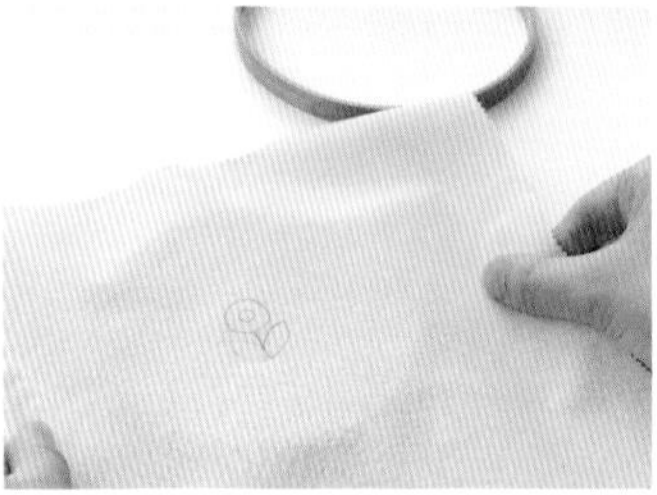

内枠の上に布を置きます。枠の真ん中に図案がくるようにしましょう。

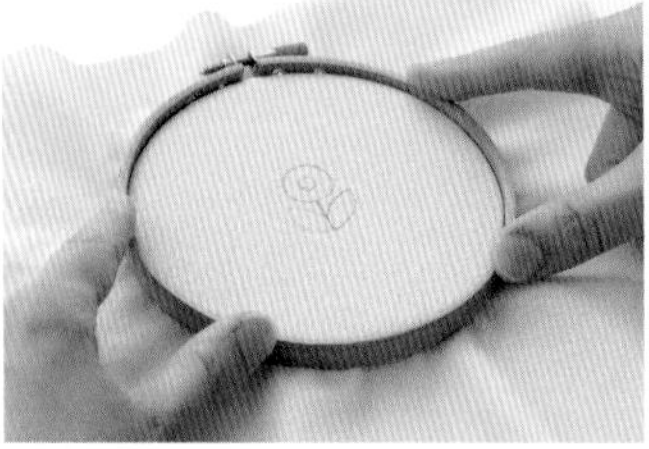

外枠を上からはめ、布を張って金具（ネジ）を締めましょう。

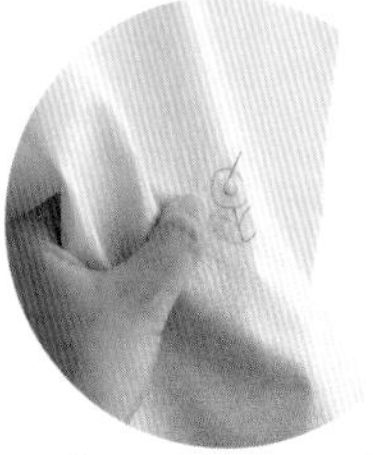

刺繍枠を使わないと、
刺しにくく
シワが出来やすい

布目を真っ直ぐに、ピンとしっかり張る

刺繍枠に布を張るときは、たるみのないようピンと張ります。

ピンと張ろうと布を引っ張りすぎて、布目が歪まないように注意してください。布目の縦横が真っ直ぐになるように金具（ネジ）を締める前に整えましょう。

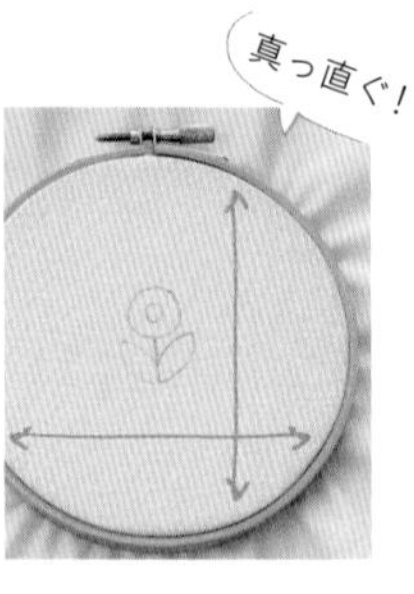

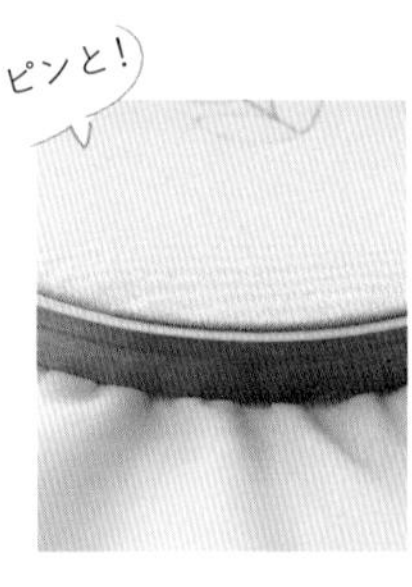

刺繍枠を使わなくてもよい布は？

布にハリをもたせて刺しやすくするための道具なので、布自体にある程度のハリや厚みがある場合は、刺繍枠は使いません。

たとえば、帆布やフェルトは、刺しているときに糸を引いても、歪んだりシワが寄ったりしにくい生地。逆に刺繍枠を使うと跡が残りやすいので、注意を。

刺繍枠の金具は利き手と反対側の下に

金具を12時の位置にすると、図案の位置や布目などチェックしながらセッティングしやすいのですが、刺繍をしているときに、糸が引っかかりやすい位置でもあります。

刺しているときに気になる場合は、金具を利き手と反対側の下にくるようにセットすると◎。

右利きの人は、左下に金具を。

内枠に布を巻いてすべり止めに

使う生地によっては、すべりやすい場合があり、刺している間にズレやすいことも。そんなときは内枠に布を巻くと、すべり止めになります。

内枠に手芸用両面テープや接着剤などを少量つけて……

バイアステープを巻き付けていき、一周したら接着剤などで留めます。

枠のゆるさや生地にあわせて、バイアステープが重なるように巻いたり、折りたたんでいないバイアステープを使ったりして調整します。

小さい布や布端に刺繍するときは

刺繍枠より小さい布やテープ（リボン）状の布に刺したいとき、ハンカチの端など布端に刺繍したいときなどは、そのままでは刺繍枠にセットできません。その場合は、端切れを縫い付けて、刺繍枠にセットできる大きさにしましょう。

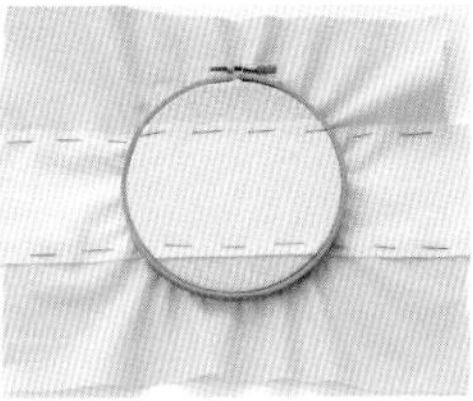

刺繍枠より小さい布、細長い布などは、端切れに縫い付けてから刺繍枠にセット。

布端の場合は、その形にあわせて端切れをカットしてから、縫い付けましょう。

刺繍を終えたら、端切れから外すので、
細かい縫い目にすると、あとから後悔することに。
布が動かない程度でOKです。

糸は1本ずつ引き揃えて使う

25番刺繍糸は6本の糸がゆるく撚り合わさった状態になっています。ステッチに必要な本数を引き揃えてから使いましょう。6本どりのときもそのままではなく、1本ずつ引き揃えてから使うと、仕上がりがふんわりしてきれいになります。

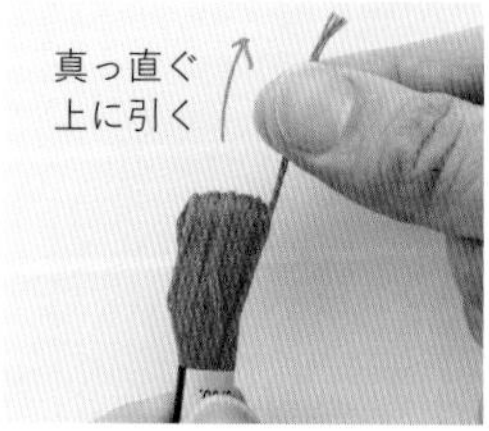

糸端をゆっくりと引き出します。真っ直ぐ上に引くとからまりにくいです。

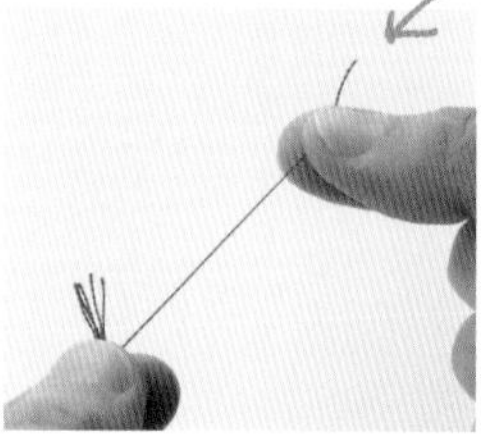

必要な長さを引き出したらカットし、6本撚り合わせの糸から1本を引き出します。

必要な本数（写真では3本）を引き揃えて使います。

糸の長さは50～60cmを目安に

糸はあまり長いと、刺している間にからまりやすくなるので50～60cm程度がおすすめ。また、針を持ったままひじくらいまでの長さも一つの目安としてよく言われます。

糸のクセがついていたら軽くはじいてとる

糸にうねりなどがついた状態で刺し始めると、刺している間にねじれて絡まりやすくなります。クセがついていたら、糸をのばして両手で持ち、親指でピンピンとはじいてクセを取って使いましょう。

針穴への糸の通し方

基本の通し方を紹介しますが、なかなか通らないときや苦手な方は、糸通し（27ページ参照）を使いましょう。

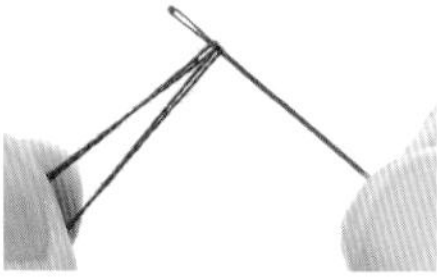

1 糸端を針にかけます。

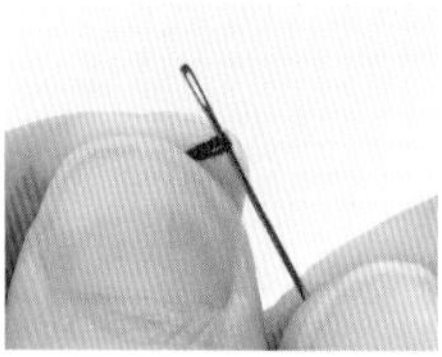

2 二つ折りになっているところを指でぎゅっと押さえ、針は下に抜きます。

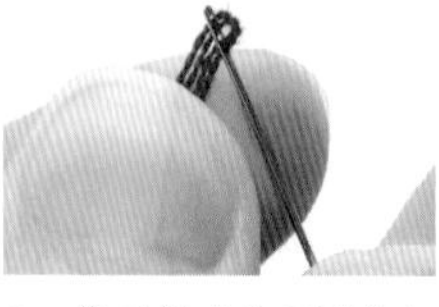

3 指で押さえて平らになった折り目部分を、針穴に通します。

［糸端の処理❶］

玉結びする

お裁縫の基本として習った玉結び。刺繍でも活用しましょう。しっかりと留まるので、刺繍している間に糸が抜けてくる心配がありません。使う糸も少なくてすみますね。

結び目が大き過ぎると、表に響きますので、布目を通らない大きさにとどめましょう。

表に響く心配のない場合に使うと◎。ブローチや小物に仕立てるときなどにいいですね。

針で結ぶ

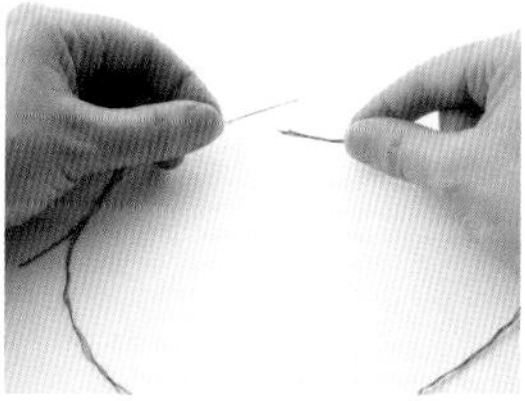

1　針に糸を通した状態で、糸端を針の方へ持ってきます。

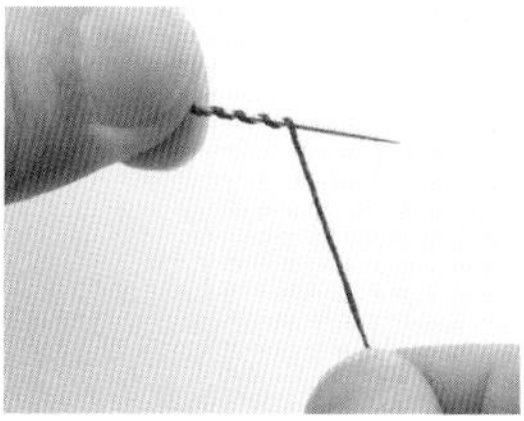

2　糸端を針に３～４回ほど巻きつけます。

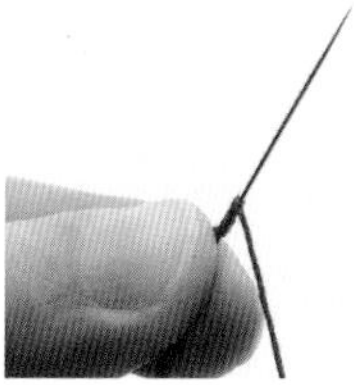

3　そのまま糸を針の下の方へ引き下ろします。

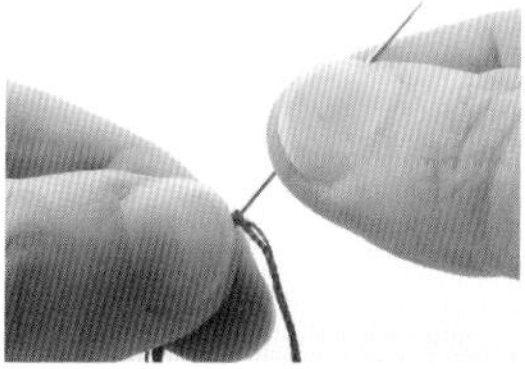

4　巻いた箇所を指で押さえ、針を上に引き抜きます。

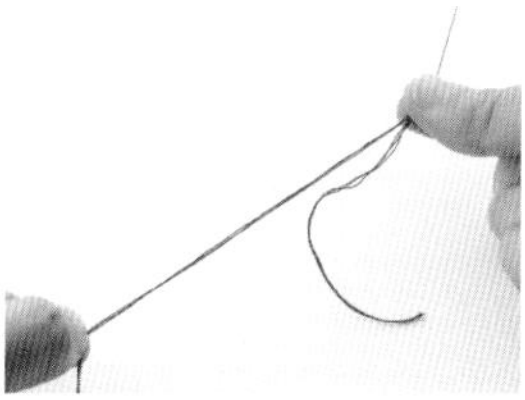

5　巻いた箇所がスーッと糸端へ移動しながら結び目となり……

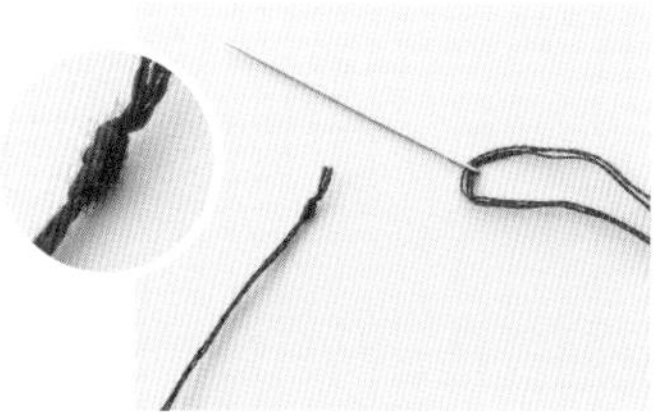

6　糸端に玉結びが出来ます。

指で結ぶ

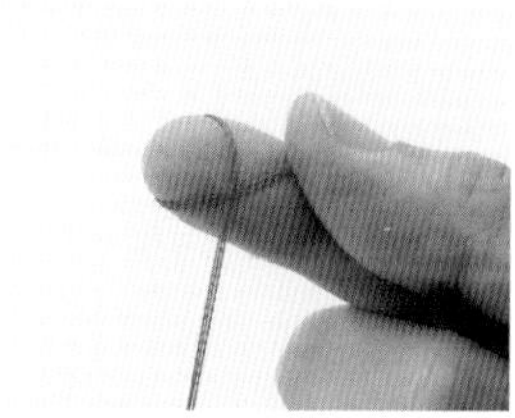

1　糸端を人さし指に巻きます。

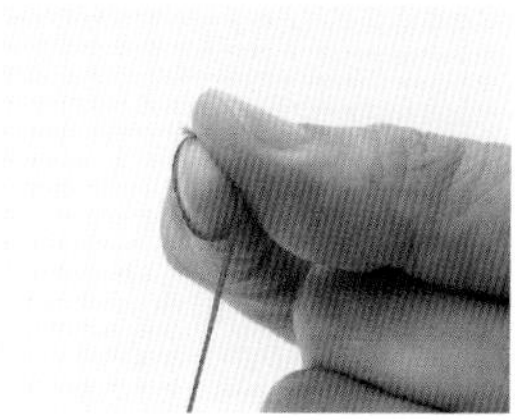

2　親指と人さし指で糸を挟んだままずらして、糸をねじります。

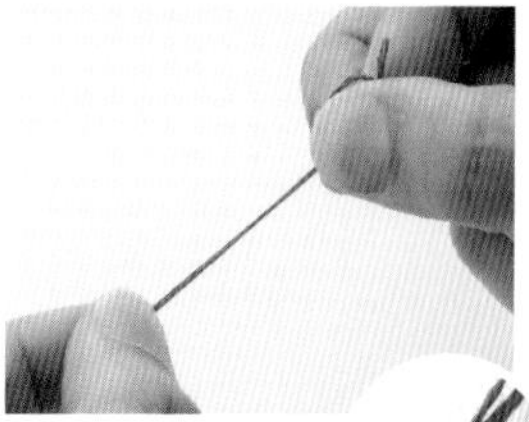

3　中指と親指で押さえて、糸を引きます。

［糸端の処理❷］

玉結びを作らない
――線のステッチの場合

刺繍の刺し終わりは玉結びをせずに、ステッチした裏面に糸端をくぐらせる方法が一般的です。刺し始めも糸端を余分に残しておいて、同じように処理をすることができます。

まずはランニングステッチ、バックステッチ、アウトラインステッチなど線のステッチの場合を紹介しましょう。

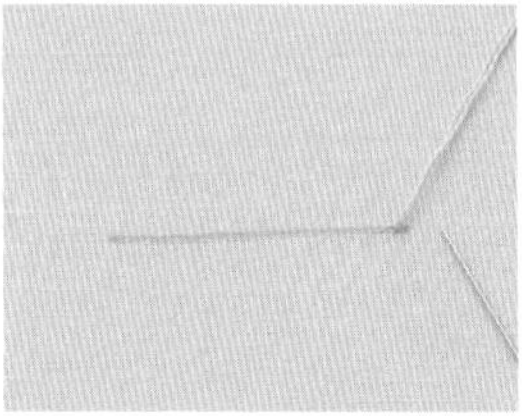

1　裏から表に針を出します。

2　糸端は針の長さの3倍くらい残しておきます。

3　ステッチを刺し終えたら、裏に針を出します。

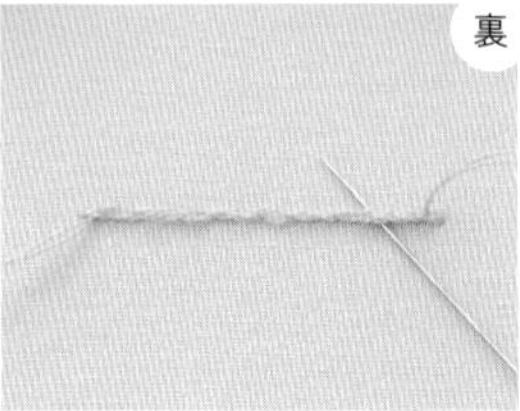

4　裏にわたっている糸に針をくぐらせます。

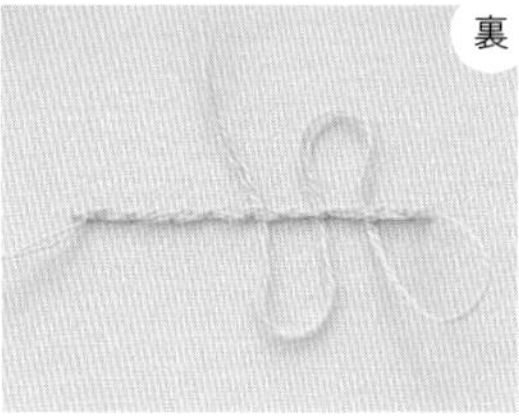

5　何回かくぐらせます。

写真は糸の動きが分かるようにたるませてありますが、くぐらせたらすぐに糸を引いてOKです。

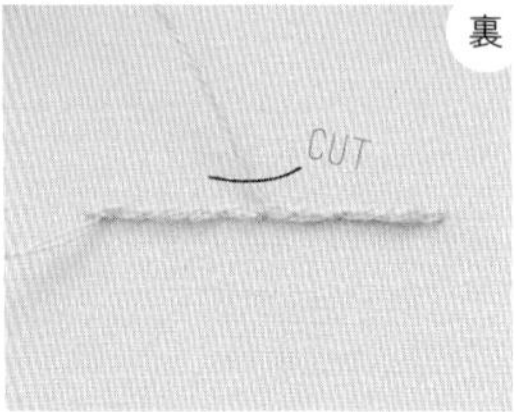

6　くぐらせたら、糸端を切ります。

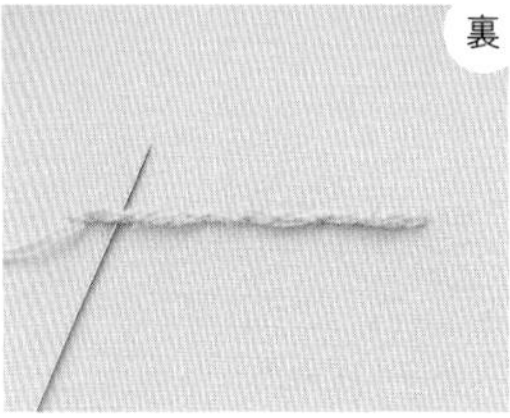

7　刺し始めの糸端を針に通し、同じように、裏にわたっている糸にくぐらせます。

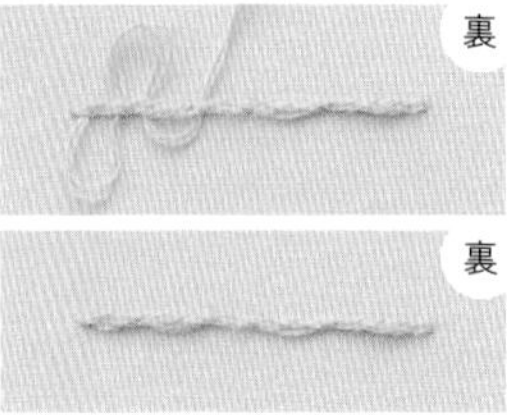

8　何回かくぐらせたら、余分を切ります。

［糸端の処理❸］

玉結びを作らない
——面のステッチの場合

サテンステッチやロングアンドショートステッチ、あるいはチェーンステッチやアウトラインステッチで面を埋めるときなど、ステッチの裏面に糸端をくぐらせて処理します。

> MEMO
>
> ここでは、はじめも終わりも糸端を刺繍した部分にくぐらせる糸処理の仕方を紹介しました。
> はじまりの糸処理としては、ステッチに隠れる部分にバックステッチで糸が抜けないようにして、余分な糸端はカットするという方法もあります。

1 最初は図案の内側で針を出し、図案線まで戻ります。

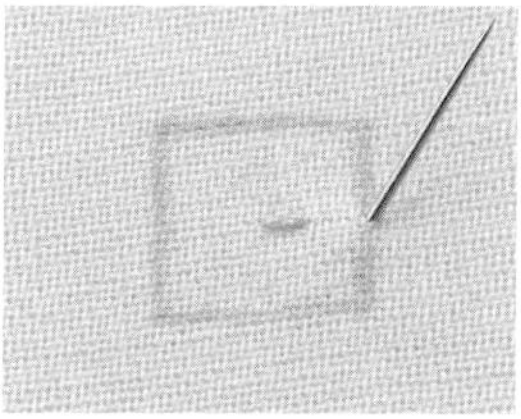

2 バックステッチまたはランニングステッチで図案線まで戻ります。こうすることで、刺し始めの糸が抜けにくくなります。

3 糸端は針の長さの3倍くらい残しておきます。

4 ステッチを刺し始めます。最初の糸はステッチに隠れていきます。

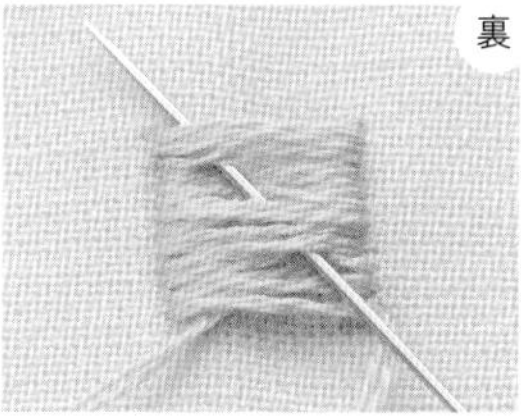

5 刺し終えたら、裏にわたっている糸に何回かくぐらせます。

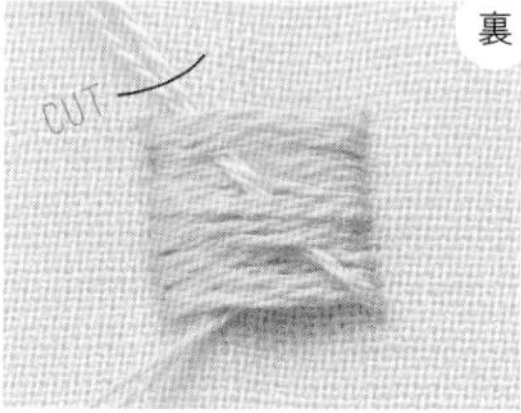

6 余分な糸端を切ります。

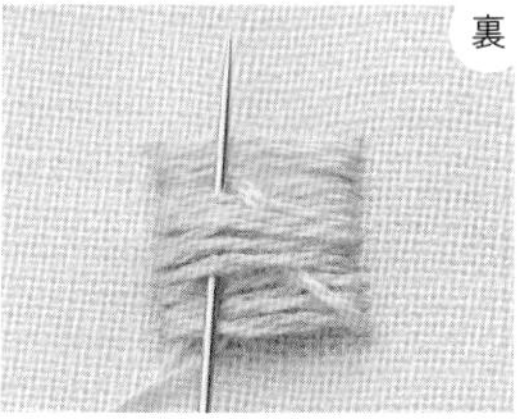

7 刺し始めの糸端を針に通し、同じように、裏にわたっている糸にくぐらせます。

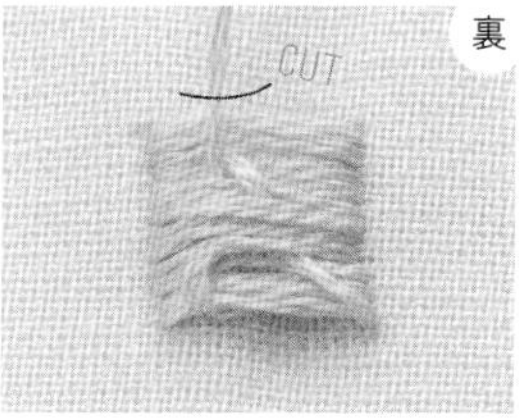

8 余分を切ります。

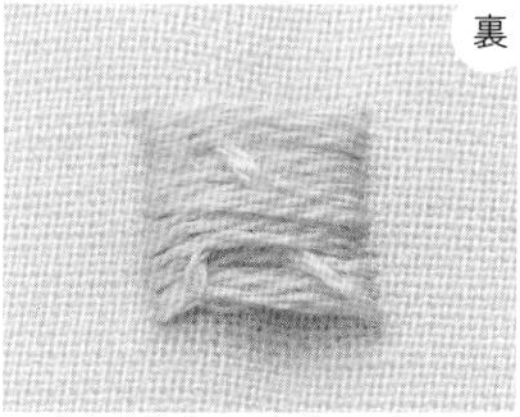

9 刺し始め、刺し終わりともに糸端をくぐらせて処理しました。

【準備についての素朴なギモン】

刺繍糸の糸端を引き出すときにからまってしまう

束の状態から糸端を引き出すときは、ラベルは外さずに糸端を探します。糸端は束のわの内側から出ています。ＣＯＳＭＯ（コスモ）とＯＬＹＭＰＵＳ（オリムパス）は、メーカー名（ブランド名）のラベル側に糸端があることが多く、ＤＭＣ（ディー・エム・シー）は色番号のラベル側に糸端があることが多いです。

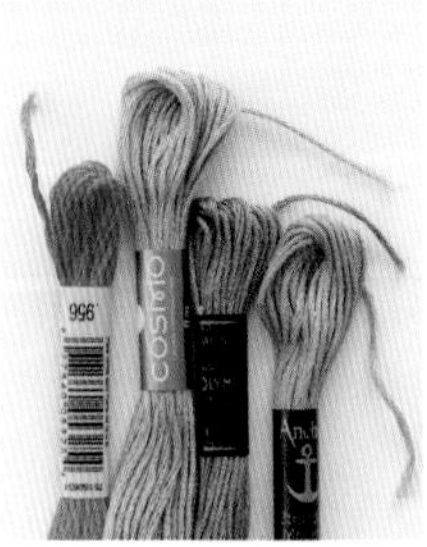

刺繍では、玉結び・玉どめはしないの？

刺繍の糸の始末は、玉結び・玉どめをしないことが多いように見受けられますが、絶対にこう！ということはありません。糸が抜けず、糸端が邪魔にならなければ、やりやすい方法でＯＫです。

その上で、一回一回、玉結び・玉どめするより簡単で目立たないということから、布に刺しとめて始めたり、裏で糸にからめて始末する方法が選ばれているのです。

慣れない糸始末のやり方が億劫なら、最初は玉結び・玉どめでも構いません。刺繍を楽しみながら、自分に合った方法をどんどん見つけていってください。

見本図案のサイズを変えてもＯＫ？

自分が刺したいスペースには少し大きいから小さくして刺したいという場合や、もっと大きく刺したいという場合もあるでしょう。

見本は、そのサイズだからこその糸の本数やステッチの指示のため、多少のリサイズなら大丈夫でも、大きくサイズを変えると見本通りに仕上がらないこともあります。

サテンステッチやロングアンドショートステッチで刺し埋める図案や、アウトラインステッチやバックステッチなど線がメインの図案なら、サイズを変えても影響は少ないかもしれません。

しかし、複数のステッチがさまざまなパーツに使われていると、拡大・縮小した際に指示通りに刺したら、花びらがスカスカになった、目が小さく感じる、絵のバランスが崩れた、そもそも細かくて刺せない……といったことも出てくるので、適宜自分で調整していく意識も大切です。

自分なりにアレンジすることも楽しめるなら、リサイズも試してみましょう。

図案写しに
トレース台って便利？

トレース台は下から発光するため、図案と布を重ねても図案が見えやすく、直接布に図案線を描けるというメリットがあります。

トレース台の上に、図案を置き、その上に布を重ねて、透けて見えている図案を直接布に描き写していきます。

図案はコピー用紙やトレーシングペーパーなど、光を通しやすい薄いものに濃く描かれているとよいでしょう。布は厚みがあるもの、あまり濃い色のものだと図案が見えません。

今は安価でコンパクトなトレース台も多いので、たくさん刺繍をする、細かい図案を刺したいという方は持っていると便利ですね。

水通しの必要性ってどのくらい？

刺繍したあとに洗う予定があるものについては水通しが必要ですが、刺繍好きの方は、ブローチなどの洗わない小物にしたり、パネルや枠で飾ったり、ただ刺したものをそのまま保管して溜めていったり……という方が意外と多く、実際のところ、布を水通しせずに使っている方も多いようです。

刺繍後に洗う予定がなければ、水通しはしなくても大丈夫です。ただ、気をつけたいのは図案線を消すときに水に浸したり霧吹きをかけてアイロンをかけたときに縮んでシワができる可能性がある、ということ。

気になる方は、最初に布にアイロンをかけて折りジワをのばす際に、シワの箇所だけではなく、全体にも霧吹きをかけて湿らせ、アイロンをかけましょう。この段階で少し布が縮みますので、図案線を消す際の作業での影響も少なくてすみます。

接着芯、
どんなものを使う？

接着芯にもいろいろな種類がありますが、刺繍をするときに布を補強する目的で使用するなら、

- 片面接着
- アイロン接着
- 不織布
- 薄手～普通

がおすすめです。

片面ではなく両面接着、アイロンではなくシール接着、不織布ではなく織り布など、さまざまあるので、迷ってしまうと思いますが、最初は右記を基本に使ってみてください。

刺すときのポイント

たくさん刺繍をして段々と上手になっていくものですが
あらかじめ知っておくと役立つポイントやコツを紹介します。

大きい図案のときは枠をずらしながら使う

図案が大きくて、刺繍枠に入りきらない場合は、部分的に刺し終えたら刺繍枠をずらして刺し進めていきます。大きい枠よりも、8~12cm程度の片手で持ちやすい枠を使う方が刺繍がしやすく、結果的にきれいに仕上がります。

せっかく刺繍した部分が傷まないか心配ですが、次からのポイントを押さえれば大丈夫！

［枠をはめ直すポイント❶］

枠をしっかりゆるめてからはめる

ネジを回してしっかり枠をゆるめてから、そっとはめ込み、ネジを締めます。枠をゆるめずにぎゅーっと押し込むのはNG。

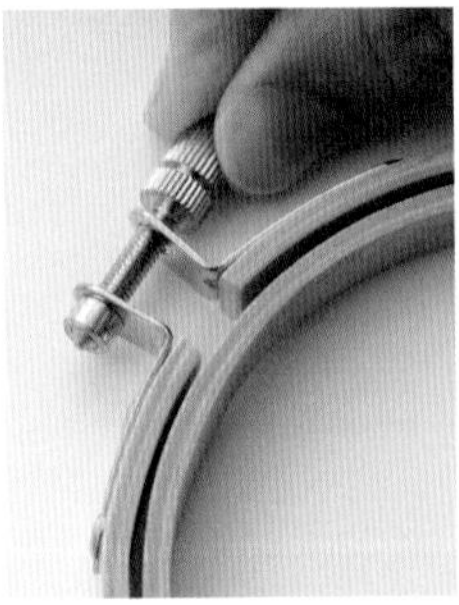

［枠をはめ直すポイント❷］

ネジや金具をよける

ネジや金具部分は、糸が引っかかりやすいので、できるだけ刺繍部分にあたらないようにセッティングを。

［枠をはめ直すポイント❸］

当て布をする

刺繍部分に枠がかかるのが、どうしても気になって心配な場合は、当て布をするのも一つの作戦です。

写した図案線の外側を刺す

使用する図案写しマーカーにもよりますが、図案線には1㎜程度の幅があります。線の上を刺しているつもりでも、仕上がって図案線を消してみるとガタガタになっていることが。

図案線の外側に刺す、と決めれば輪郭が整いやすく、図案線も刺繍の内側に隠れやすくなります。

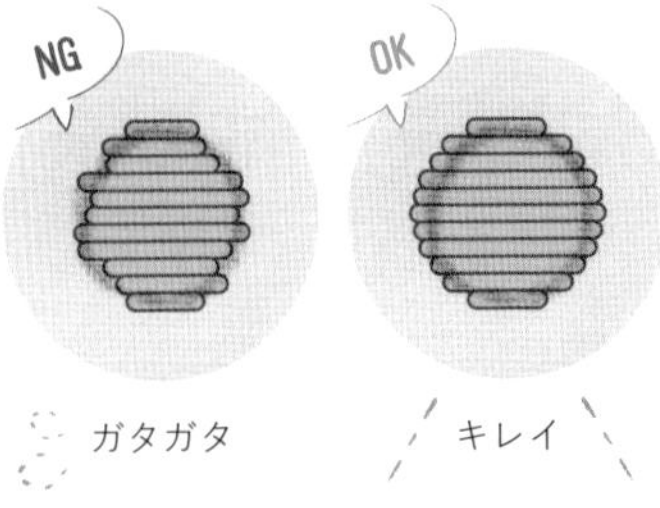

糸のねじれは直しながら刺す

刺している間に、糸がだんだんとねじれてきます。そのまま刺し進めると絡まったり、仕上がった刺繍面にツヤがなくなってしまったりするので、糸のねじれは直しながら刺しましょう。

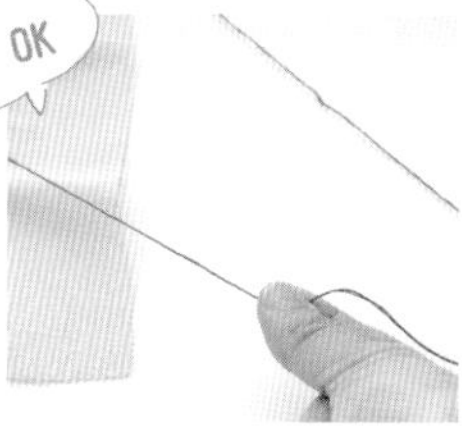

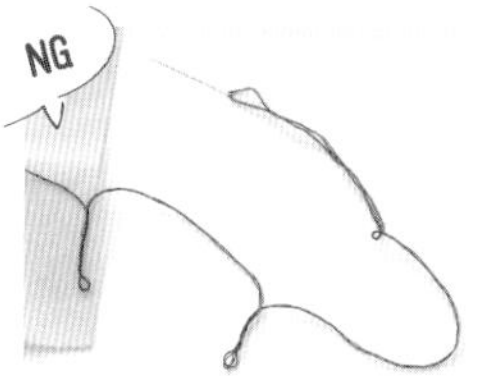

ステッチの基本は糸を割らない！

刺しているときに、針で前の糸を割らないように注意しましょう。糸がからまりやすく、仕上がりもきれいになりません。

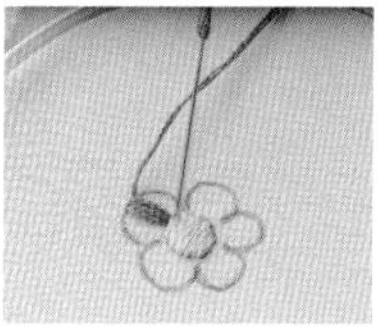

糸の方向を見本写真で確認する

面を刺すとき、どの方向に刺すかで仕上がりの印象は変わります。慣れるまでは、見本写真などがあれば、糸の向きがどのようになっているか確認しながら刺しましょう。

見本で糸の向きをチェック!!

〈by FABBRICA〉

裏の糸が透けないようにこまめに糸処理を

難しいわけではないけれど、面倒なのが糸端の処理。つい、さぼって、そのまま次のステッチに進みたくなりますが、布や糸によっては、裏にわたっている糸が表から透けて見えてしまうことも。あまり長く糸が渡らないように、こまめに糸処理をしましょう。

糸を引く力を均一に

ステッチの向きや長さを揃えても、糸を引くときの力がバラバラでは、ステッチがきれいに見えないだけでなく、布が引きつったりシワが寄ったりしてしまいます。糸を引き切る手前から慎重に力を加減しましょう。

［図案どこから刺す？❶］

立体的なステッチはあとから

作業中、先に刺した部分がなるべく邪魔にならないことが大切です。

たとえば、フレンチノットステッチやバリオンステッチ、スパイダーウェブローズステッチなど立体的なステッチを先に刺繍すると、次に近くのステッチを刺している間に、糸が引っかかってしまうことも。こうした立体的なステッチは、できるだけあとから刺すようにしましょう。

図案の中でも、メインの部分になっていたり、そのステッチを刺さないと次のステッチの位置が上手く決まらない場合は、その限りではありません。

①茎②葉を刺してから③実を刺します。

〈by ささきみえこ〉

フレンチノットステッチは最後の方に刺します。

〈by FABBRICA〉

［図案どこから刺す？❷］

囲われている内側から

たとえば、花芯＋花びらのお花。まわりの花びらを先に刺し、最後に真ん中の○をきれいに刺すのは難しいものです。花びらの糸を拾ってしまったり、○の輪郭がきれいに出なかったりします。この場合、真ん中の○を刺してから、まわりの花びらを刺します。

また、縁どりの場合も、内側の面を刺したあとに刺すと、きれいに仕上がります。

真ん中を（フレンチノットステッチなどで）ランダムに埋めたい、まわりの花びらの上にステッチを重ねたいときは、花びらのあとに内側を刺す手順でＯＫです。

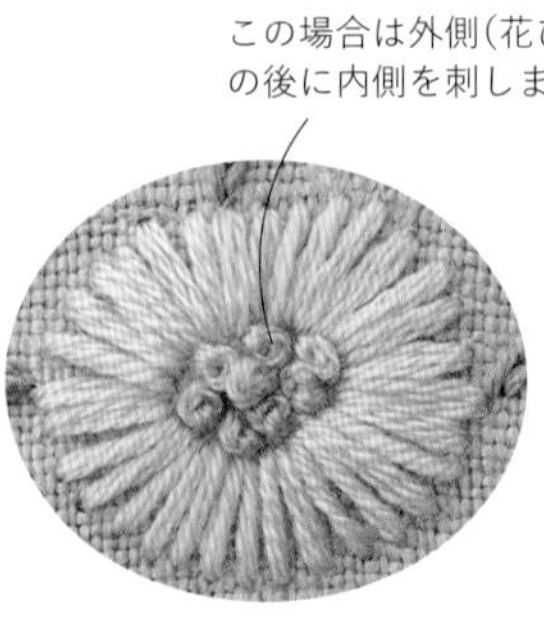

この場合は外側（花びら）の後に内側を刺します。

〈by PieniSieni〉

縁どりは内側の面を刺したあとに。

〈by 金星ソナタ〉

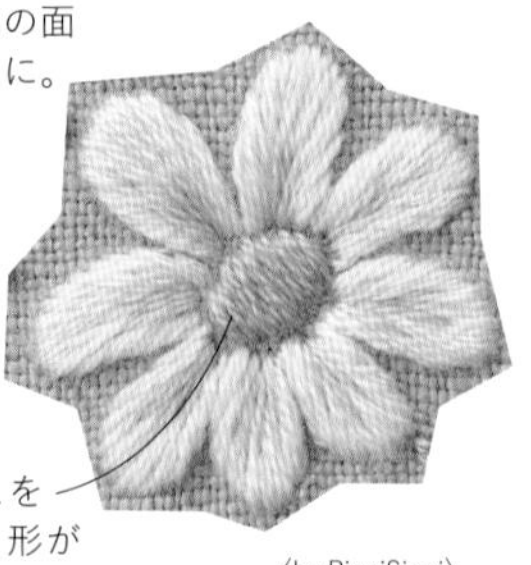

真ん中のここを先に刺すと、形がきれいに出ます。

〈by PieniSieni〉

［図案どこから刺す？③］

糸のない方からある方へ

刺繍面が隣り合っている場合、すでに刺繍してある部分の糸を、針で割ってしまわないように、糸のない方からある方へ刺すようにしましょう。

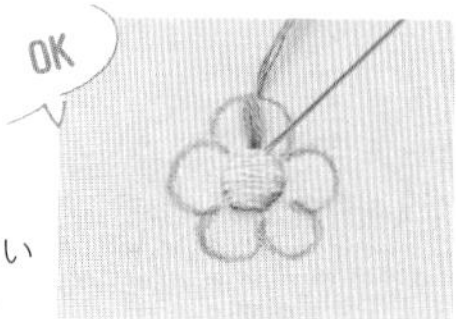

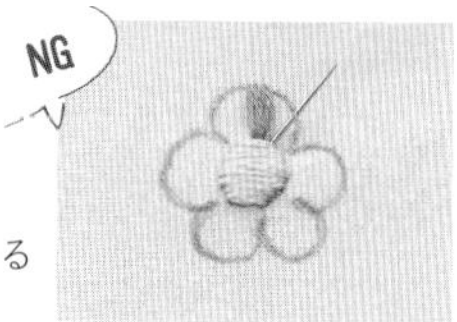

［図案どこから刺す？④］

手前から奥へ

重なり（奥行き）のある図案の場合、手前のパーツから奥のパーツの順に刺し進めます。

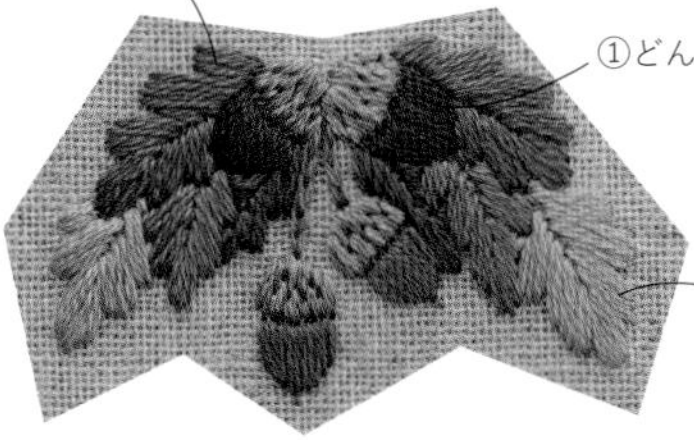

〈by itonomori〉

〈by itonomori〉

［図案どこから刺す？⑤］

横並びの面パーツは端から順に

平面的なパーツが並んでいる場合は、端から順に刺します。間に挟まれている部分からではなく、端から順が基本。

このときも、糸のない方からある方に針を動かすことは忘れずに。

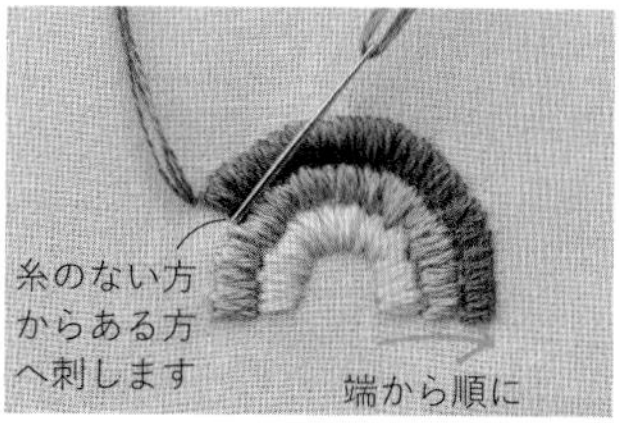

［図案どこから刺す？⑥］

ランダムな部分は最後

全体的に図案を形づくるメインとなるパーツから刺し進めていき、ランダムに埋める箇所やラフな位置でよいものなどは最後にバランスを見ながら刺しましょう。

〈by PieniSieni〉

〈by OKEIKO〉

［アウトラインステッチのコツ］

糸運び、２パターン

アウトラインステッチは（利き手が右の場合）左から右、上から下に進みます。裏から表に針を出し、半目重ねながら進んでいきます。基本の刺し方は裏もきれいで糸の無駄も少ないのですが、裏からいい位置に針を出し、糸を割らずに出すのが初心者にはなかなか難しいのです。

そこで、アウトラインステッチ初心者さん用の刺し方も紹介します。表から針を入れる方法です。これなら糸をよけやすく、半目分重ねるのも、真っ直ぐ刺繍するのも作業しやすいのです。けれど、基本の刺し方とくらべると糸を多く使い、裏はきれいとは言い難い状態です。

慣れるまで練習を重ねながら基本の刺し方を身につけるか、刺しやすい方法で刺繍を楽しむか、お好みで選んでくださいね。

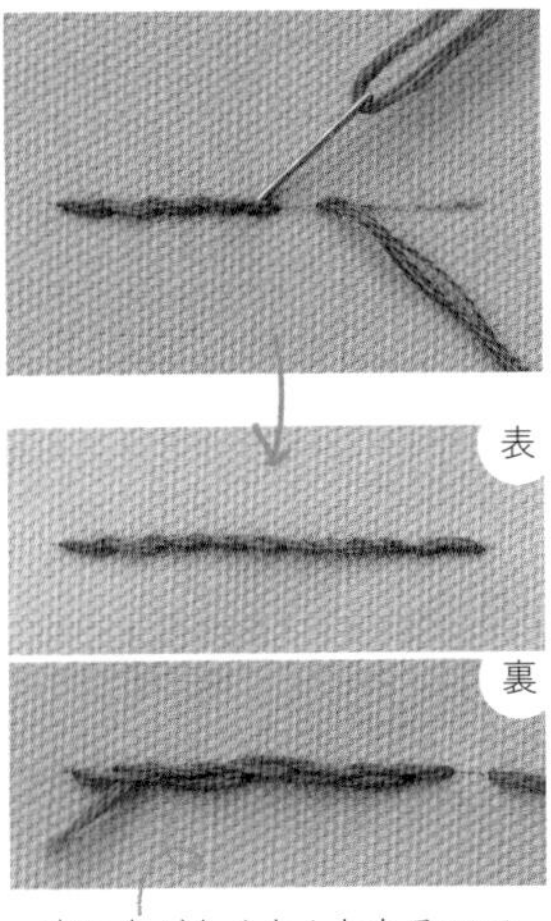

表から刺すから
前の糸をよけやすく
糸を割りにくい！

裏に糸がたくさんわたるので
通常のアウトラインステッチより
糸がたくさん必要

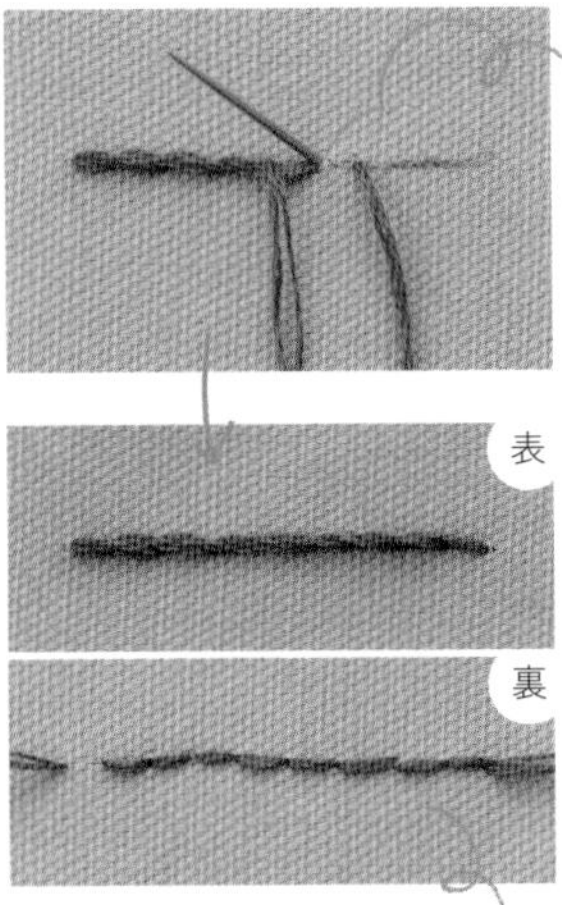

ここで糸を
割りそう…

裏はこんな感じ
バックステッチみたい

［チェーンステッチのコツ］

角をしっかり出す

角をきっちり出したいときは、続けて刺さずに、一旦角でステッチを区切るようにしましょう。その上で、角のチェーンから針を出して、角を曲がった方向へ差し進めると、くっきりと角が出ます。

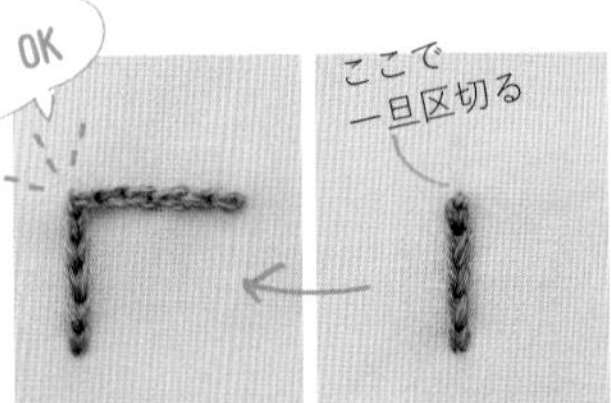

角がくっきり

そのまま続けて刺すと角が崩れる

［サテンステッチのコツ❶］

すき間はあとから埋めてOK

サテンステッチで埋めたいのに、すき間ができてしまったら、あとからその部分に糸を重ねて刺してすき間を埋め、布が見えないようにしましょう。

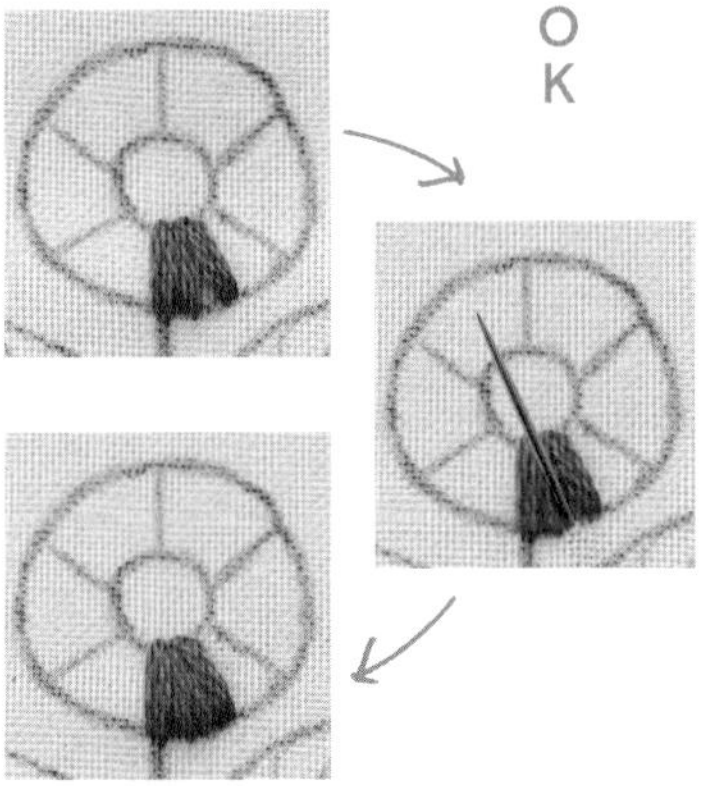

［サテンステッチのコツ❷］

真ん中から両端へ刺す

サテンステッチは、形（パーツ）によっては、真ん中から、両端に向かって刺していくと、全体のバランスが取りやすく、きれいに仕上がります。

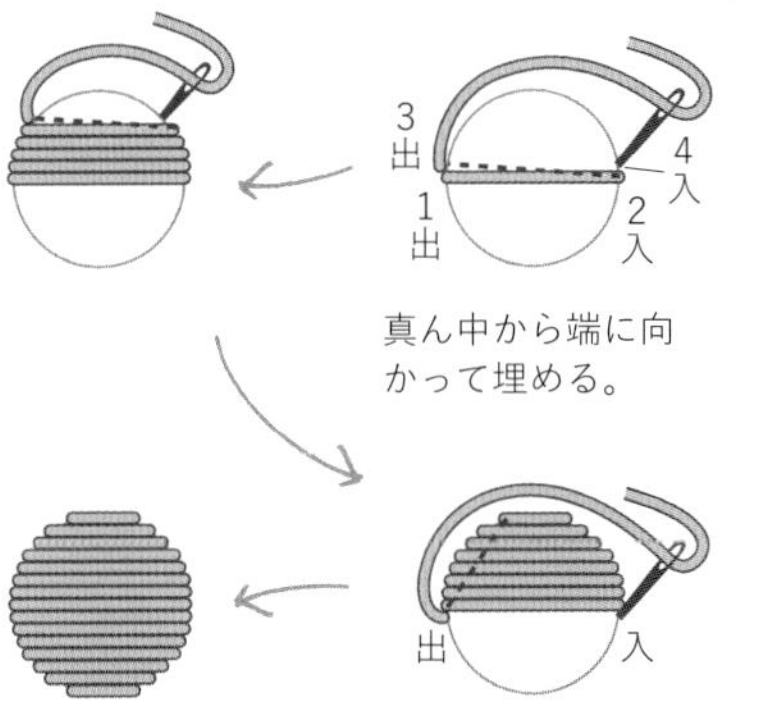

真ん中から端に向かって埋める。

半分埋めたら、真ん中まで戻り、もう半分を埋める。

［サテンステッチのコツ❸］

針を真っ直ぐ出し入れする

小さな図案・パーツでも、布をすくって刺さずに（針の出し入れを一度にせずに）、ひと針ひと針真っ直ぐ出し入れしましょう。図案の形をしっかり捉え、また布も歪みません。

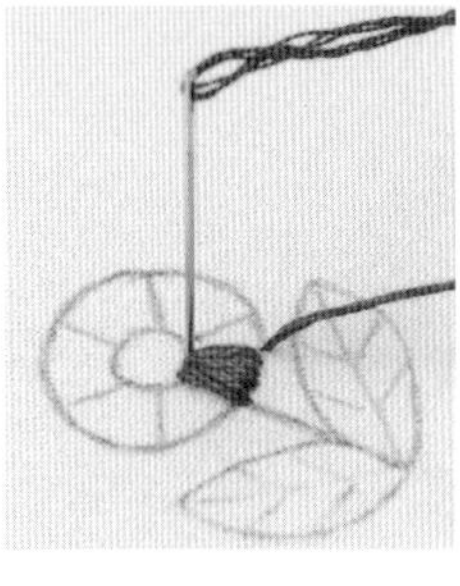

［サテンステッチのコツ❹］

基準線を入れる

刺すパーツが大きい・長い・カーブがあるといった場合は、糸目の基準線を入れておくと、安心です。端から順にステッチをしていくと、いつの間にか図案線に対して糸目が歪んでしまうことも。基準線をいくつか入れておくと、糸目が安定します。

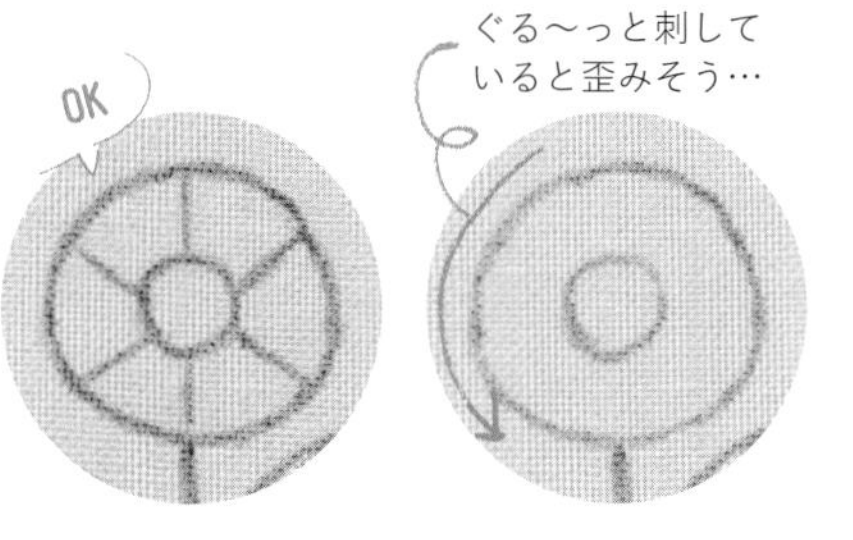

［サテンステッチのコツ❺］

糸の方向でパーツを分ける

同じ色のサテンステッチでも、刺す向きを変えることで境界線が生まれ、パーツ分けすることができます。

サテンステッチは刺す方向で仕上がりの印象が変わります。見本で糸の向きを確認して、同じように刺しましょう。

サテンステッチは1㎝くらいを目安に

面を埋めるステッチといっても、ひと目が長くなりすぎると糸が浮いてしまったり、引っかかりやすくなったりします。だいたい1㎝くらいを目安にして、それ以上の面積の場合は、ロングアンドショートステッチなど他のステッチで刺しましょう。

小さめサテンステッチは刺し過ぎないのがポイント

小さな形を刺すときは、数針で形が埋まります。きれいな丸にしようと刺しすぎるとレモンのような横長になったりすることがあります。あと少し……と思っていると、進行方向に形が崩れがちなので引き際が肝心。手を止めて全体の形を見るようにしましょう。

ふっくら刺す芯入りサテンステッチ

サテンステッチをふっくら仕上げたいときは、サテンステッチを刺す前に、図案線の内側に芯を刺します。

サテンステッチを重ねるように刺繍したり、ストレートステッチをランダムに刺して芯にしたりします。

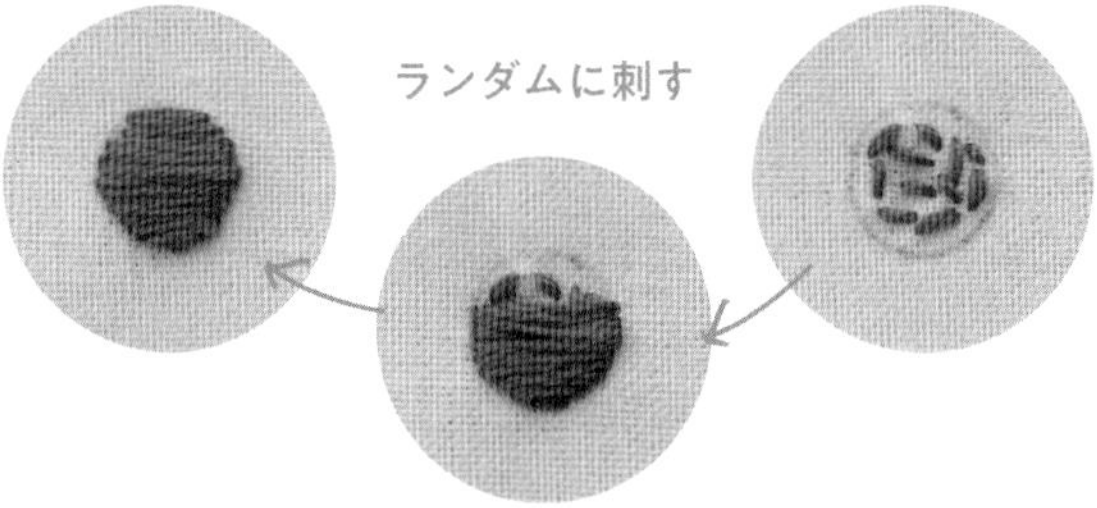

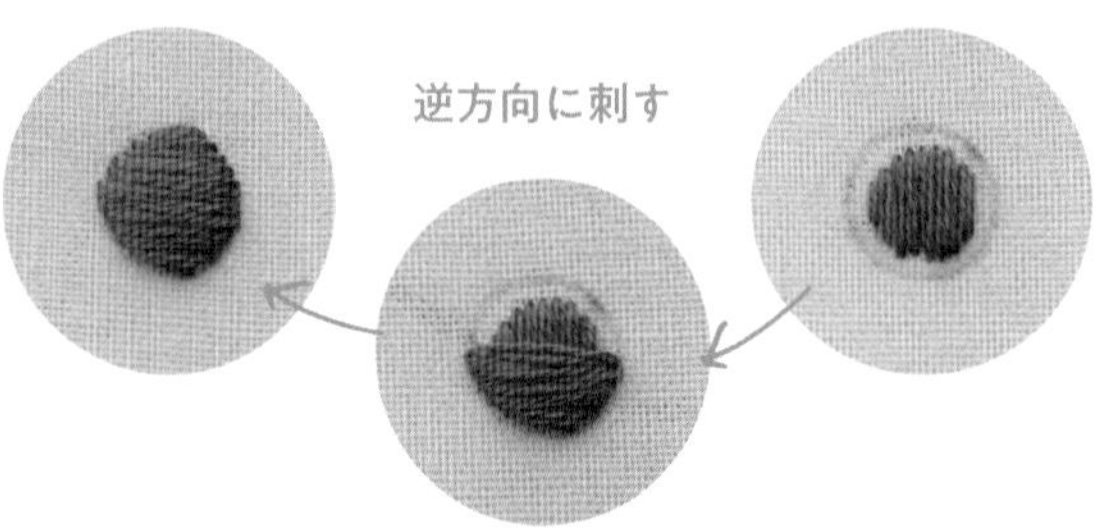

輪郭を先にステッチしてくっきりきれいに

輪郭をバックステッチやアウトラインステッチで縁どりしてから、上にサテンステッチやロングアンドショートステッチを刺すと、形がくっきり浮かび上がります。花びらの曲線などにいいですね。

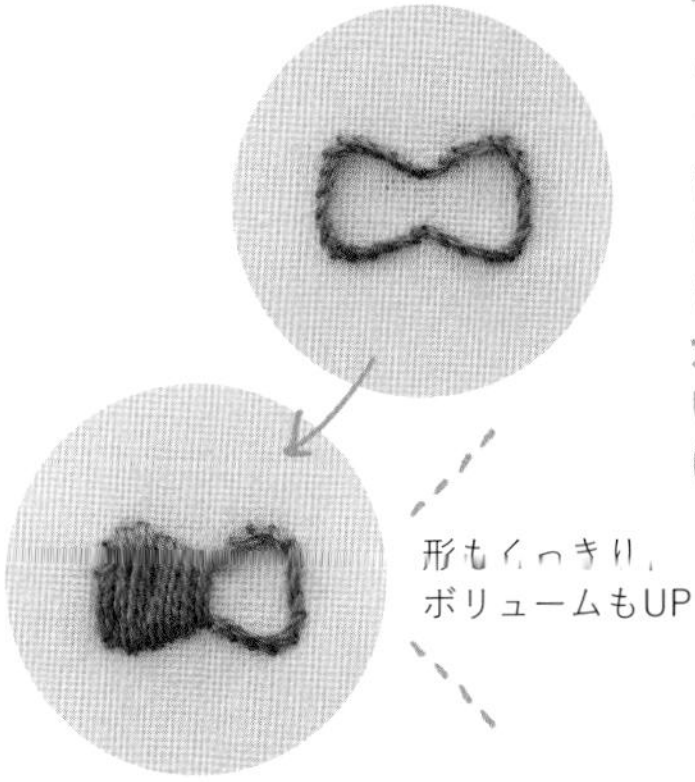

ストレートステッチで面を埋める方法も

長さも向きも規則は気にせずにランダムなストレートステッチで塗り絵をするように面を埋めていくという表現方法もあります。

サテンステッチやロングアンドショートステッチよりも、ラフに面を埋めたいときに。

〈by 近藤実可子〉

ロングアンドショートステッチ刺し方いろいろ

ロングアンドショートステッチは長短のステッチで面を埋めるステッチです。大きな面を埋めるのによく使われるステッチですが、実は刺し方のポイントがあり、それによって見た目の印象が変わります。

ひと針の糸の長さを揃えて規則的に刺すと、糸の流れがしっかり見えて少し模様のようにも見えます。

ひと針の糸の長さをランダムにして、前の糸に重ねるように刺し進めていくと、段差が目立たなくなり、糸の流れは分かりにくく全体になめらかに見えます。

図案のモチーフや形によって変えてみましょう。

長短を揃える

ランダムに刺す

花を刺すときは中心に向かうのが基本

花の真ん中に目安となる点を打ち、そこに向かって刺すようにすると、中心からきれいに広がるように仕上がります。

デザインによっては、中心をあまり意識せずに同じ方向に刺すほうがかわいいこともあれば、花びらごとに違う向きで刺したほうがパーツがくっきりすることもあります。

同じ図案でも刺し方によって仕上がりが変わるのも面白さの一つです。

〈by Awj handmade〉

図案を写したら、真ん中に点を書き入れ、目安にしましょう。

花や実などの面を先に刺し、茎などの線でつなぐ

パーツがたくさんあってどこから刺すか迷ったら、「面を刺してから、線でつなぐ」を試してみてください。

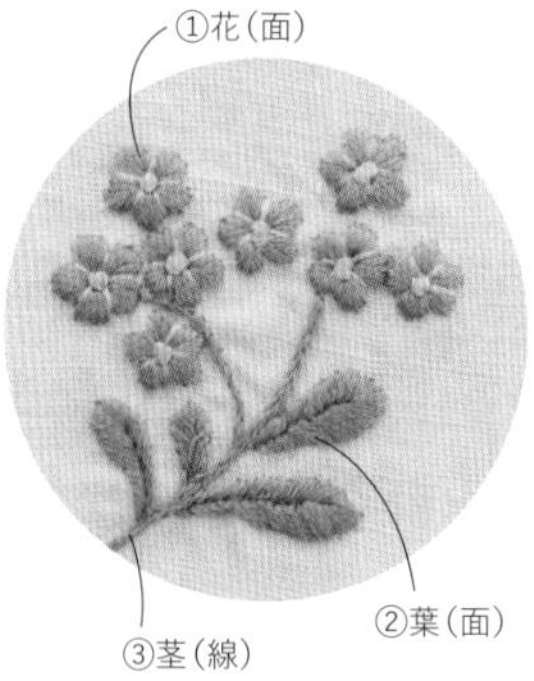

〈by ささきみえこ〉

刺す方向を変えることで境界線ができる

隣り合ったり重なりあったりする花びらの境界線や、葉の真ん中の葉脈を表現したい場合は、サテンステッチの刺す向きを変えることで、境界線が生まれます。

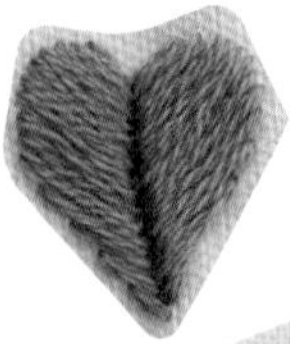

〈by MIKI〉

〈by 近藤実可子〉

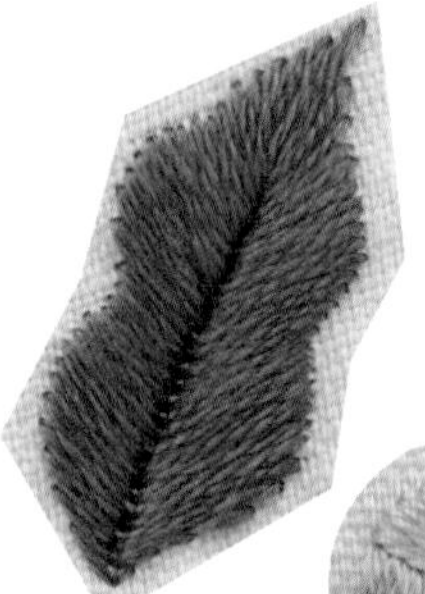

〈by 近藤実可子〉

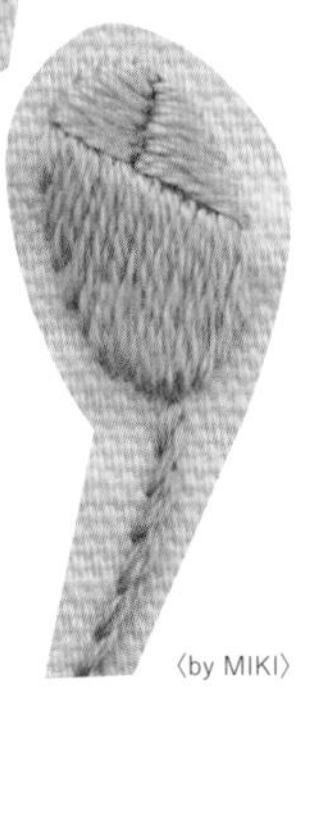

〈by MIKI〉

細長い葉を刺すとき

太い幅にあわせた糸の向きにしていると先端は刺繍しにくいので、徐々に糸目を縦向きに変えましょう。図案を写したら、ガイド線を入れておき、その間を埋めるように刺していくと◎。

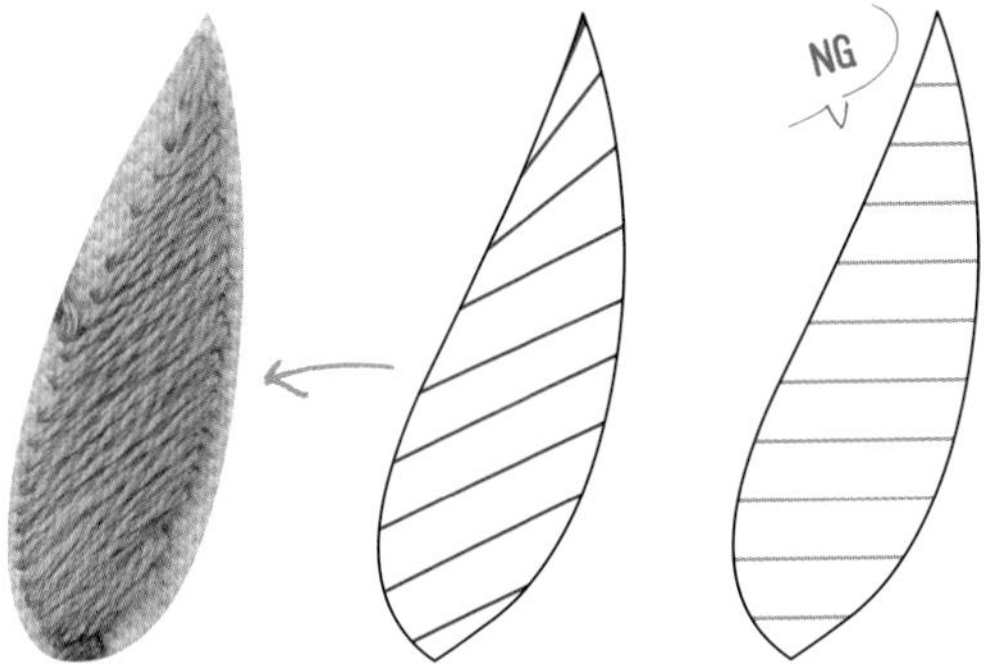

〈by MIKI〉

花びらや葉に大活躍の
レゼーデージーステッチ

片方がとがっていて、扇のような形になるレゼーデージーステッチは、花びらや葉を表現したいときにぴったり。

　レゼーデージーステッチ1つで1枚の花びら、1枚の葉となり、軽やかでかわいらしい印象です。

　また、レゼーデージーステッチにストレートステッチを足す表現方法もあります。間を糸で埋めることでより「1枚」らしく見える仕上がりになるでしょう。

レゼーデージー＋ストレートステッチ

花びらはレゼーデージーの上にかぶせるようにしてストレートステッチを足しています。

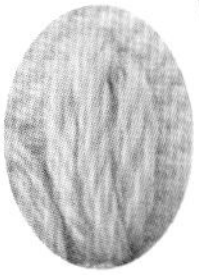

葉はレゼーデージーの内側にストレートステッチを足しています。

〈by MIKI〉

レゼーデージーステッチ

レゼーデージーステッチのみで花びら、葉をそれぞれ表現

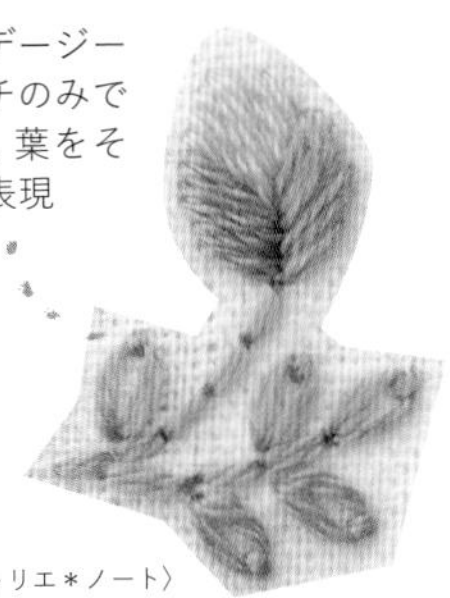

〈by アトリエ＊ノート〉

花の表現いろいろ

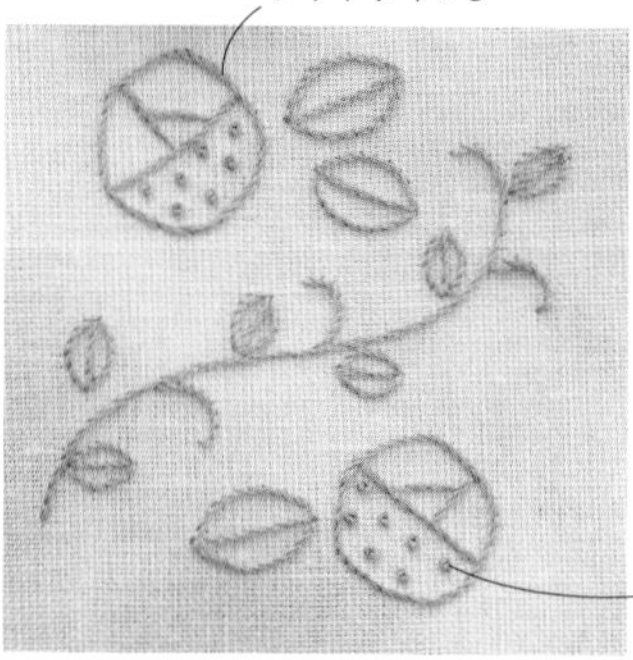

〈by シライカズミ〉

〈by PieniSieni〉

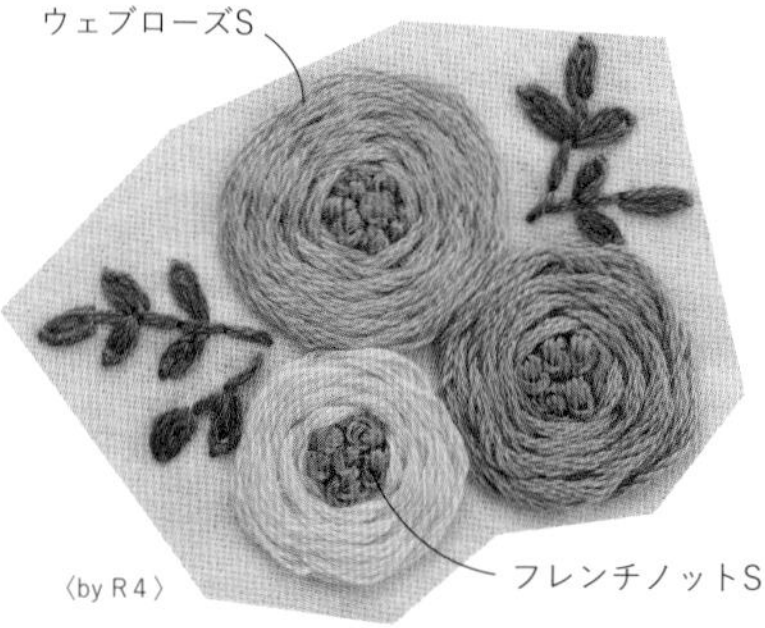

〈by R4〉

〈by かこますみ〉

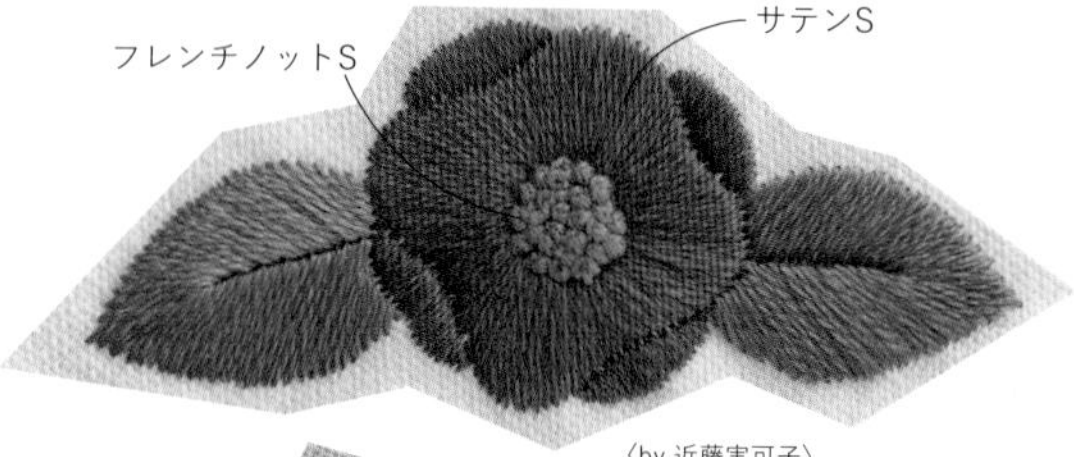

〈by 近藤実可子〉

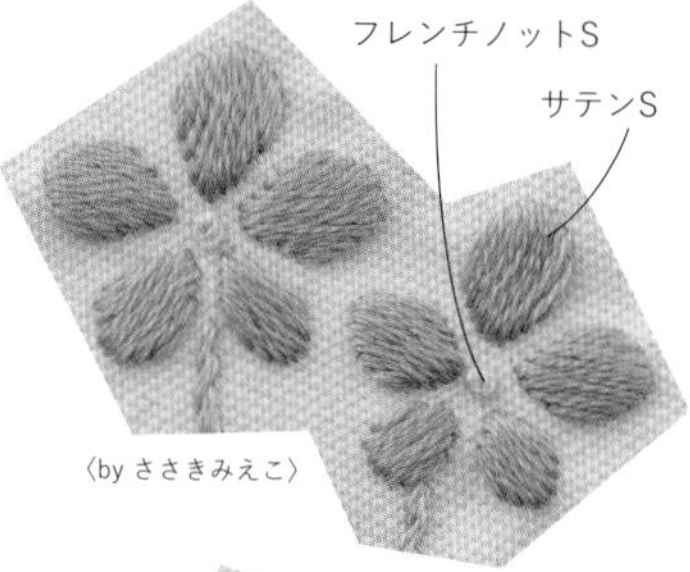

〈by ささきみえこ〉

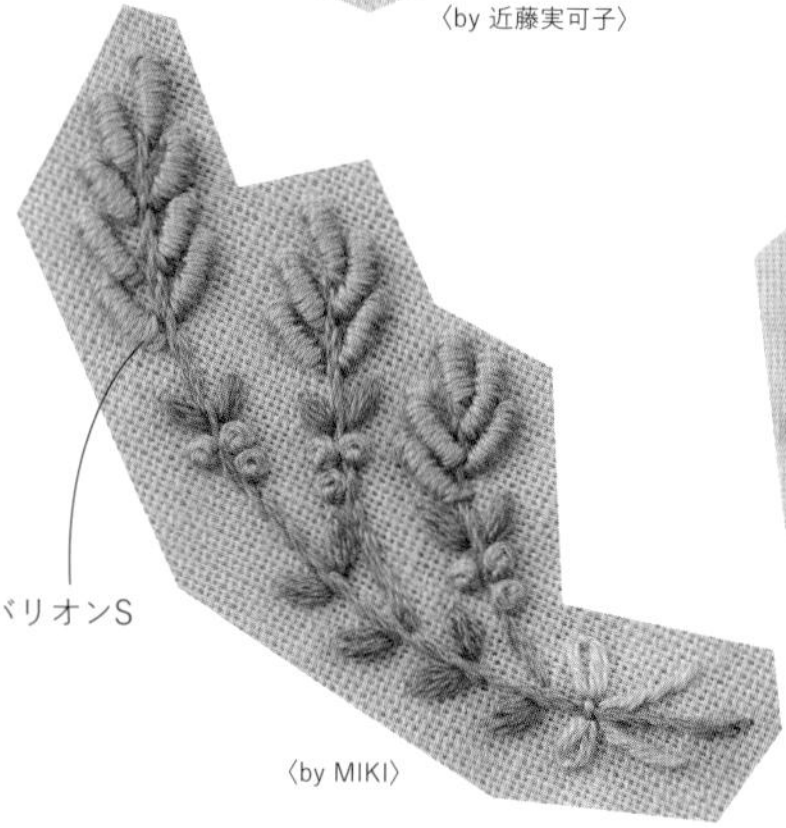

〈by MIKI〉

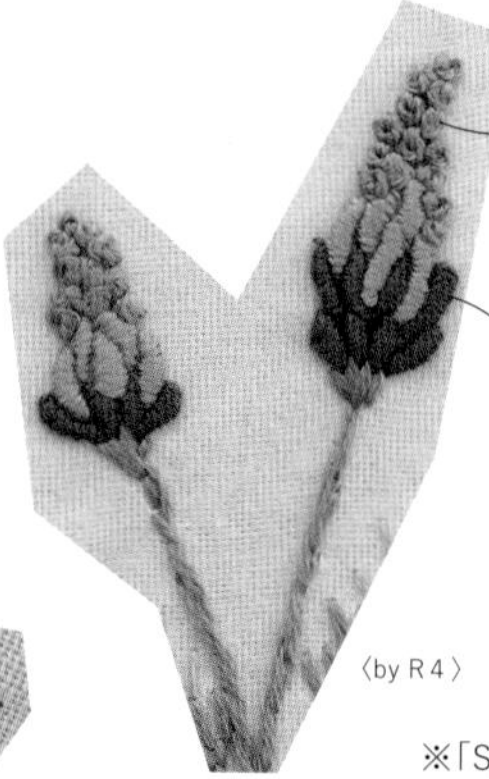

〈by R4〉

※「S」は「ステッチ」の略です

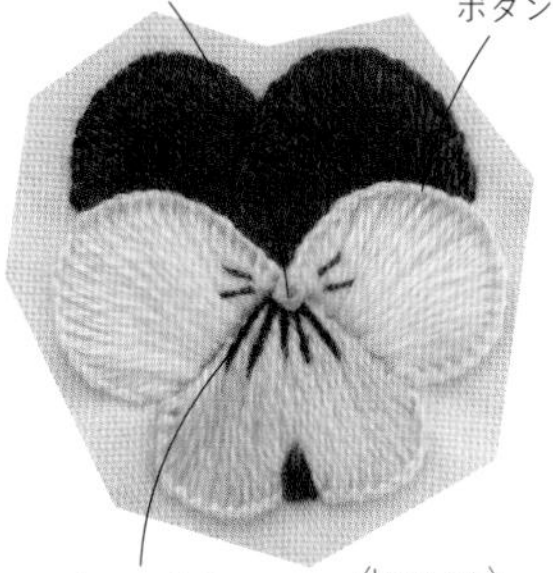

〈by un peu〉

〈by PieniSieni〉

〈by MIKI〉

〈by PieniSieni〉

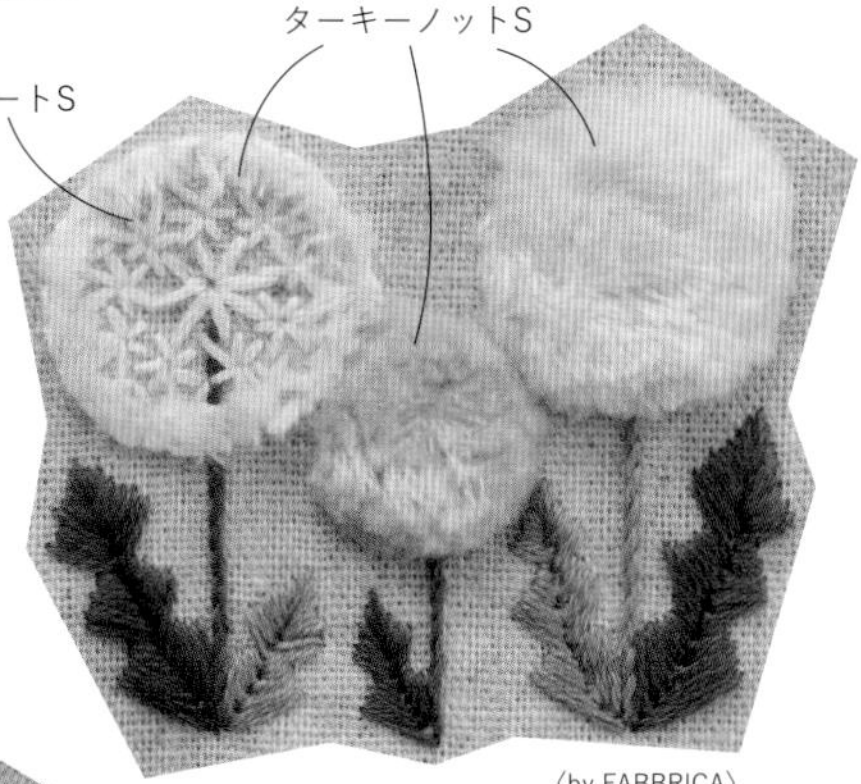

〈by FABBRICA〉

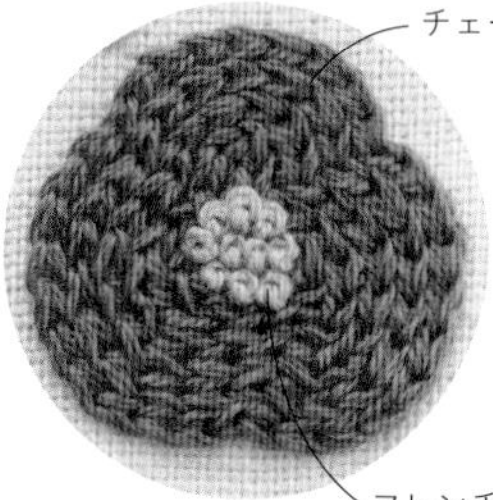

〈by シライカズミ〉

〈by 森本繭香〉

〈by 森本繭香〉

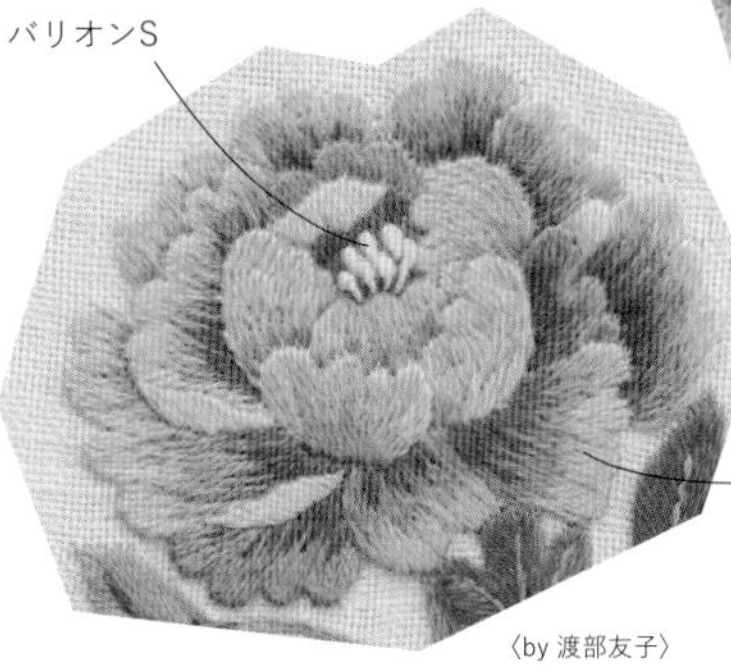

〈by 渡部友子〉

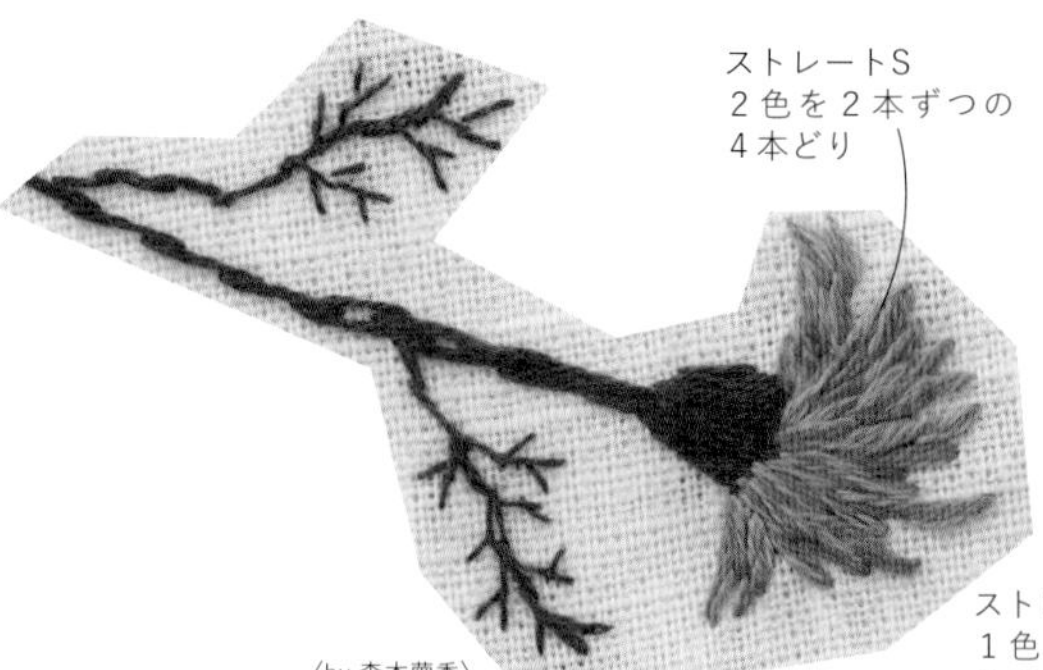

〈by 森本繭香〉

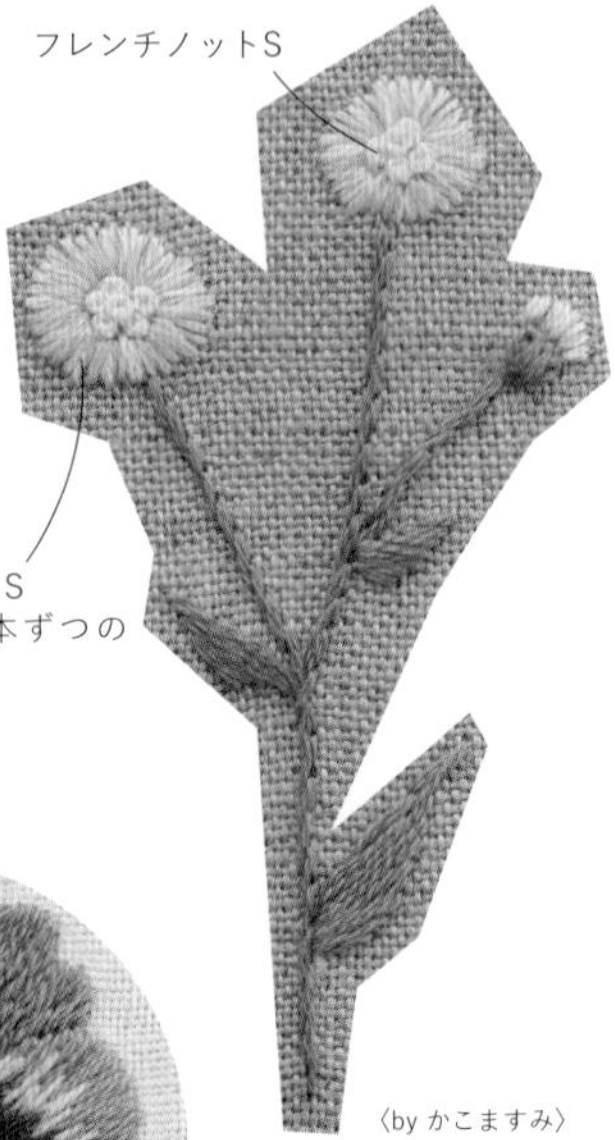

〈by かこますみ〉

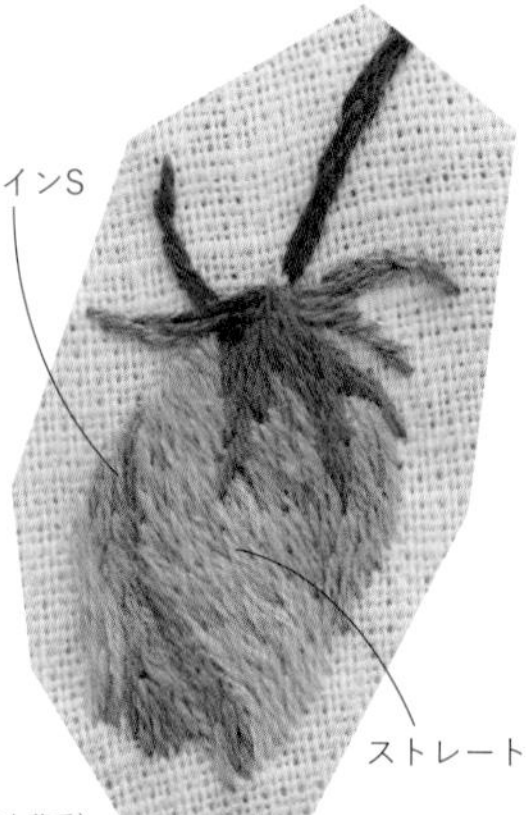

〈by 森本繭香〉

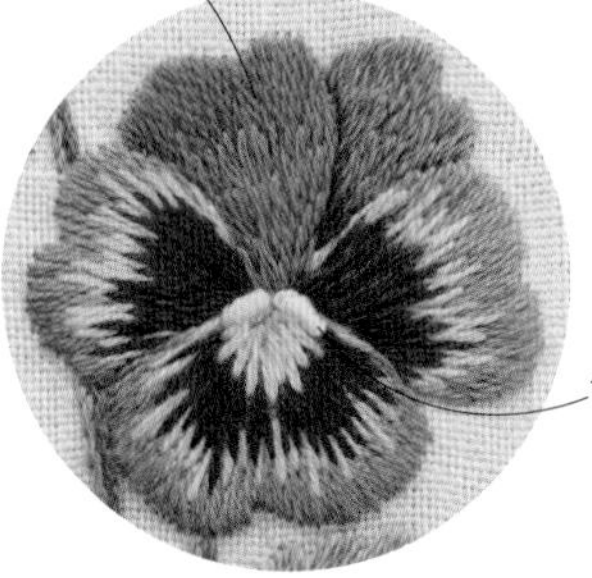

〈by 渡部友子〉

〈by chicchai_chicchai〉

〈by 渡部友子〉

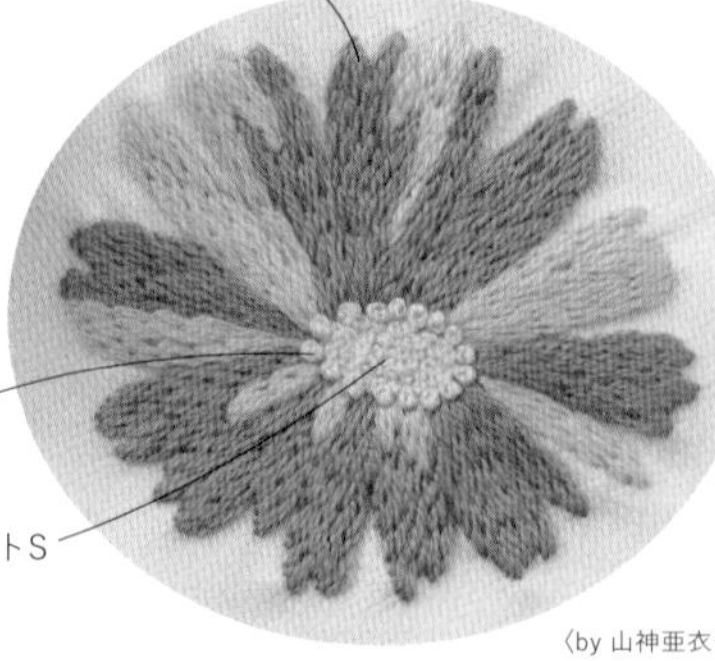

〈by 山神亜衣子〉

※「S」は「ステッチ」の略です

実もののの表現いろいろ

〈by chicchai_chicchai〉

〈by 森本繭香〉
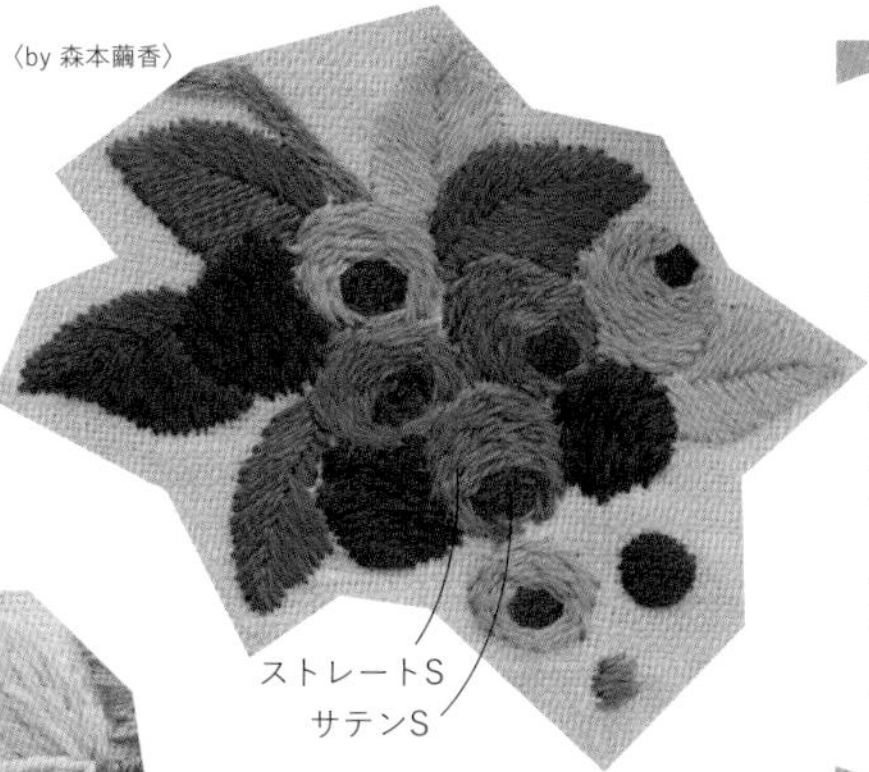

〈by 渡部友子〉

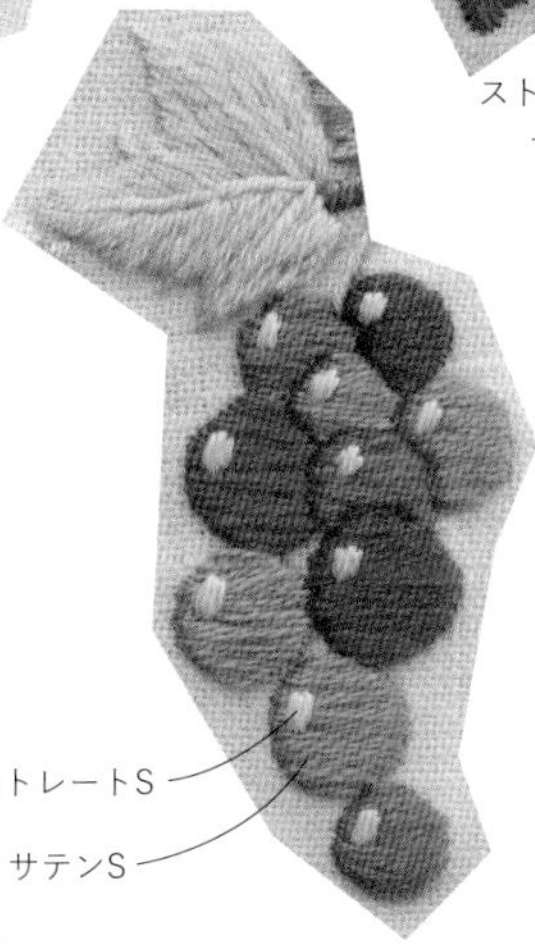

〈by Tender＊Rainbow〉

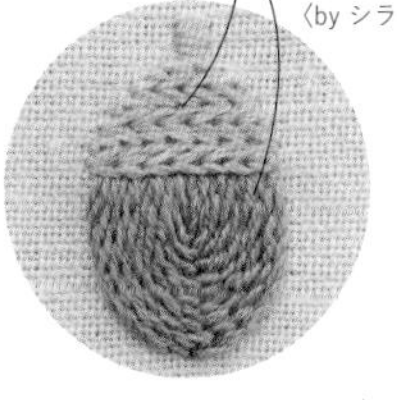

〈by シライカズミ〉

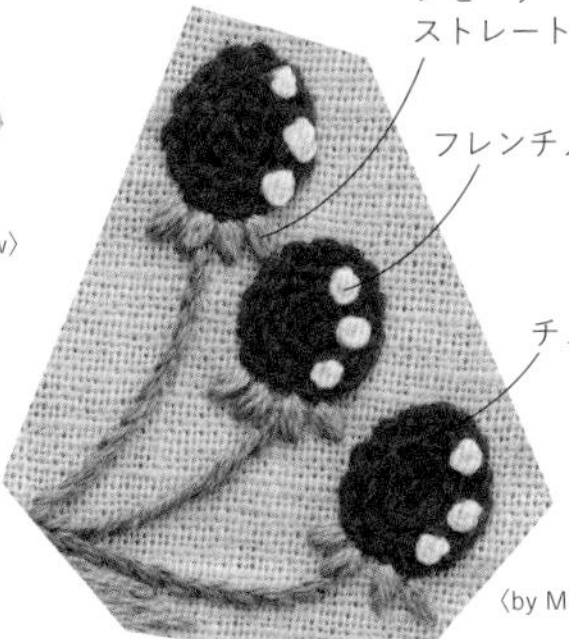

〈by MIKI〉

〈by ささきみえこ〉

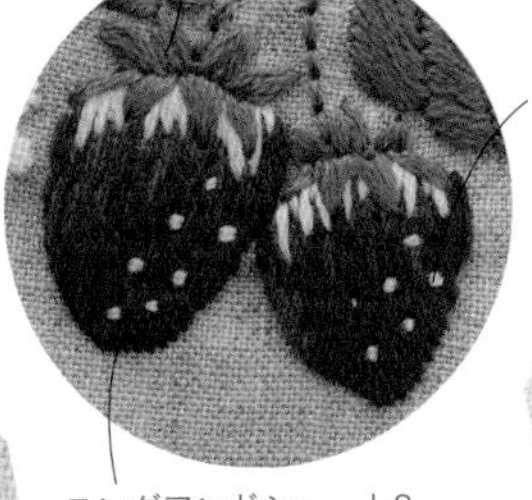

〈by FABBRICA〉

〈by chicchai_chicchai〉

〈by 渡部友子〉

※「S」は「ステッチ」の略です

葉・草・茎の表現いろいろ

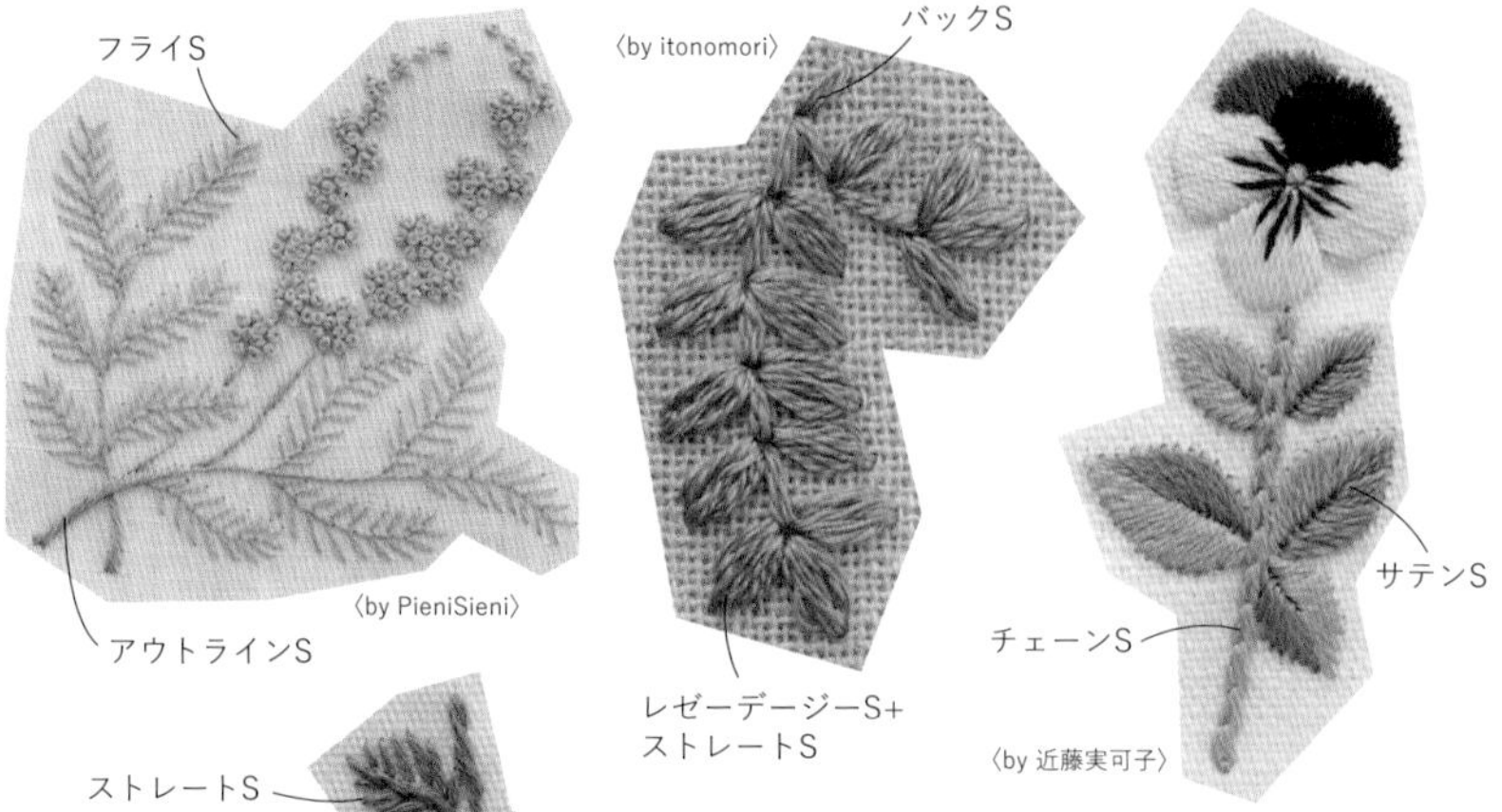

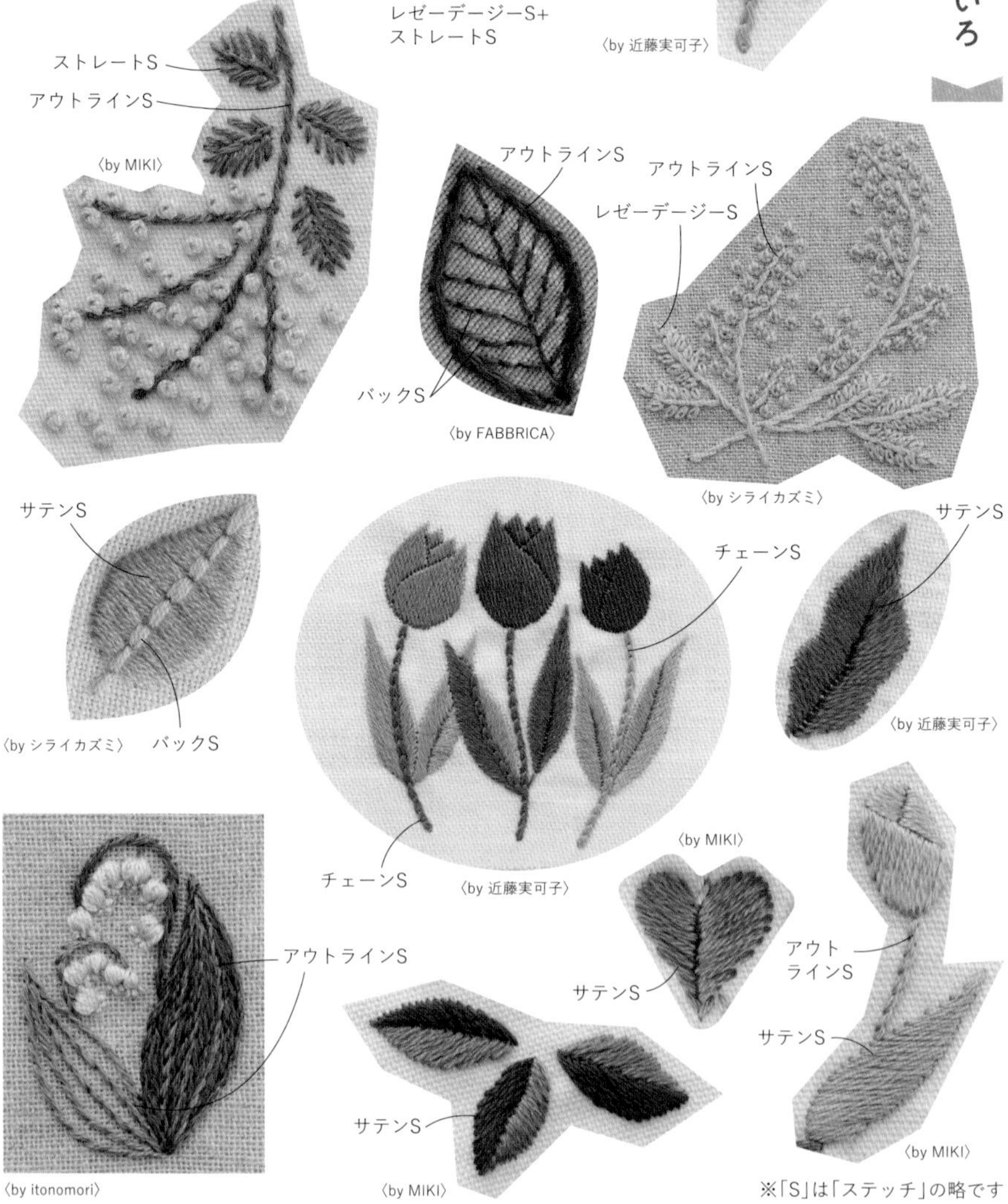

※「S」は「ステッチ」の略です

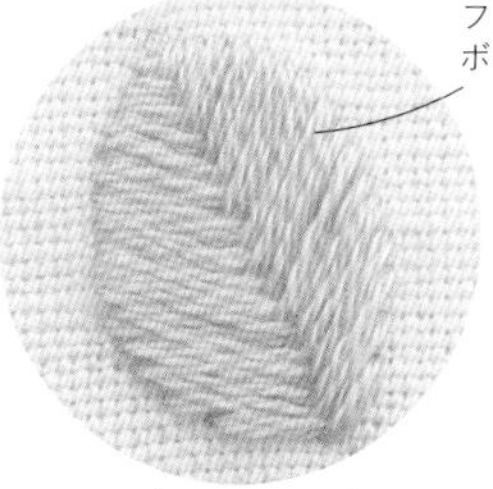

〈by シライカズミ〉

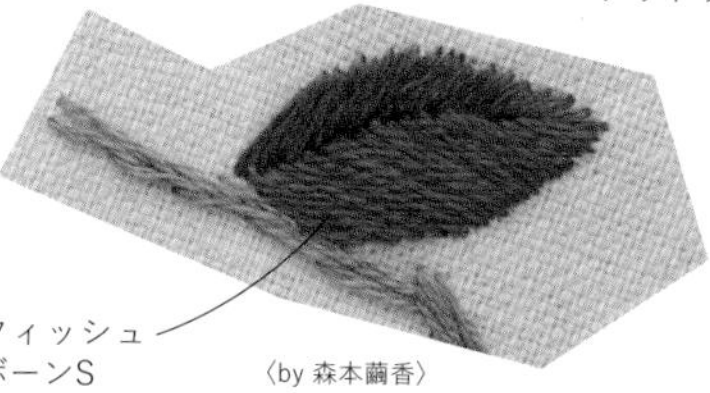

〈by 森本繭香〉

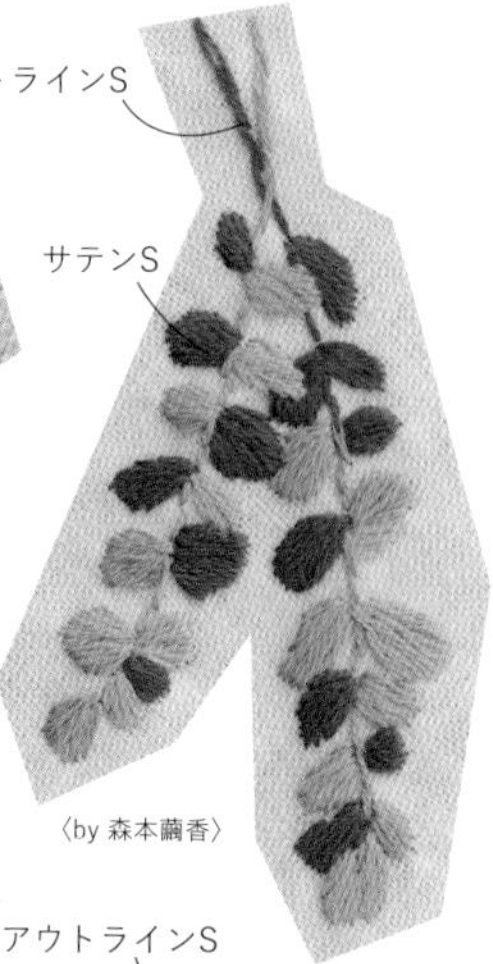

〈by 森本繭香〉

〈by PieniSieni〉

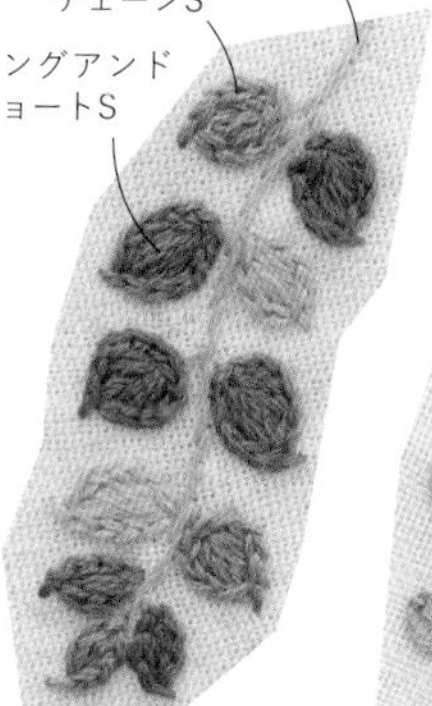

〈by 金星ソナタ〉

〈by シライカズミ〉

〈by itonomori〉

〈by シライカズミ〉
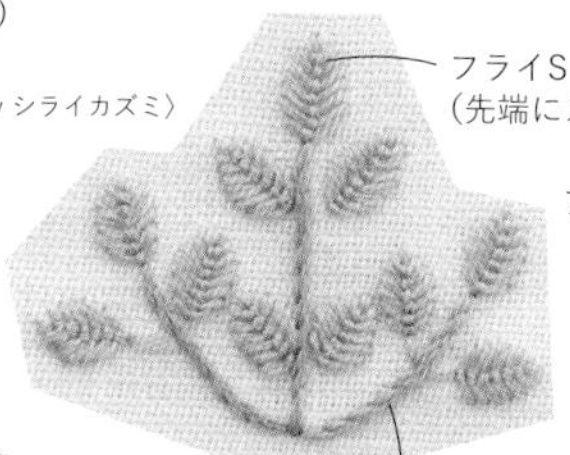

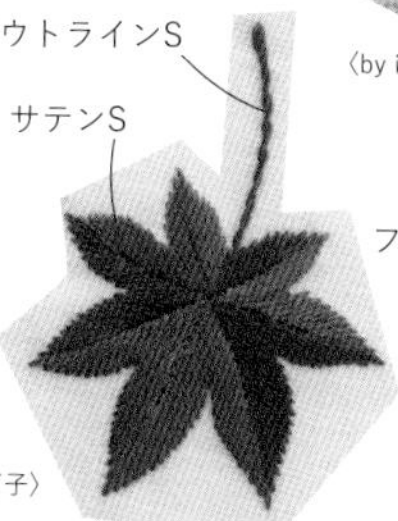

〈by 近藤実可子〉

〈by シライカズミ〉

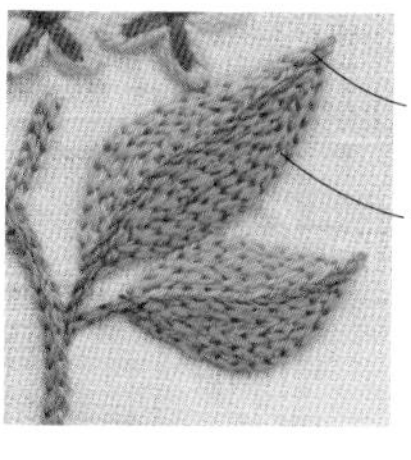

〈by chicchai_chicchai〉

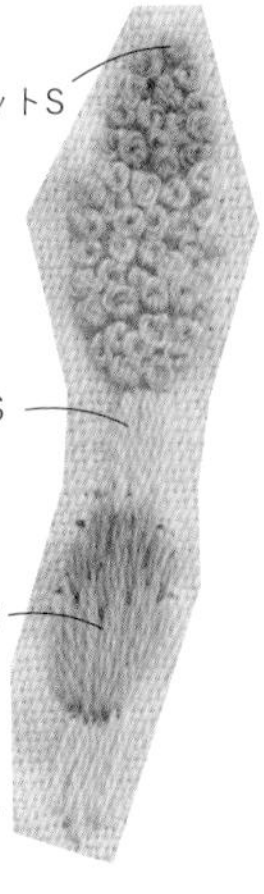

〈by 森本繭香〉

動物の顔パーツの刺す順番は？

動物の目・鼻・口など小さなパーツを刺すタイミング、ここでは、大きく分けて3パターンの方法を紹介します。

A 模様や目・鼻などが、ある程度の面積があり、サテンステッチなどで刺す場合は、各パーツを刺したあと顔全体を刺すときれいに形が決まります。

B 目・鼻などが小さく、フレンチノットステッチやストレートステッチなどで刺す場合には、顔全体を埋めたあと、最後に顔の刺繍の上に重ねます。

C 中間のパターンとして、顔全体を先に刺繍するけれど、目の位置をあけておき、あとからその位置に、目を刺繍するという方法もあります。

A 模様のあとに顔全体を刺す

〈by spica-pika〉

B 顔全体を刺したあと最後に上から刺す

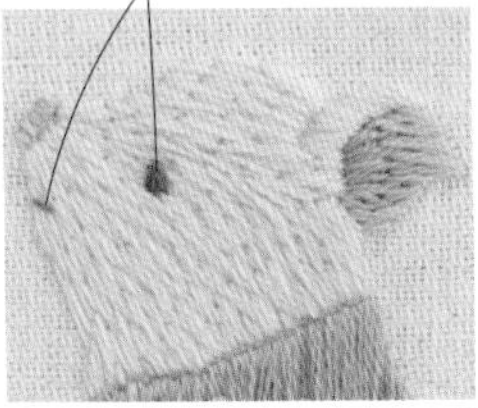

〈by itonomori〉

C 顔全体を刺すときにあけておく

〈by itosino〉

パーツの大きさやステッチの種類によって、ベストな刺し順を考えてましょう。

毛並みを意識しよう

動物の体をステッチで埋める際に、毛の流れ・向きを意識して刺繍すると、動物らしさのある仕上がりになります。

見本を参考にしたり、図案に毛並みの線を自分なりに描き加えてみましょう。

〈by 加藤直子〉

2色の糸を混ぜて刺す

たとえば2本どりで刺すときに、1本ずつ違う色の糸を使うと、全体的に色が混ざった仕上がりになり、より自然な毛並みになります。

〈by 森本繭香〉

〈by Chicchi〉

フワフワやモコモコの表現

毛足やしっぽなどフワフワした部分を表現したいとき、ターキーノットステッチが大活躍。短めにカットしてフワフワさせたり、少し長めにカットして毛足や毛束感を表現したりできます。

また、フレンチノットステッチやバリオンステッチを密に刺すことでモコモコした毛並みを表現できます。

〈by Nunomushi〉

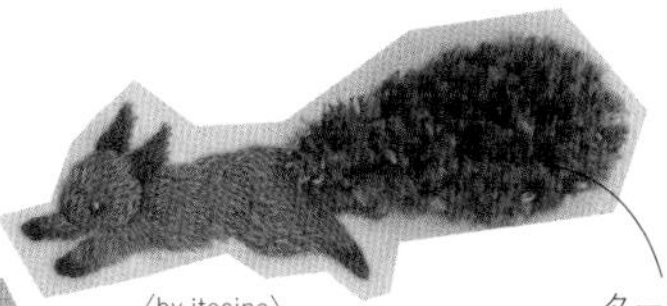

〈by itosino〉

〈by Chicchi〉

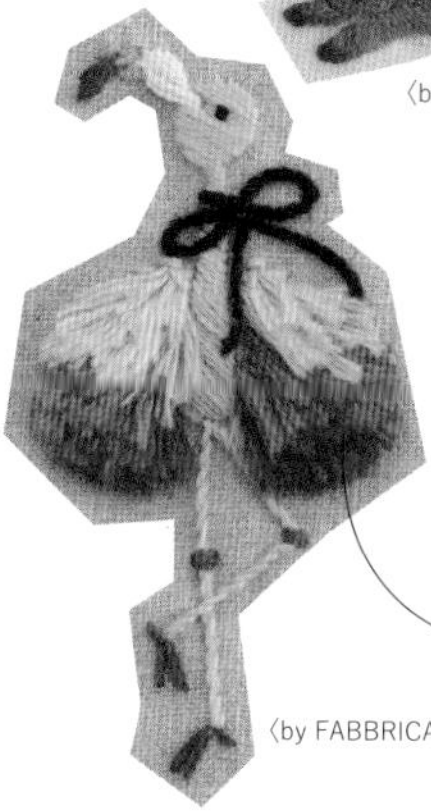

〈by FABBRICA〉

〈by FABBRICA〉

デザインいろいろ、表現の幅を楽しんで

動物のデザインは表現の幅を楽しめるのが魅力。同じ動物でもポーズを変えるだけで違う印象になります。

また、全身ではなく顔だけにしてみたり、お洋服を着せるなど擬人化してみたり、さまざまな楽しみ方ができます。

〈by kanaecco〉

〈by spica-pika〉

〈by 加藤直子〉

動物の表現いろいろ

ロングアンドショートステッチで毛並みを表現

〈by 加藤直子〉

〈by 加藤直子〉

〈by moha._.moha〉

〈by itosino〉

線のステッチで輪郭を表現

〈by 三浦名菜〉

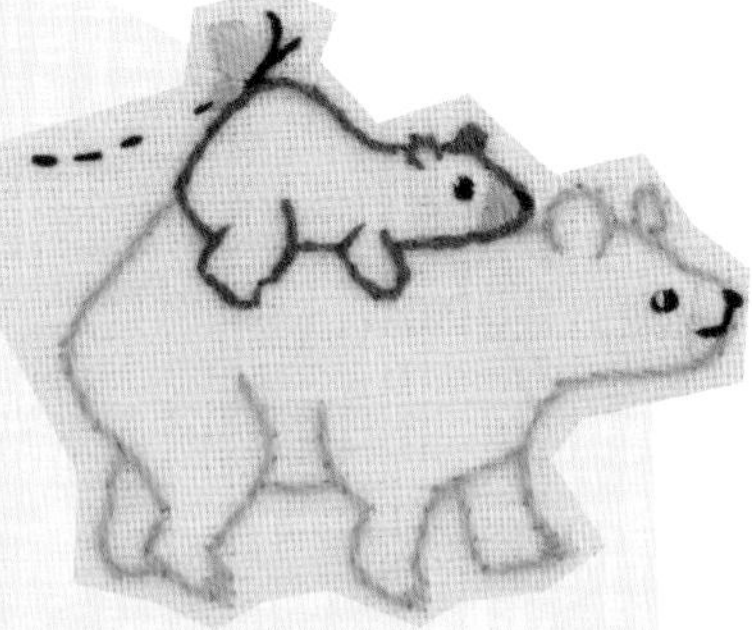

〈by 三浦名菜〉

〈by Chicchi〉

〈by 近藤実可子〉

チェーンステッチで
体をステッチ

〈by Chicchi〉

〈by 近藤実可子〉

〈by ささきみえこ〉

〈by ささきみえこ〉

おめかしして
デザイン

〈by 三浦名菜〉

〈by FABBRICA〉

〈by spica-pika〉

刺繍を彩る

刺繍を終えたら、少しおめかししてみるのも楽しいです。
ビーズとスパンコールの縫い付け方を紹介しましょう。

ビーズで飾る

刺繍にビーズを組み合わせて使うと、作品のアクセントになります。モチーフのワンポイントとして加えたり、背景などの飾りにしたり、気軽にさまざまな試し方をしてみましょう。

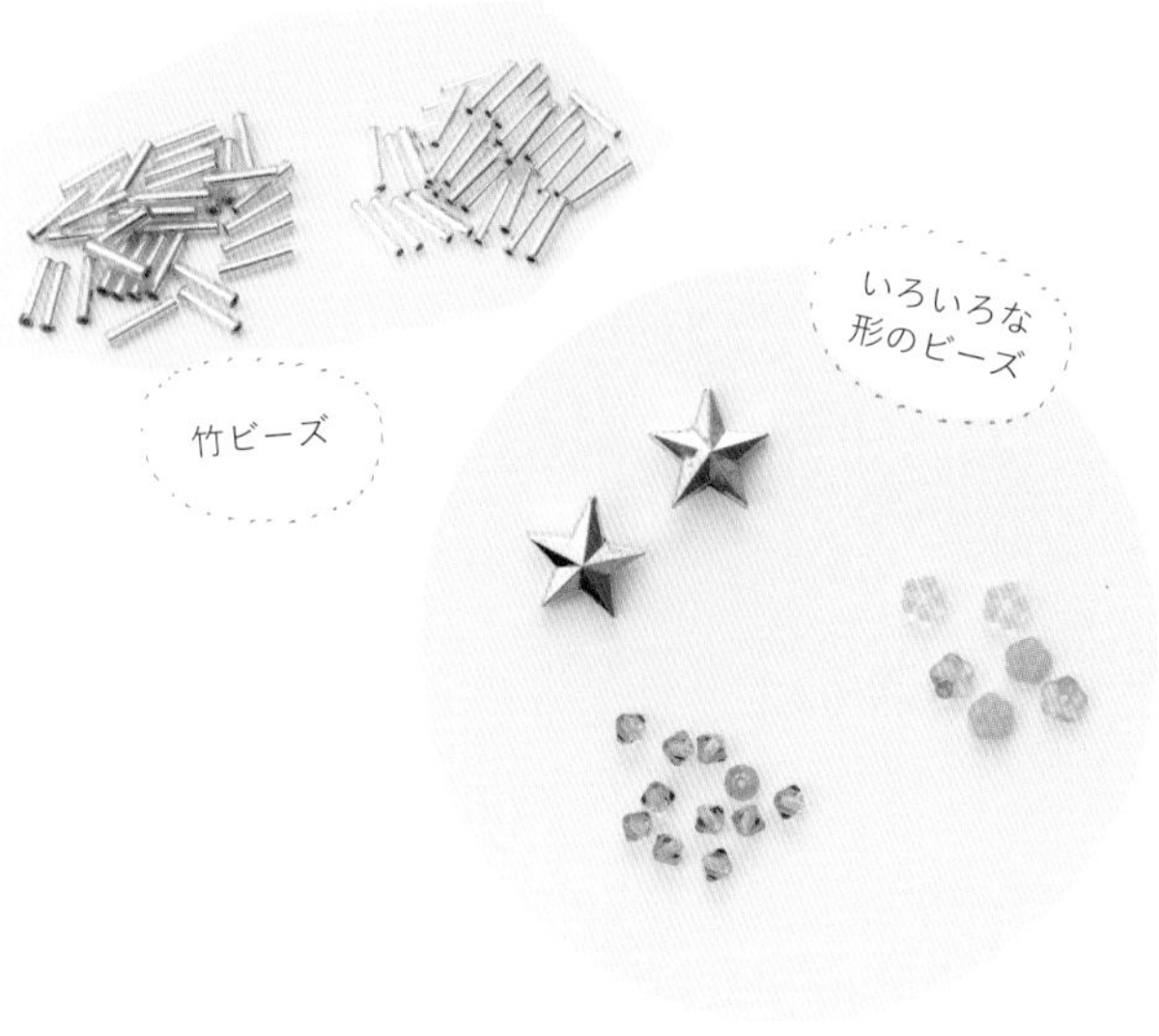

糸と針は刺繍のものでも代用可

ビーズ刺繍には、小さなビーズが刺しやすい専用のビーズ刺繍針やビーズ刺繍糸がありますが、刺繍に少しプラスしてやってみたいな、と試してみるときには、すべてを揃えなくても大丈夫です。

丸小ビーズなら、刺繍糸2本どりに対応する号数の刺繍針が使えます。手元に持っている針がビーズに通るか試してみましょう。

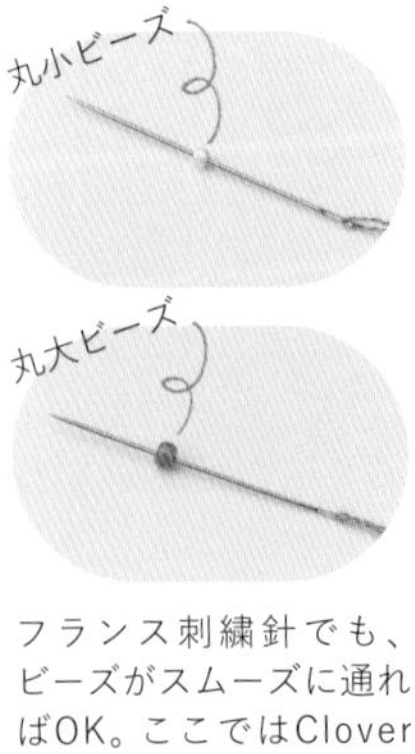

フランス刺繍針でも、ビーズがスムーズに通ればOK。ここではCloverのフランス刺しゅう針8号を使っています。

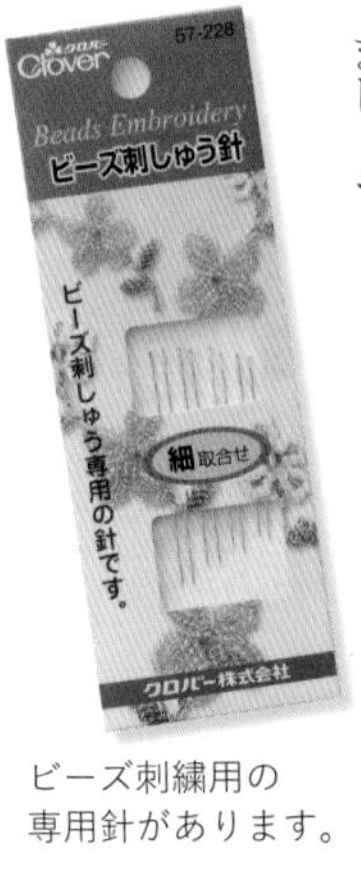

ビーズ刺繍用の専用針があります。

連続したビーズの縫い付け方

ビーズを1つずつ縫い付けるのは試してみやすいと思いますが、連続して縫い付ける方法を3つ紹介します。

1粒ずつ縫い付ける方法は、手間はかかりますが1粒ずつしっかり留まるので丈夫な仕上がりです。数粒ずつの方法は、作業スピードがだいぶUPします。コーチングステッチの要領で縫い付ける方法は、慣れてきたら曲線なども描きやすいでしょう。

1粒ずつ

1　針を裏から表に出します。

＊ここでは見えやすい色の糸を使用していますが、ビーズと似た色を使うとよいでしょう。

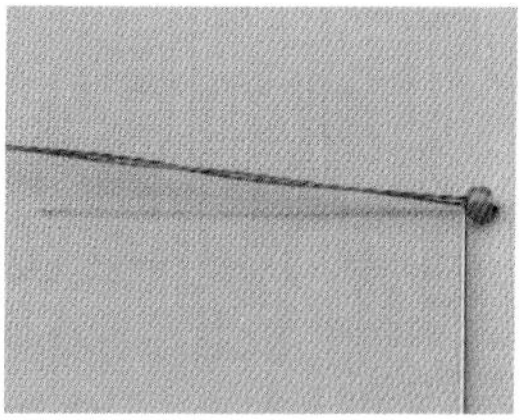

2　1つ目のビーズを通し、ビーズの幅と同じ位置に針を入れます。

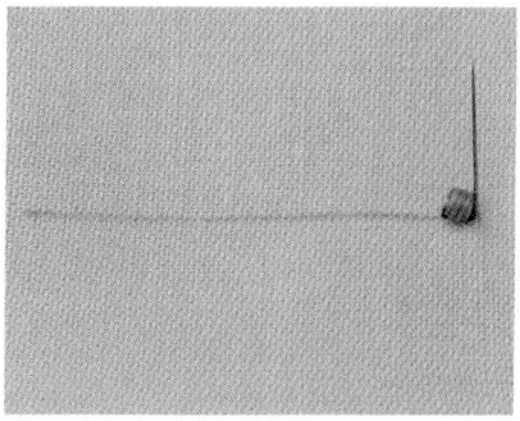

3　ビーズ1つ分戻り、針を表に出します。

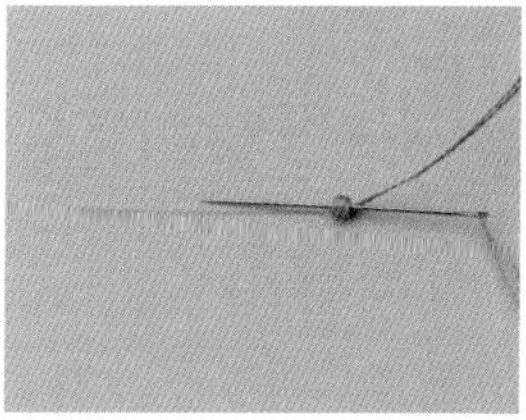

4　針をビーズに通します。

5　2つ目のビーズを通し、ビーズの幅と同じ位置に針を入れます。

6　ビーズ1つ分戻り、針を表に出します。

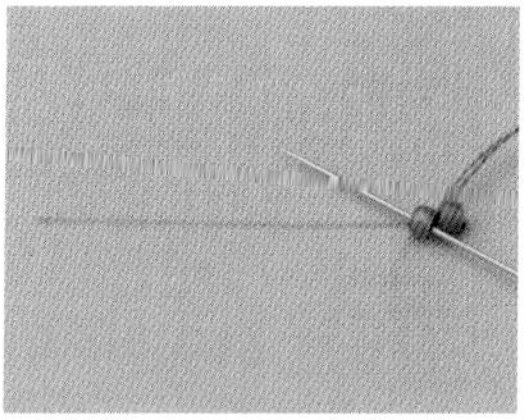

7　針をビーズに通します。

8　3つ目のビーズを通し、ビーズの幅と同じ位置に針を入れます。

9　これを繰り返し、最後は針をビーズに通したあとに裏で玉どめします。

数粒ずつ

1　針を裏から表に出します。

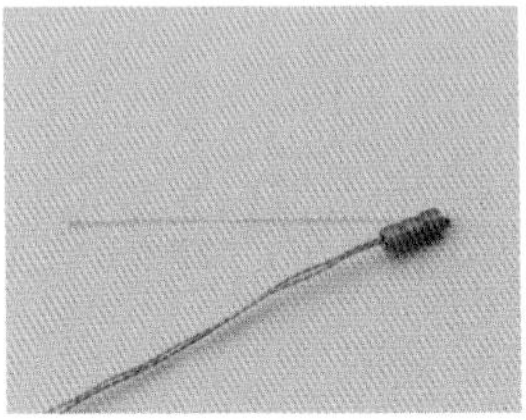

2　数粒(ここでは3粒)のビーズを通します。

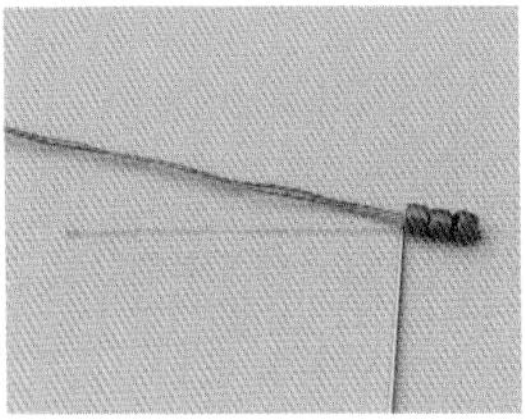

3　通したビーズの幅と同じ位置に針を入れます。

幅がぴったりだと
ビーズがしっかり
とまります

4　ビーズ1つ分戻り、針を表に出します。

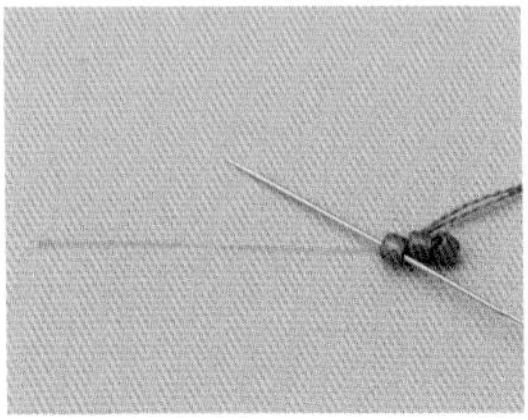

5　針をビーズの中を通します。

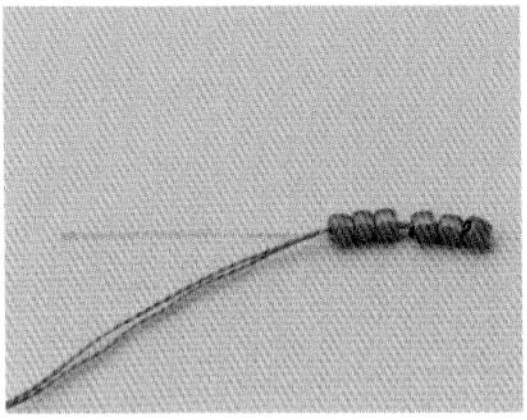

6　次のビーズ数粒(ここでは3粒)を通します。

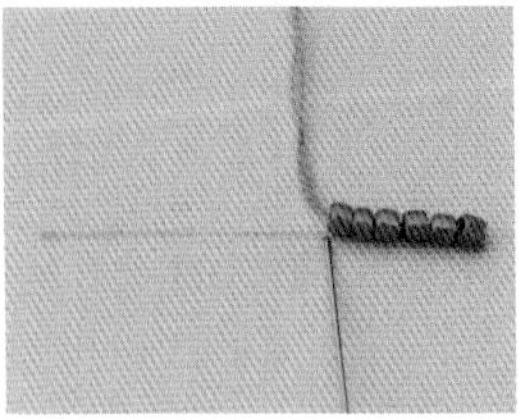

7　通したビーズの幅と同じ位置に針を入れます。

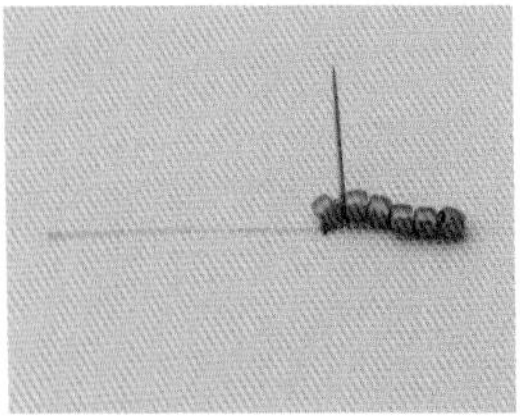

8　ビーズ1つ分戻り、針を表に出します。

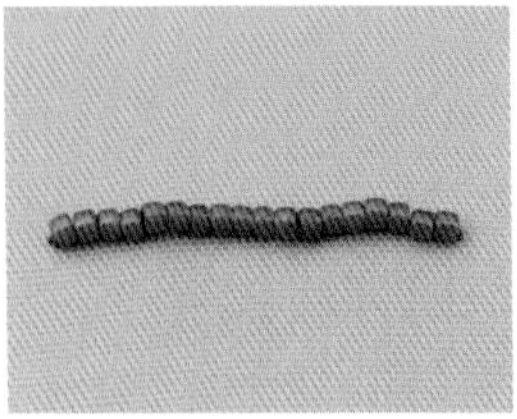

9　これを繰り返し、最後は針を最後のビーズに通したあとに裏で玉どめします。

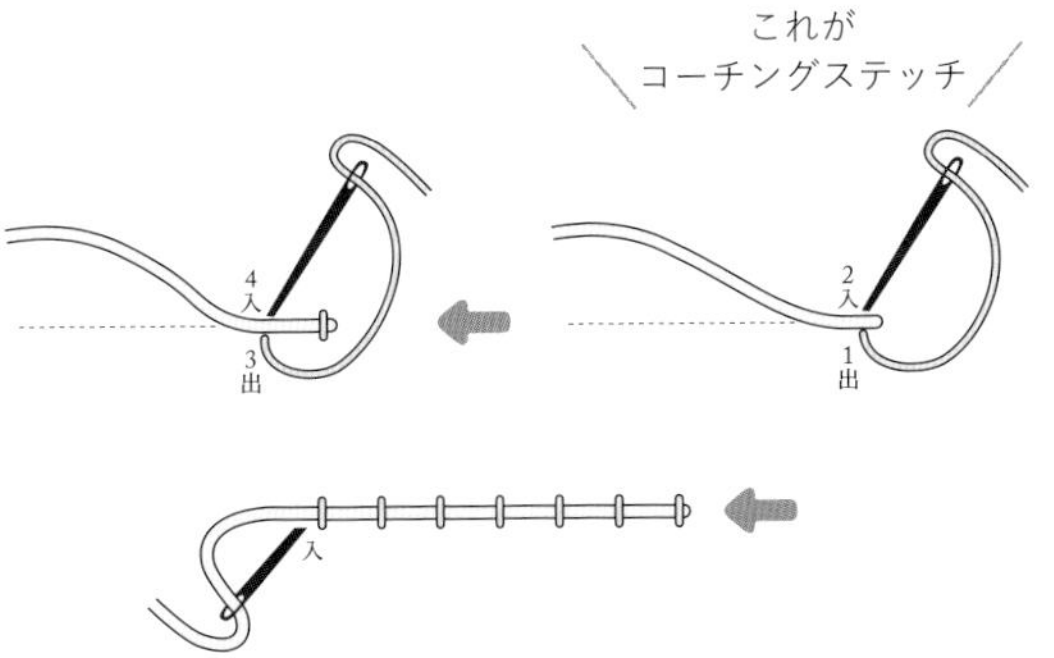

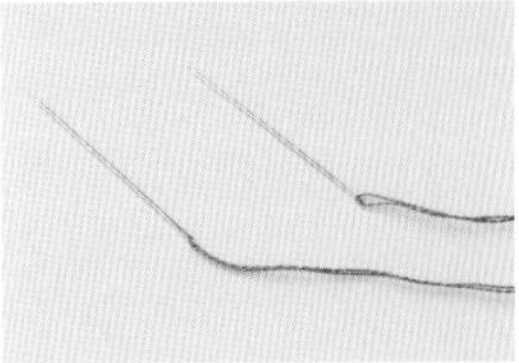

針を2本使い、コーチングステッチ（左図）の要領でビーズを留めていきます。

コーチングステッチの要領で

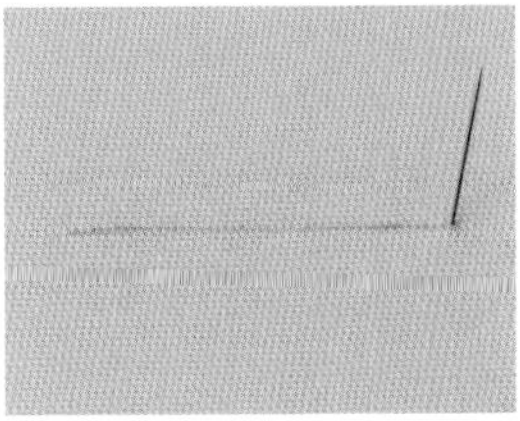

1　片方の針を裏から表に出します。

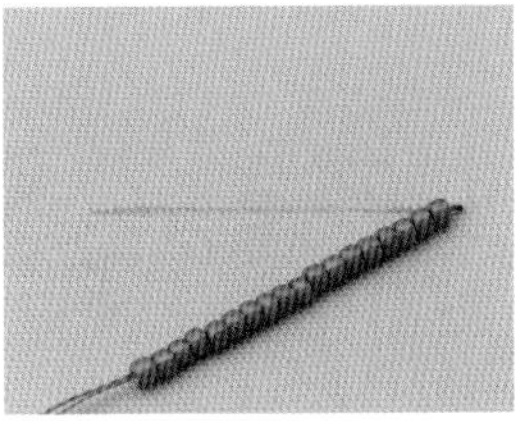

2　刺したい分のビーズを通します。

3　通したビーズ分と同じ位置に針を入れます。

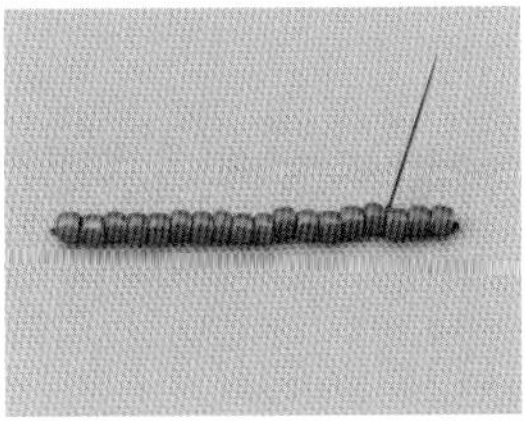

4　もう1本の針をビーズ数粒分（ここでは3粒）の位置に出します。

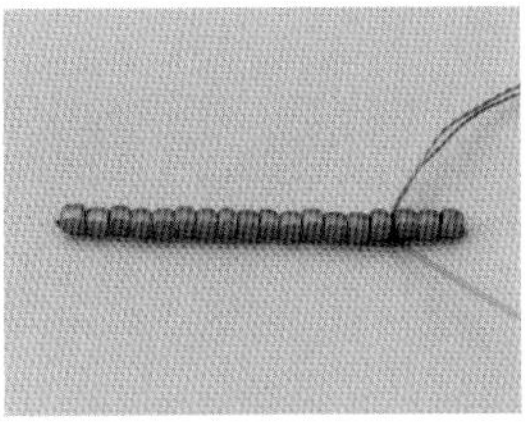

5　ビーズとビーズの間の糸をまたいで留めるようにして、針を入れます。コーチングステッチの要領です。

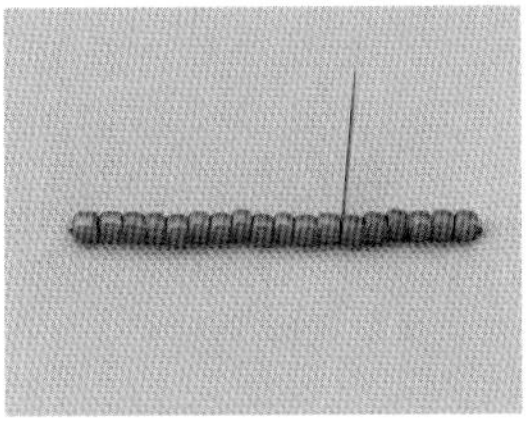

6　ビーズ数粒分（ここでは3粒）進んで針を出し、繰り返し留めていきます。

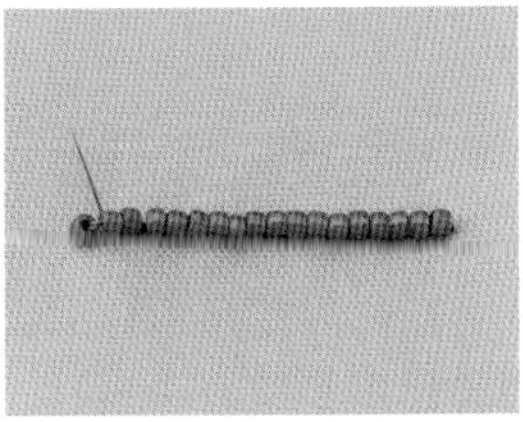

7　最後のビーズの隣に針を出します。

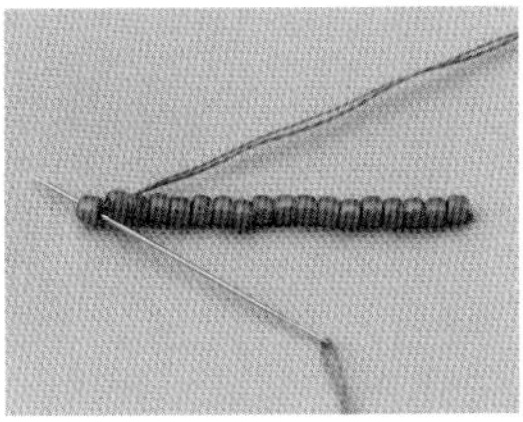

8　針を最後のビーズに通します。

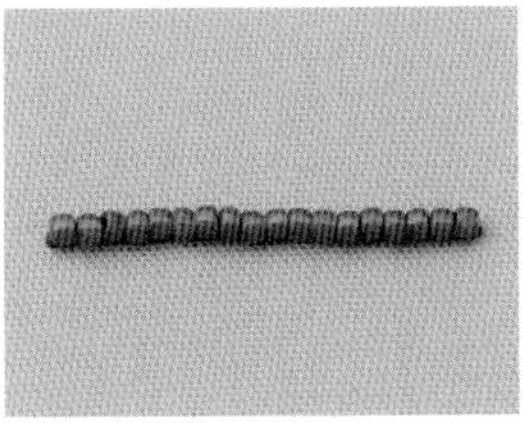

9　裏で玉どめをします。

いろいろな
大きさや形
があります。

スパンコールで飾る

刺繍にスパンコールをプラスすると装飾度がグッと上がります。刺したモチーフにあわせてワンポイントで使うのも効果的ですし、ブローチなどのアクセサリーに仕立てるときに使うと華やかに仕上がります。ここでは、4つの止め方・刺し方を紹介します。

重ね刺し

スパンコールが
半分ずつ重なり、
糸が見えにくい
刺し方です

1　スパンコール半径分のところで、布の裏から針を出します。

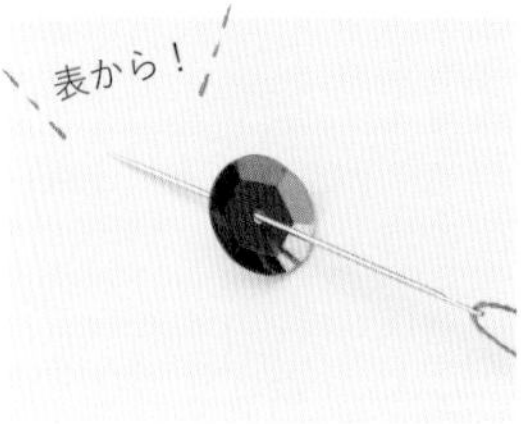

2　スパンコールを表から拾います。

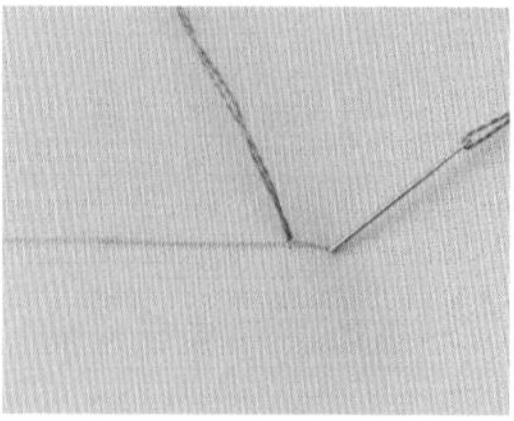

3　スパンコール半径分戻ったところで、針を入れます。

両止め

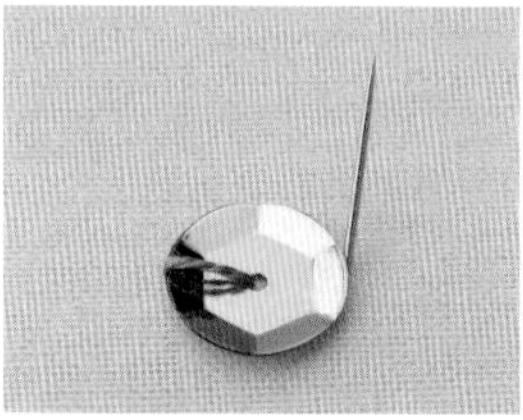

1　片止めしたあとに、反対側に布の裏から表に針を出します。

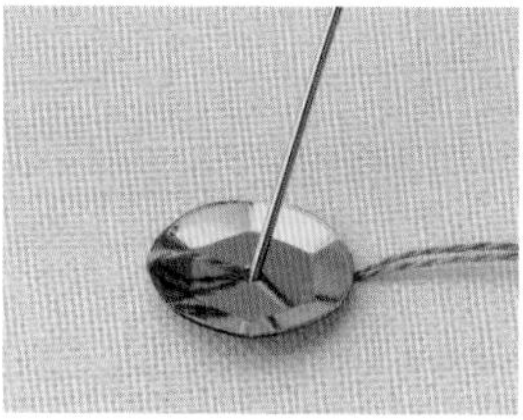

2　針を穴に刺します。

3　スパンコールの両側が糸で止まりました。両止めです。

片止め

1　布の裏から表に針を出し、スパンコールを表から拾います。

＊ここでは目立つように濃い色の刺繍糸（2本どり）を使用しています。

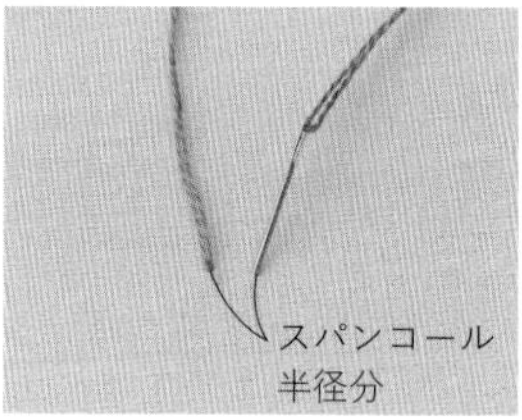

2　スパンコールの半径分戻った位置に針を刺します

3　スパンコールの片側が糸で止まりました。片止めです。

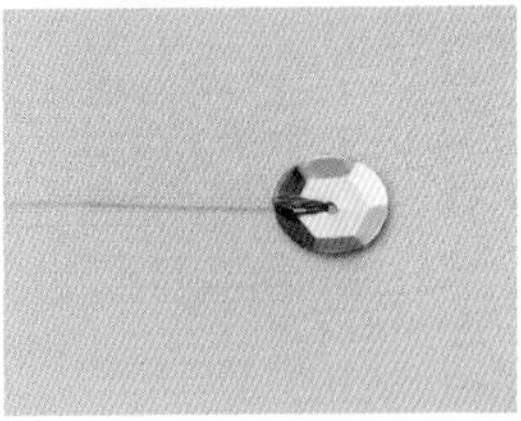

4　スパンコールの1枚目が止まりました。

5　スパンコール半径分先のところで、布の裏から針を出します。

6　スパンコールを表から拾います。

7　スパンコール半径分戻ったところで、針を入れます。

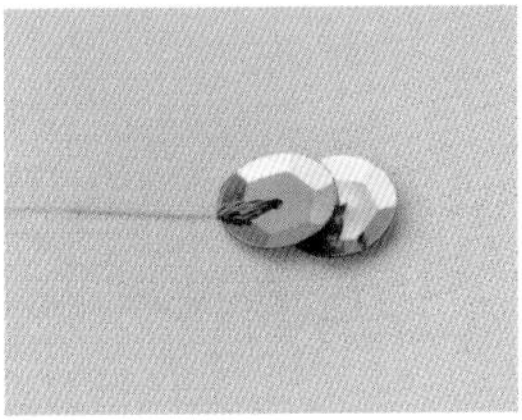

8　スパンコールの2枚目が止まりました。

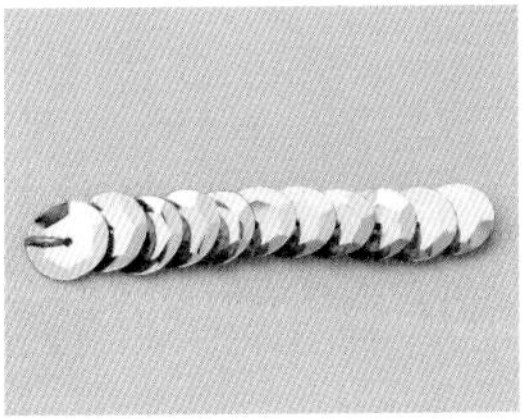

9　これを繰り返し、重ね進めます。

ビーズで止める

1　布の裏から針を出します。

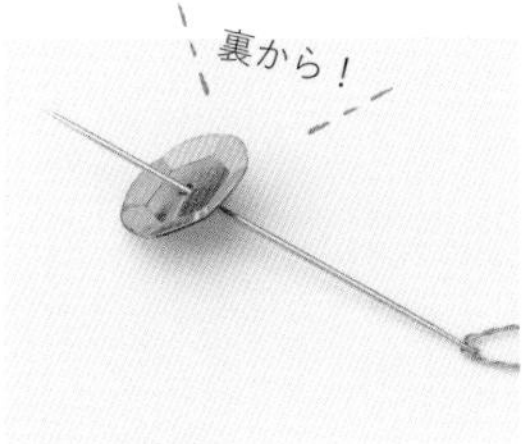

2　スパンコールを裏から拾います。

3　スパンコールを布の上に置きます。

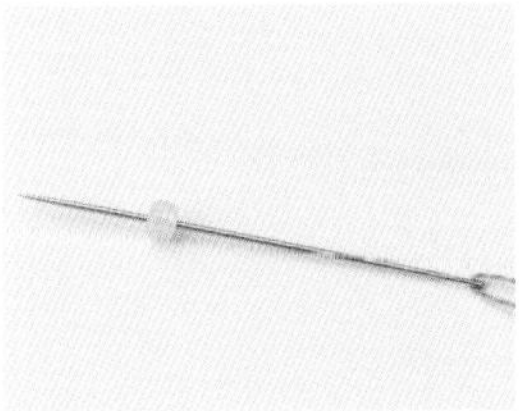

4　ビーズに針を通します。

5　スパンコールの穴に針を入れます。

6　ビーズでスパンコールが止まりました。

刺したあとのこと

頑張って刺した刺繍をきれいに仕上げて楽しむために
刺したあとのアイデアを紹介します。

図案線を消してアイロンでシワを取る

刺繍を終えたら、見えている図案線を消します。水性の図案線の場合、少しだけなら水を含ませた綿棒や専用の消しペンで消します。水洗いできるものは水洗いしたり、霧吹きで水をかけてもＯＫです。図案線が消えたら、布の裏からアイロンをかけます。当て布をしたり、刺繍面をよけたりして刺繍をつぶさないようにしながらシワを取ります。水洗いしない場合は、霧吹きでシワの部分を湿らせると、取れやすくなります。

水洗いする場合は、刺繍が崩れないようやさしく。

アイロンは布の裏から。当て布をしたり、刺繍をつぶさないためにアイロン台と刺繍の間にタオルを敷いても。

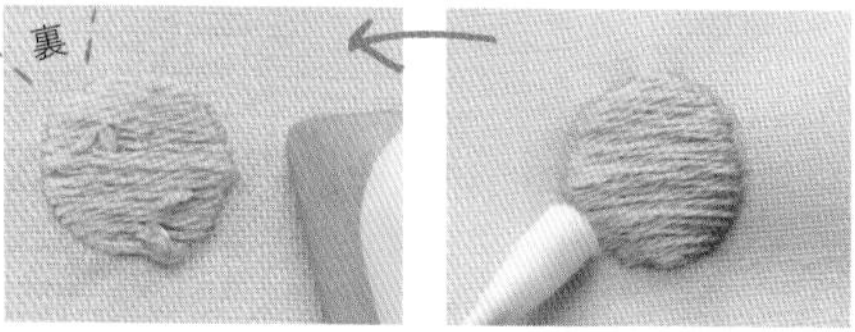

CAUTION!

図案線が残ったままアイロンをかけるとインクが定着してしまいます。消したつもりの線が時間が経つと浮き出てくることもあるので、すぐにアイロンをかけずに、布が乾燥して図案線が消えたことを確認してから作業しましょう！

刺繍枠で飾る

仕上がった刺繍を刺繍枠に入れて飾るときは、刺繍まわりの余白を考えてお好みのサイズの枠にはめてください。

飾るための刺繍枠も販売されています。オーバルやスクエアなどの場合は、最初からこの形の枠で飾ろうと決めて、図案を配置したりデザインしたりすることもでき、楽しみ方が増えます。

オーバルはとても人気です。縦も横もあるので、デザインにあわせて選んでください。

布やペンキで刺繍枠のカスタマイズ

刺繍枠を自分の好みにカスタマイズするのもおすすめです。

刺繍の色味や雰囲気にあわせて、外枠にペンキを塗ったり柄布を巻いたりしてオリジナルに。布は1・5㎝幅に切ったものを接着剤やグルーガンなどで留め、巻いていくだけです。

〈by spica-pika〉

刺繍枠での飾り方

図案を消してアイロンをかけた刺繍布を枠に挟めばいいだけ……ではありますが、きれいに飾るためにはコツがあります。余分な生地を処理すること、たるまないようにピンと張ること、作品（の色）がきれいに見えるようにすることです。

下の工程でそれぞれをチェックしていきましょう！

〈by spica-pika〉

1　飾る用の枠に一度布をはめて、枠から5cmほどのところに図案写し用ペンで大まかに印をつけ、はさみで切ります。

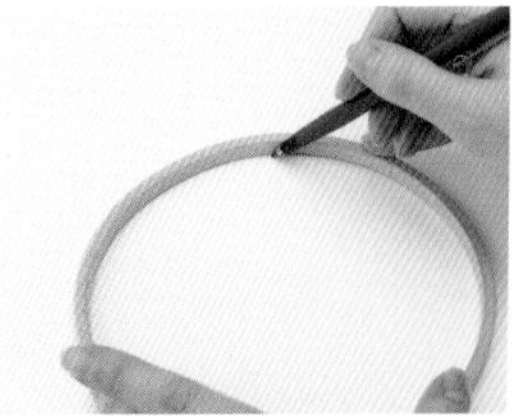

2　一旦、布を枠からはずし、内枠を画用紙にあてて、内径をシャープペンシルや鉛筆でなぞります。

3　印をつけた画用紙をはさみで切ります。刺繍布の裏に画用紙を入れると、裏が透けずに作品がきれいに見えます。

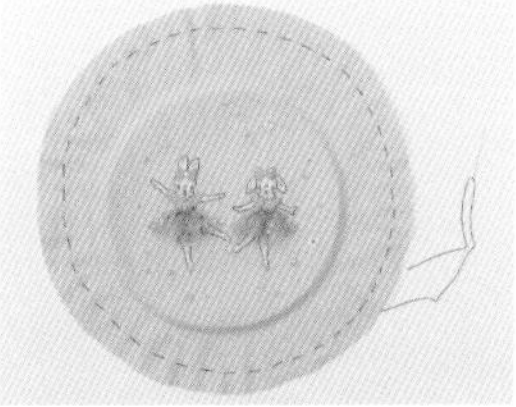

4　丸くカットした刺繍布の縁から1.5cmほどのところをぐし縫いし、糸と針はそのまま残しておきます。

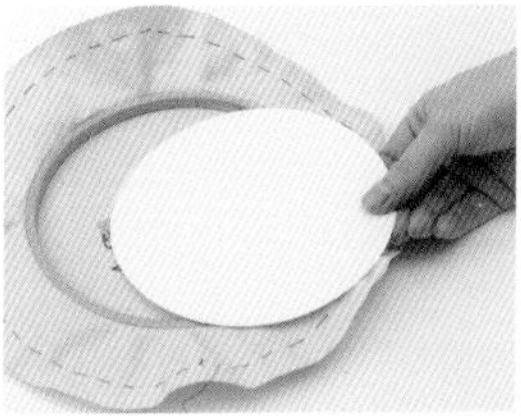

5　布を刺繍枠にはめ、裏に切った画用紙を入れます。

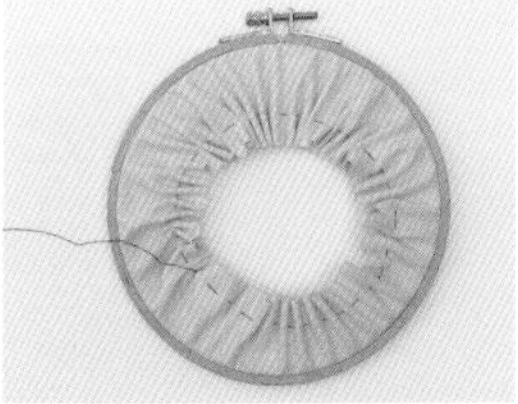

6　ぐし縫いした糸を引っ張り、表にシワができないように布端を処理して、玉結びをします。

木枠のパネルに仕立てる

刺繍枠と並んで人気のパネル仕立て。木材パネルにタッカー(コの字形のステープル)で布を留めて仕上げます。木枠やタッカーは美術道具コーナーやホームセンター等で購入できます。

木枠の表面の色が濃く、刺繍がきれいに見えない場合は、白いフェルトや白いシール接着芯を貼るのがおすすめです。

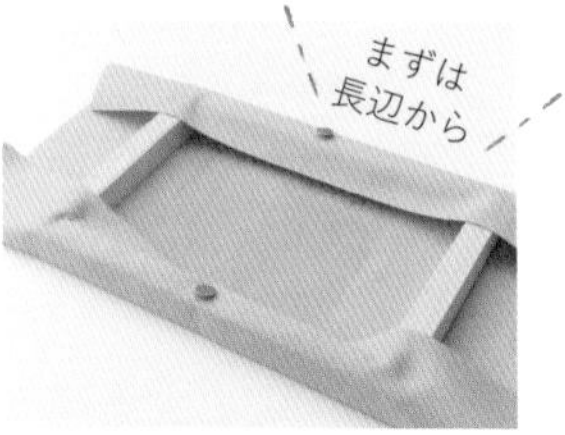

1　刺繍の表を見ながら位置を決めたら、裏返して画鋲で仮留めをします。

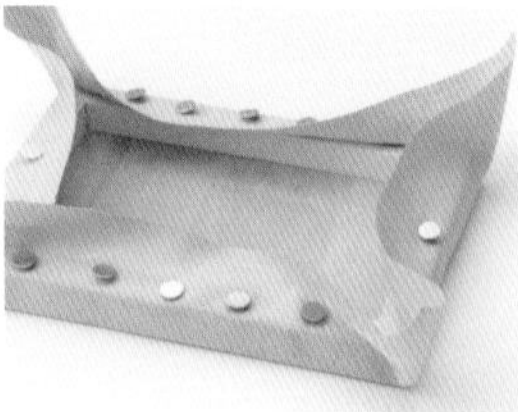

2　全体を画鋲で仮留めしていきます。

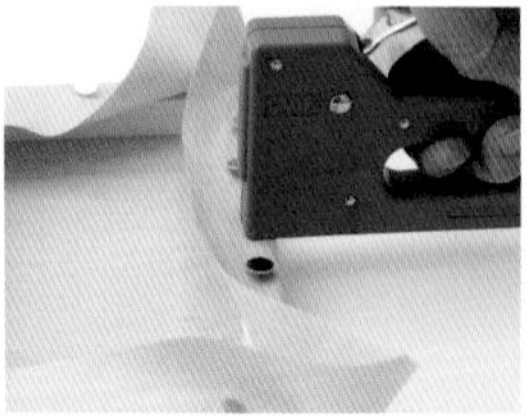

3　仮留めの画鋲をはずし、長辺の真ん中からタッカーで留めていきます。

POINT

真っ直ぐしっかり打ち込むには同じ高さの台があるとタッカーが安定して力が入りやすくなります。

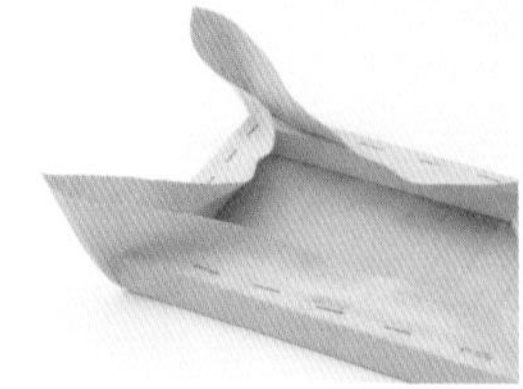

4　四辺をまんべんなくしっかり留めます。

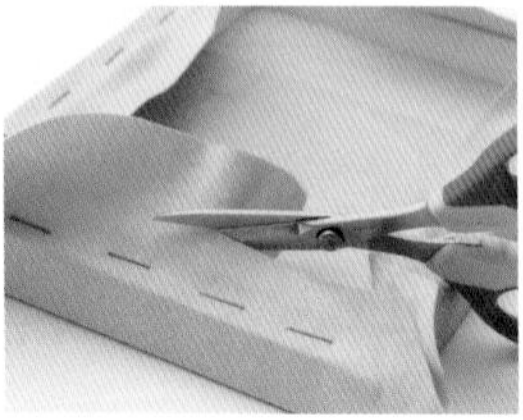

5　折りたたんでテープで貼る際に余分になる布をカットします。

6　角をきれいに折りたたみ、タッカーで留めます。角は短辺が上になるようにして重ねるときれいです。

7　そのままでも気にならなければ、切りっぱなしでもOKですし、マスキングテープで簡単に処理してもよいでしょう。

完成

のり付きスチレンボードでパネル仕立てにする

のり付きスチレンボードと言われてピンとこない方も「ハレパネ」や「のりパネ」などの商品名なら想像がつくでしょうか。ここでは、厚さ5㎜のスチレンボードで、片面がシールタイプになっているものを使ってパネルに仕立てる方法を紹介します。木枠パネルにくらべて軽いのと、好きな大きさに作れるのが魅力です。

〈by ももん〉

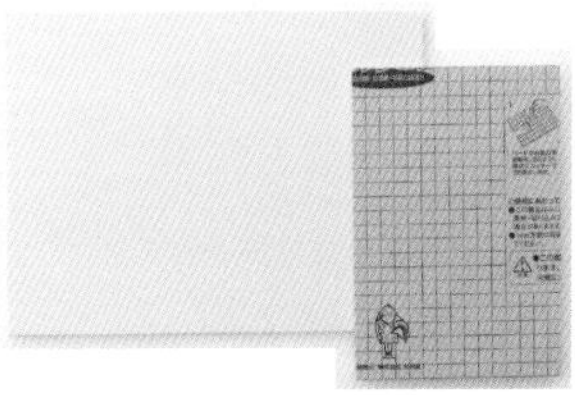

白いので刺繍映えもバッチリ。剥離紙に方眼がついているとカットする際に便利です。

1　必要なパーツを切ります。ここでは、刺繍布を見せる面を横15×縦22cmとしました。これを大パーツとします。

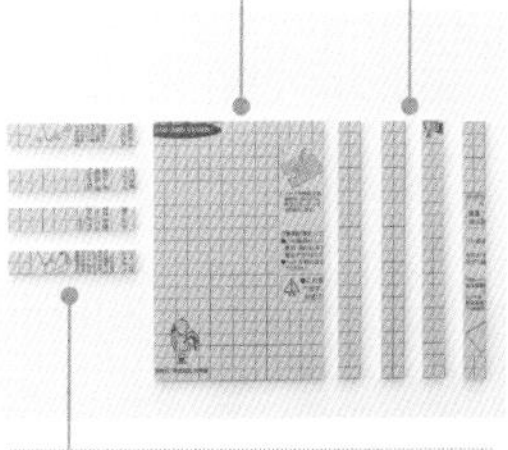

2　刺繍面を決めたら、周囲を3.5cm取って布を切ります。剥離紙をはがして貼りつけます。

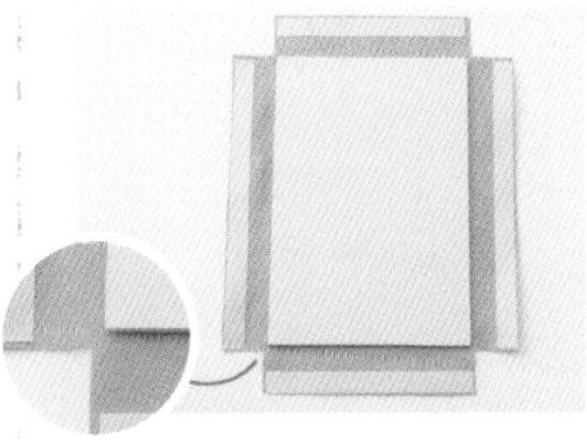

3　布の角を5mm程残して四隅をカットし、両面テープを貼ります。

4　長いパーツを2枚ずつ重ねて長辺に貼ります。このとき、外側になる面がパネルの形を作るので、できるだけ外側が真っ直ぐになるようにしましょう。

5　短いパーツを2枚ずつ重ねて短辺(4の間)に貼ります。このとき入らない場合は、少し切って調整してください。

6　長辺の布の両面テープの剥離紙をはがし、4のパーツに貼ります。

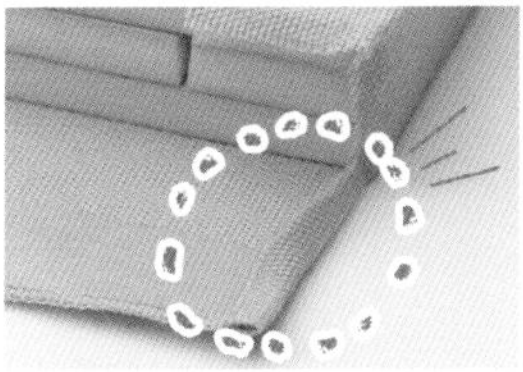

7　角を処理します。短辺の布をほんの少し内側に折りたたむと角がきれいに！

8　短辺の布を貼ります。気になる場合はマスキングテープなどを重ねて貼ってください。

完成

スチレンボード簡単パネル

前のページでは、木材パネルの見た目に近付けるために厚みを出して作る方法を紹介しましたが、ここでは、ボード1枚でもっと手軽に仕立てる方法を紹介します。

刺繍面を決めたら裏返し、ボードの裏にホチキスで布を留めます。角は余分な布をカットしておくときれいになります。切りっぱなしでもマスキングテープで処理しても。

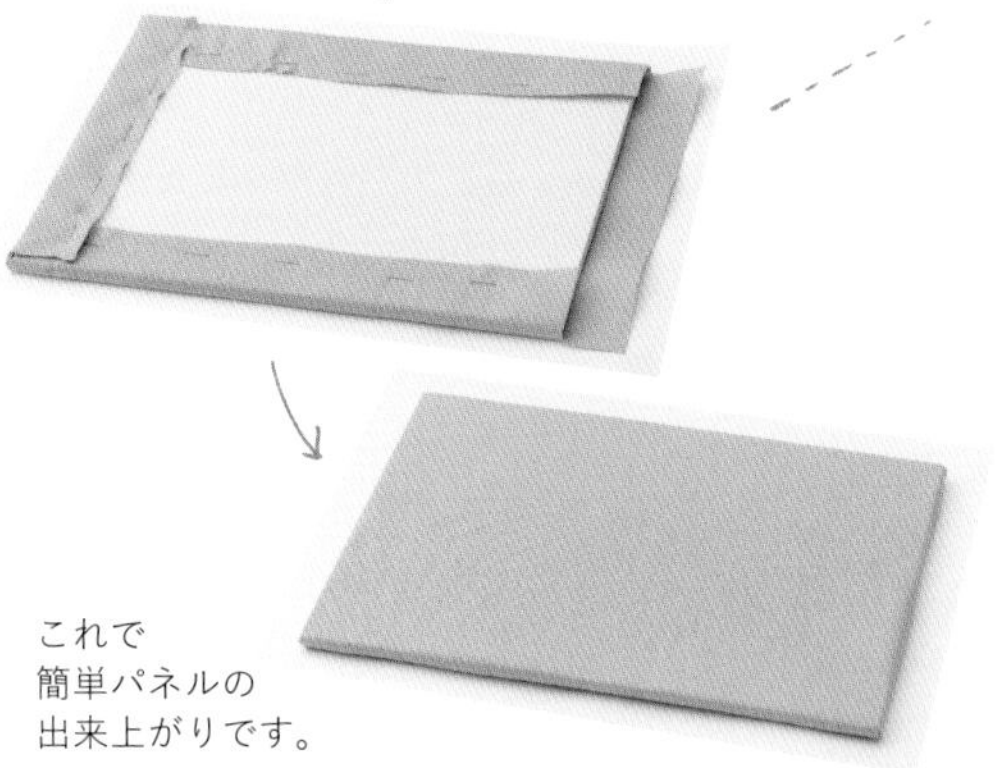

ボード１枚なので、５～７mmくらいの少し厚みのあるボードがおすすめです。

これで簡単パネルの出来上がりです。

フックがなくても大丈夫 粘着剤でパネルを飾る

パネルに仕立てても、壁にフックがない、穴を開けられないという場合は、ソフト粘着剤を使ってみてはいかがでしょうか。軽いパネルなら、ペタリと貼り付けられて、壁を傷めることもありません。

壁ではなく、台に立て掛けるときでもすべり止めとして使えます。

ボードはできるだけ垂直にカットする

パネルに仕立てるために準備するボードは5㎜程の厚さのものがおすすめですが、注意したいのは、できるだけ垂直に切るということ。カッターの刃が斜めに入ると、ボードの断面が斜めになってしまいます。

定規にカッターの刃を真っ直ぐあて、一度に切ろうとせずに、力を抜いて何回か動かして切りましょう。

カッターの刃は真っ直ぐあてること！

カッターの刃が斜めに入ると断面も斜めになってしまいます。

フレームに入れて飾るときはガラス板を外す

枠と台紙だけのフレームで飾ってみるのもお手軽なのに素敵に見える方法です。写真立てのようなガラス板（プラスチック板）がついているものの場合は、刺繍面がつぶれないように、ガラス板は外しましょう。

作品の周囲を囲むマットを使った額装の場合は、マットの厚みのおかげで、刺繍がつぶれることはありません。大切な刺繍はマットを使って額装し、ガラスで作品を汚れなどから保護できるといいですね。

<by un peu>

ガラスなし！

ベルプルで簡単タペストリー

ベルプルとは、布の上下を棒に固定し、吊るして飾るアイテムです。金属性のものや木製のものなどがあります。細長いデザインの作品と相性がよいでしょう。

布の左右の処理が必要になりますので、三つ折りにしてかがったり、手芸用接着剤で接着したりなどしましょう。

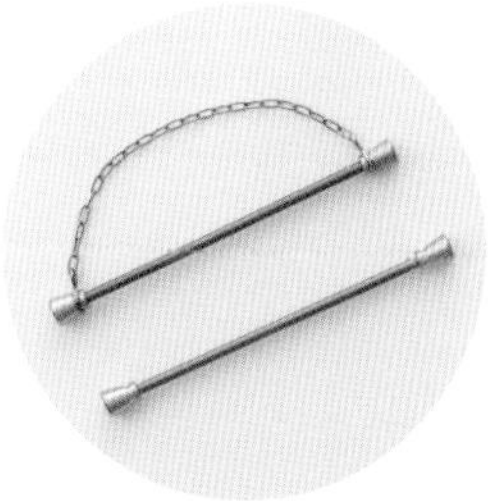

<by 近藤実可子>

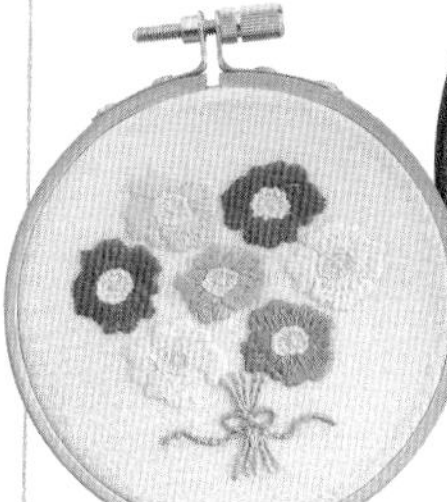

<by ACE embroidery>

余白も作品の一部

刺繍枠やパネルで飾る際、作品のまわりにどのくらい余白を取るのかで、印象が変わります。ゆったり余白を取るか、ジャストサイズのものにするか、お好みでいろいろ試してみてください。

円形のデザインは丸い刺繍枠か、四角いパネルか

リースのような円形のデザインを丸い刺繍枠で飾るのは、もちろん相性抜群です。

一方で、四角いパネルに仕立てるのもまた素敵です。

<by 近藤実可子>

どちらも魅力的！

<by chicchai_chicchai>

刺し順レッスンをしてみよう

さまざまな作品の刺し順を作家さんに教えていただきました。刺しやすさや効率など、刺す人によっても進め方はさまざま。作家さんのアドバイスを受け取りながら、自分なりの刺し順を見つけていきましょう。

LESSON 1

花→茎→葉と、絵を描くような順番で刺していきます。

花を1つずつ完成させる手順で、まず中央の花を刺してから、まわりの4つの花を刺すとバランスを見ながら仕上げられます。

① 手前の花びら
② 奥の花びら
③ 茎
④ 葉

〈by FABBRICA〉

LESSON 2

① 花
② 太い茎
③ 葉
④ 葉脈と細い茎
⑤ ガク

花は図案を写したら、中央の花びらから外側に向かって刺していきます。

花が刺せたら、メインとなる太い茎を刺し、茎と花の後ろに重なる葉を刺します。

葉の真ん中から葉脈と細い茎をのばしてメインの太い茎につなげましょう。最後にガクを刺します。

〈by 渡部友子〉

LESSON 3

この作品は、花びらと花芯の糸が太く、針の抜き差しで布が引っ張られて多少凸凹してしまうため、その前に、平坦なステッチの茎や葉を刺します。そのあとに、ふんわりとした花びらを先に刺し、花芯のフレンチノットステッチは、糸が引っかかりやすいので、最後に刺すようにしています。

①茎
②葉
③花びら
④花芯

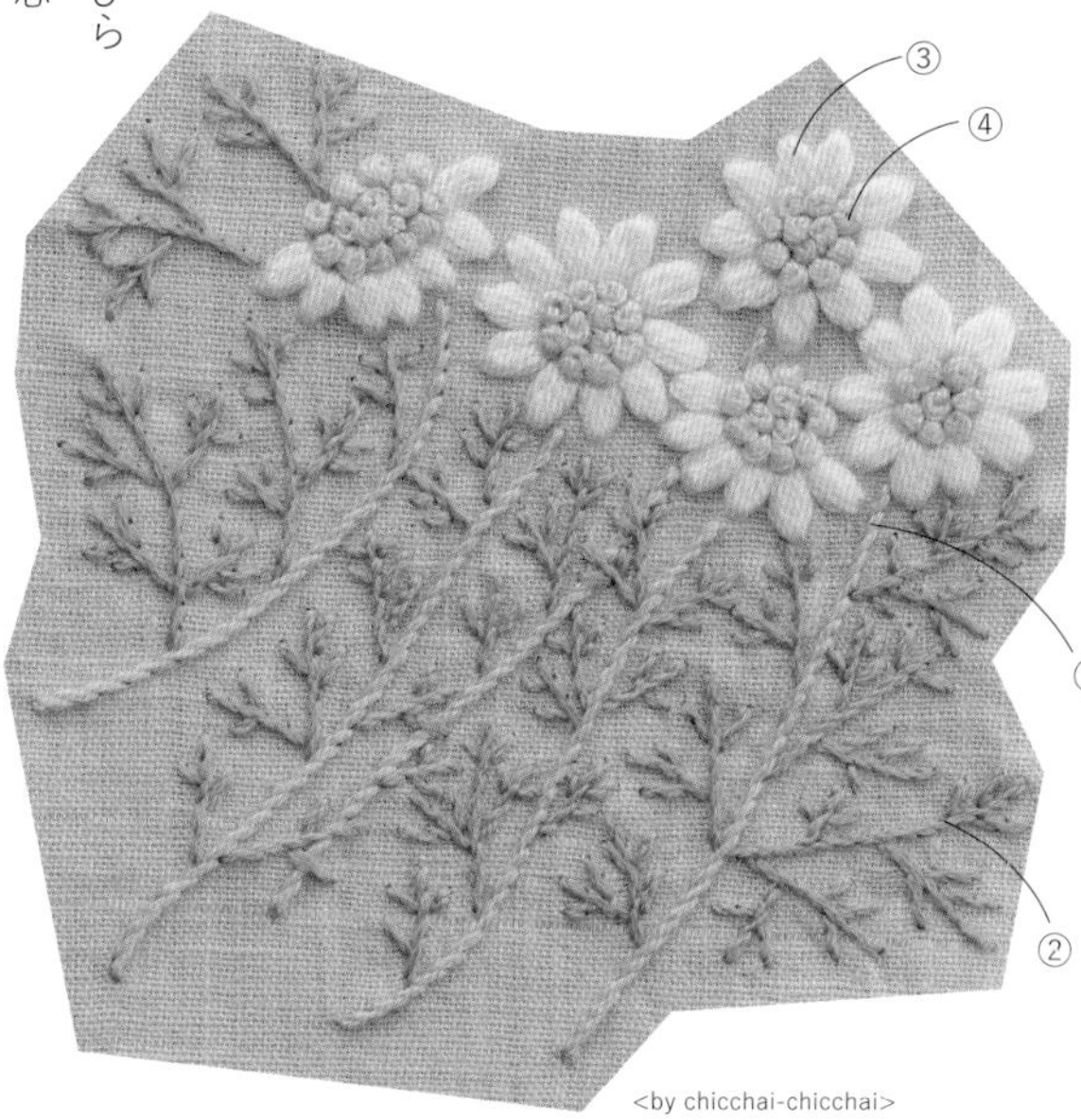

<by chicchai-chicchai>

LESSON 4

花びらが重なっている場合は、手前の花びら→奥の花びらの順で。花びらを刺し終えたら、ストレートステッチとフレンチノットステッチを重ねて花芯にします。

つぼみと茎は、重なりの手前のものから順に刺します。

①花
（a→b→c→dの順に）
②つぼみと茎
（a→b→cの順に）

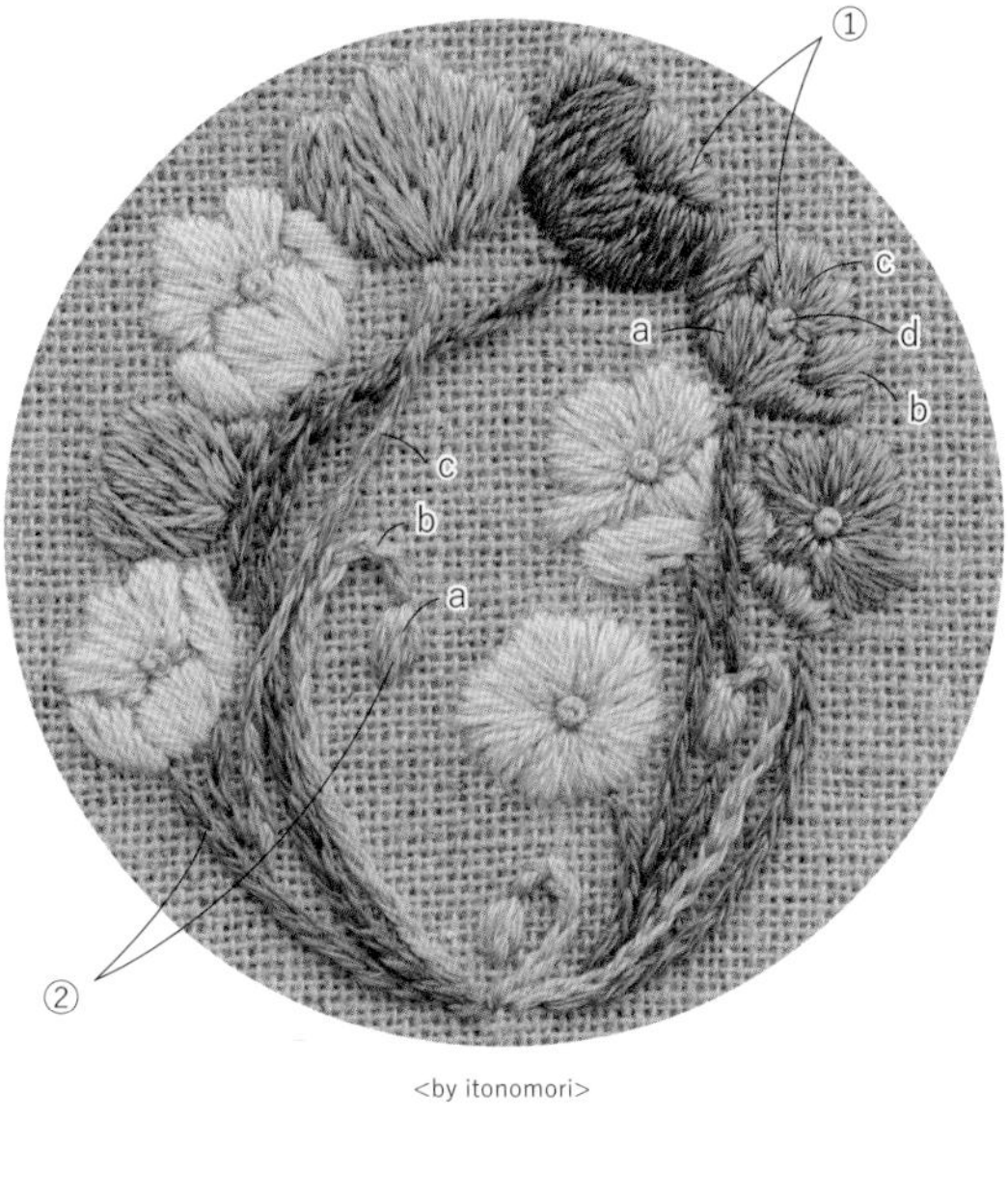

<by itonomori>

LESSON 5

花びらのあとに花芯（コーチングステッチの真ん中にフレンチノットステッチ）を刺します。花をすべて刺したら、葉を刺し、茎でそれぞれをつなぎます。

最後に、茎の先のつぼみを刺します。

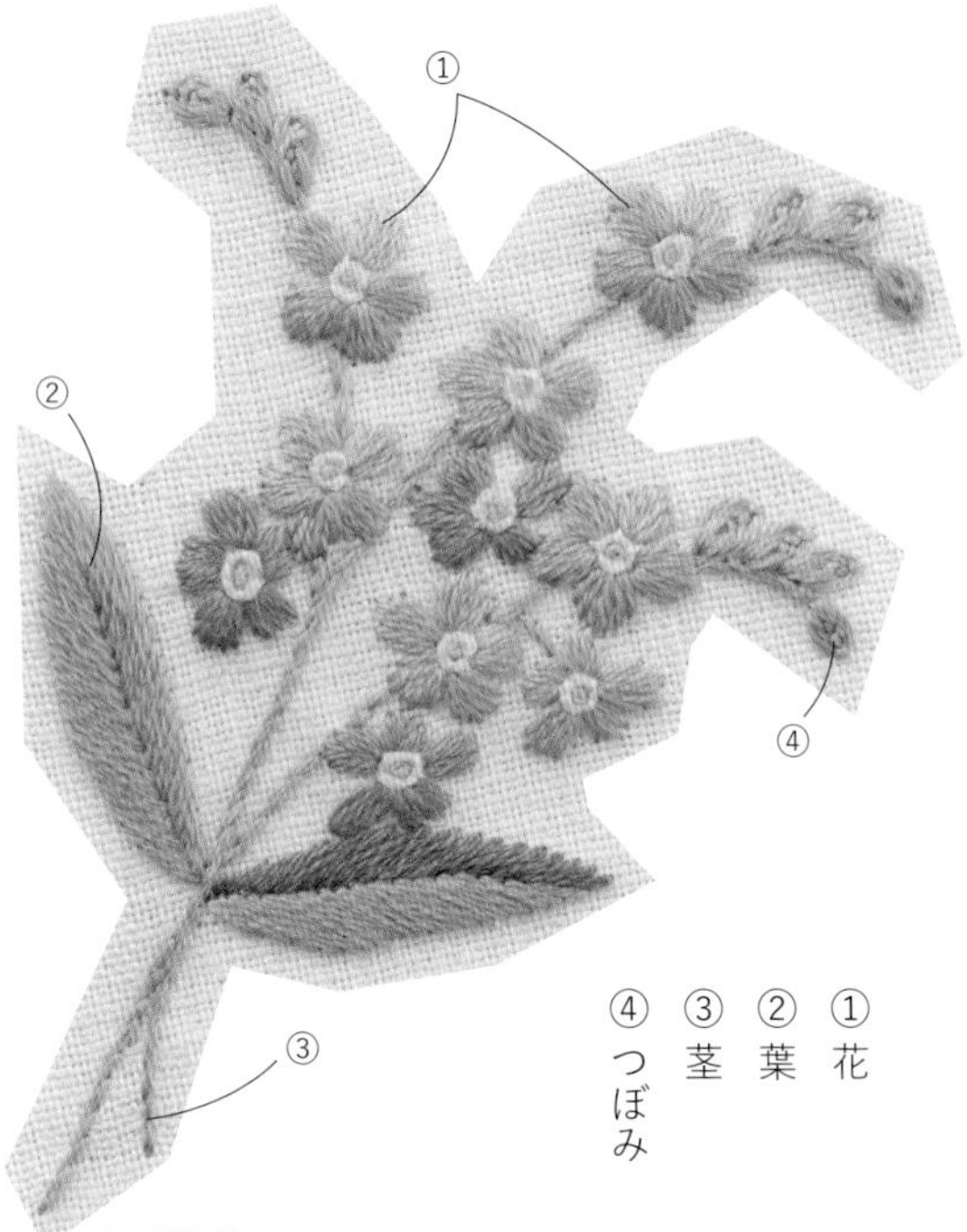

〈by 渡部友子〉

① 花
② 葉
③ 茎
④ つぼみ

LESSON 6

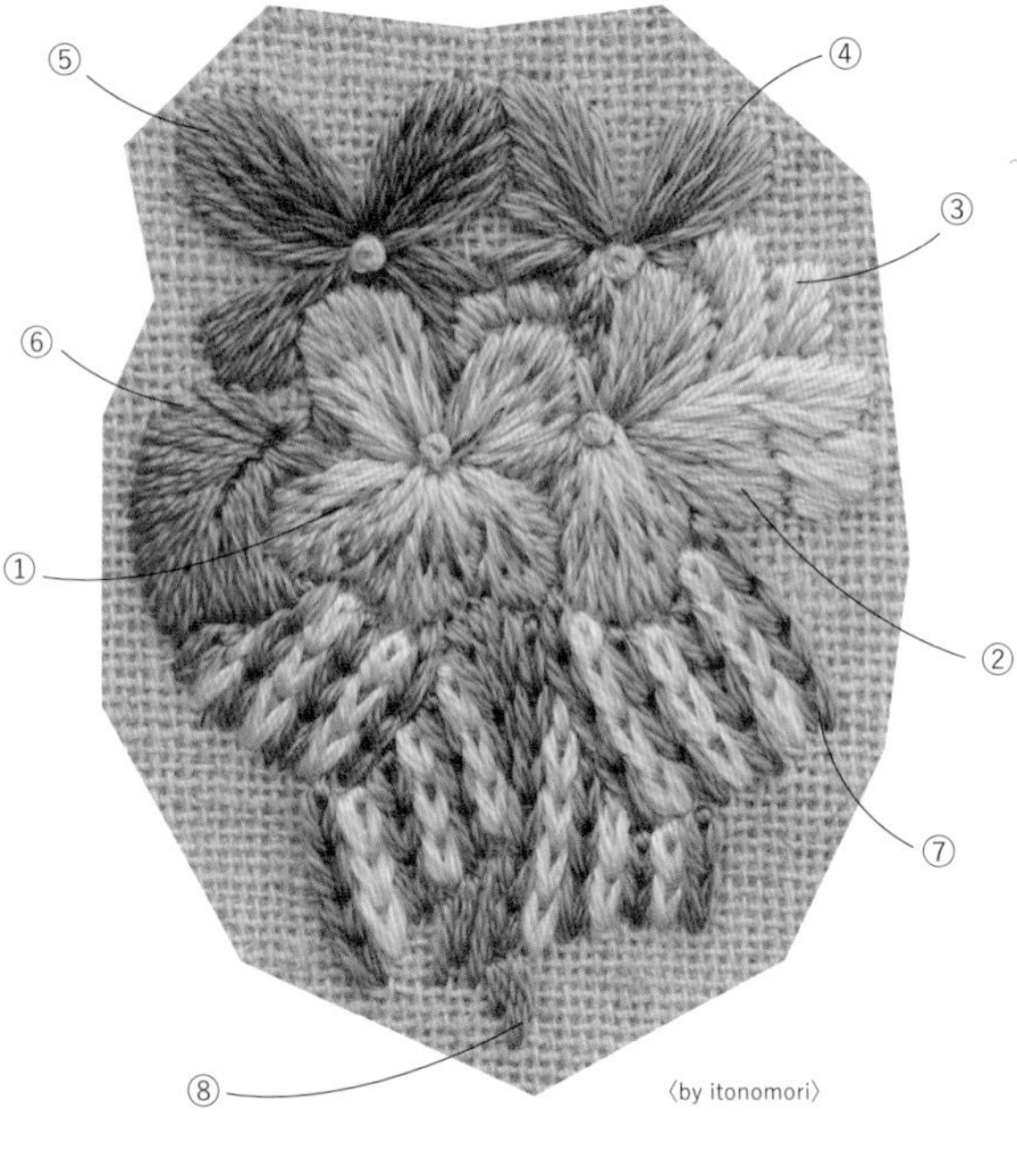

〈by itonomori〉

① 手前の花
② 手前の花
③ 横向きの花
④ 奥の花
⑤ 奥の花
⑥ 葉
⑦ リボン
⑧ 茎

パーツが重なっているとどこから刺すか迷ってしまいそうですが、立体的に想像してできるだけ手前のものから刺していくようにしましょう。

LESSON 7

<by 渡部友子>

花が重なっている場合は手前の花から、花びらが重なっている場合は手前の花びらから刺します。花芯は花びらを刺したあとに。

葉と茎では茎が奥になっているので、先に葉を刺し、あとから茎を刺すとよいでしょう。

①手前の花
（手前の花びら→奥の花びら）
②奥の花
（手前の花びら→奥の花びら）
③花芯
④葉
⑤茎

LESSON 8

まずは実を刺します。手前の実から刺し始め、実を刺し終えたら、種をまとめて上から刺します。そのあと、実の奥の花、葉と刺し進めます。

重なっているものは手前のものから刺すようにしましょう。最後にてっぺんの実の茎を、葉の上から重ねて刺します。

<by itonomori>

①実（イチゴ）
②花
③葉
④茎

LESSON 9

① 花
② 実
③ リースの枝

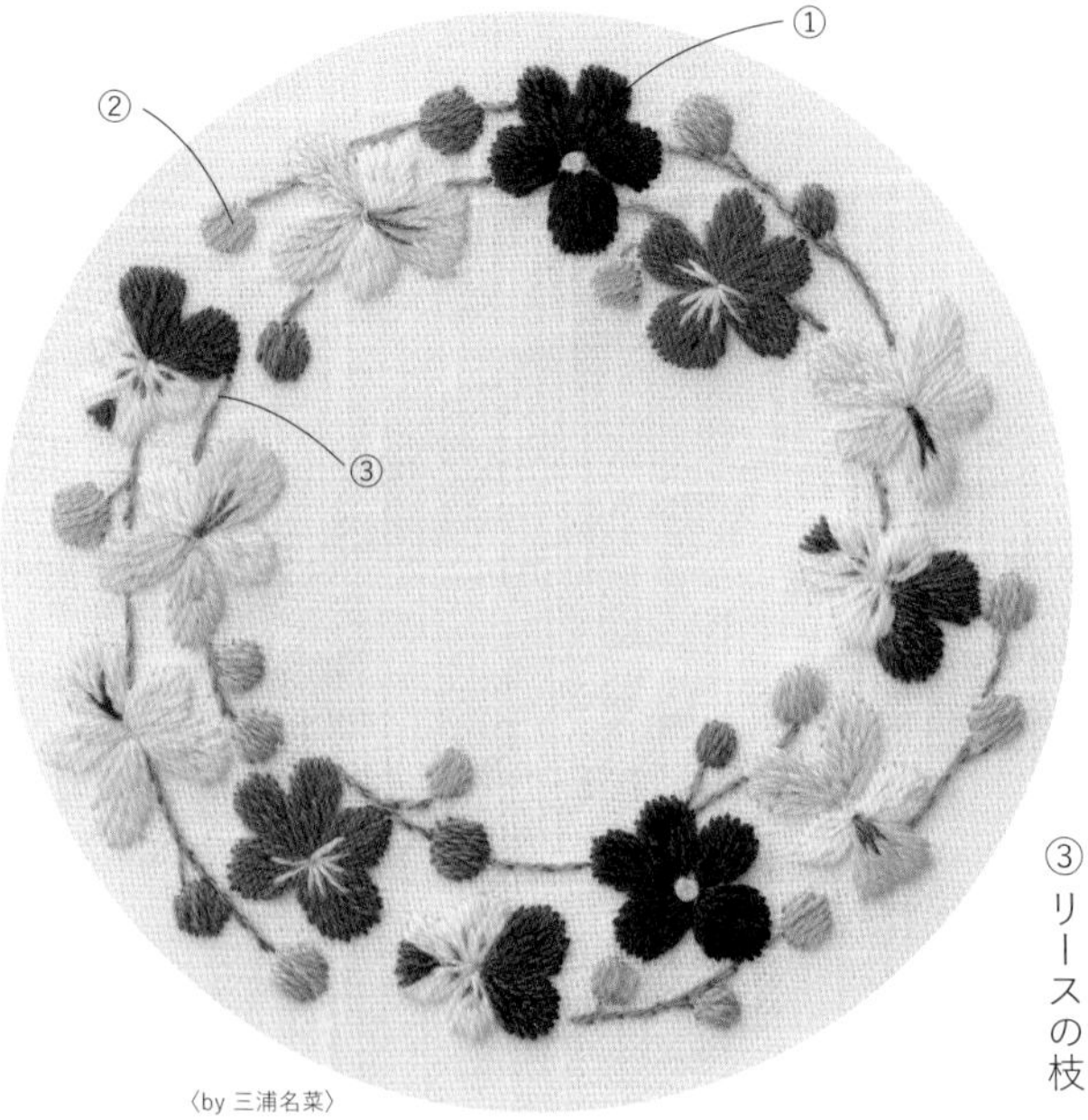

〈by 三浦名菜〉

まず花をすべて刺します。花びらを刺したあとに花芯（ストレートステッチやフレンチノットステッチ）を刺しましょう。

花の間に実を刺繍し、花と実をつなぐイメージでリースの枝を刺します。

LESSON 10

ひまわりは花びらの数が多いので、花びらがきれいに並ぶよう、ストレートステッチ（茶色の線の部分と同じところ）を、花びらと同じ色で刺しておき目印にしています。こうして花びらの位置を決めておくことで、全体のバランスが崩れにくくなります。

目印のストレートステッチの上から花びらのサテンステッチを刺し、仕上げに茶色のストレートステッチを上から刺しています。

① 茎
② 手前の花
③ 真ん中の花
④ 奥の花
⑤ 葉
⑥ リボン

〈by itonohaco〉

LESSON 11

①真ん中の花
②サイドの花
③つぼみ
④葉
⑤まわりの小さな花や葉
⑥リボン
⑦茎

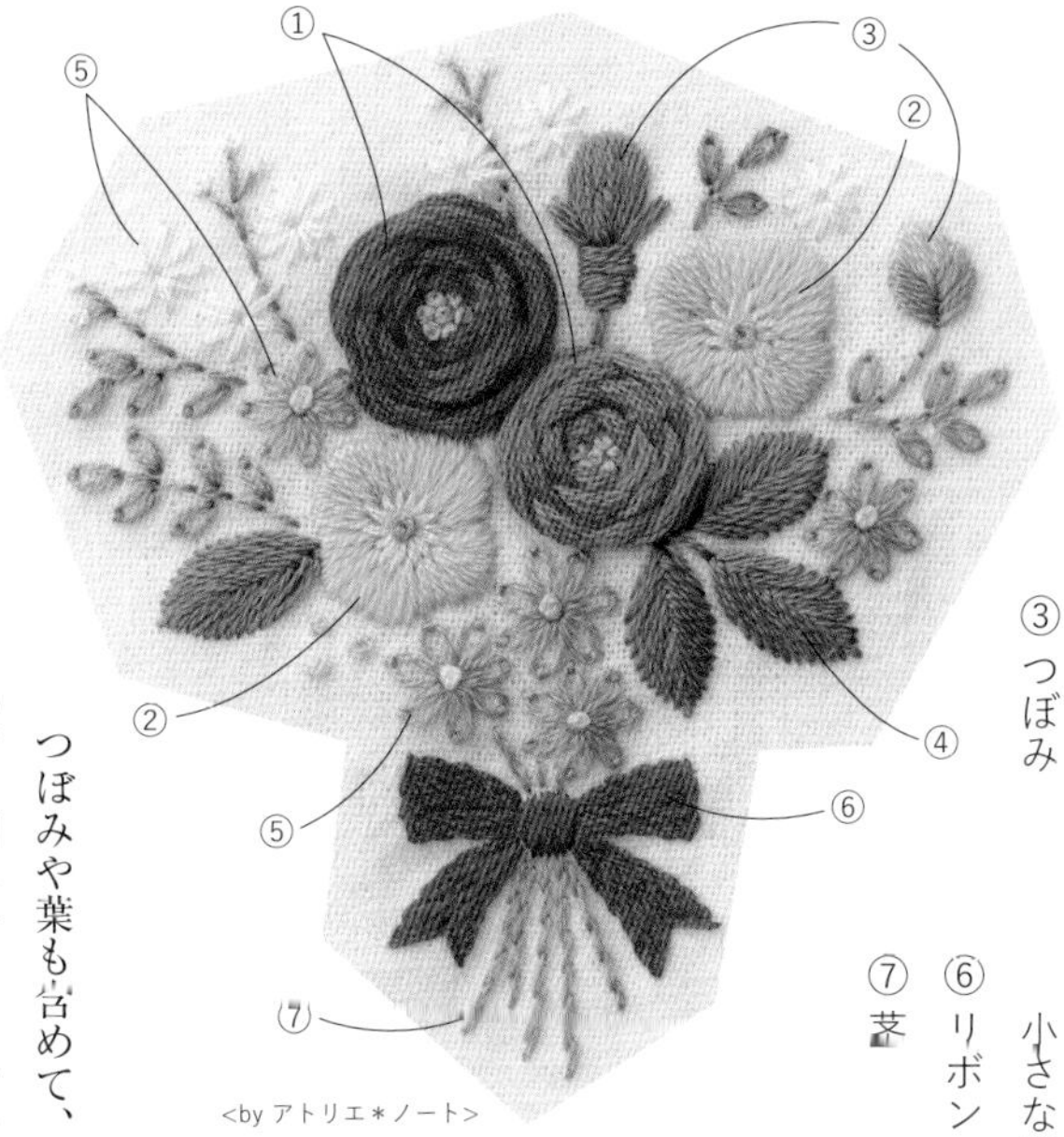

<by アトリエ＊ノート>

さまざまな花が束ねられたブーケは刺し順を迷ってしまいますが、まずは中央にある花か、面の大きい主役の花から順に刺していきましょう。

つぼみや葉も含めて、大きめの面を刺し終えたら、そのまわりの小さな花や葉を刺して、全体のバランスを見ながらブーケの形を作っていくとよいでしょう。最後にリボンと茎を刺繍して完成です。

LESSON 12

①右のスズラン（葉→茎→花）
②上のリボン
③左のスズラン（葉→茎→花）
④下のリボン
⑤水色の花（勿忘草）
⑥水玉

左右のスズランと上下のリボンをペアのように考えて刺します。そうすると、リボンを刺し始める際、刺し終わったスズランの裏面に次のリボンで使う刺繍糸をからめ留めて始められるからです。

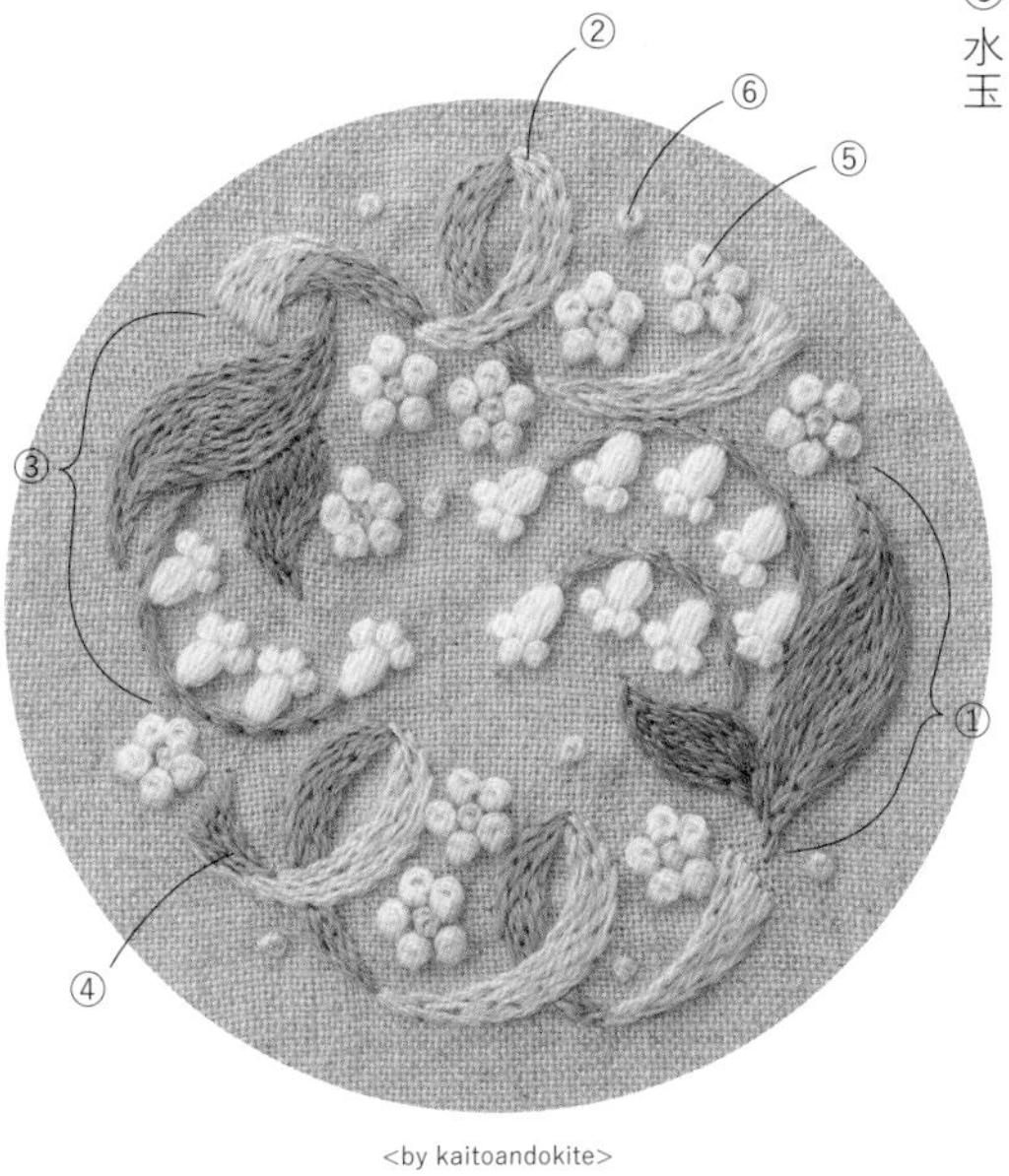

<by kaitoandokite>

LESSON 13

このように重なりが多いブーケは、まず手前の花やメインの花を最初に刺すようにします。

①手前の花（ピンクのダリア）

②奥の花（赤のダリア）

①②ともに花びらは中心から外側に向かって刺していきます。花芯のフレンチノットステッチはまだここでは刺しません。

③花の葉

ダリアのすぐ後ろの葉（チェーンステッチ）を刺します。重なりが手前のものから刺しましょう。

④奥の葉（濃いグリーン）

茎→葉の順で刺します。

⑤実（ヨウシュヤマゴボウ）

茎→実の順で刺します。

⑥赤い実の枝

枝→葉→実の順で刺します。

⑦茎

上の花や葉とラインをつなげる意識で刺します。

⑧花芯

①②の花（ダリア）の中心のフレンチノットステッチを最後に刺します。

〈by ささきみえこ〉

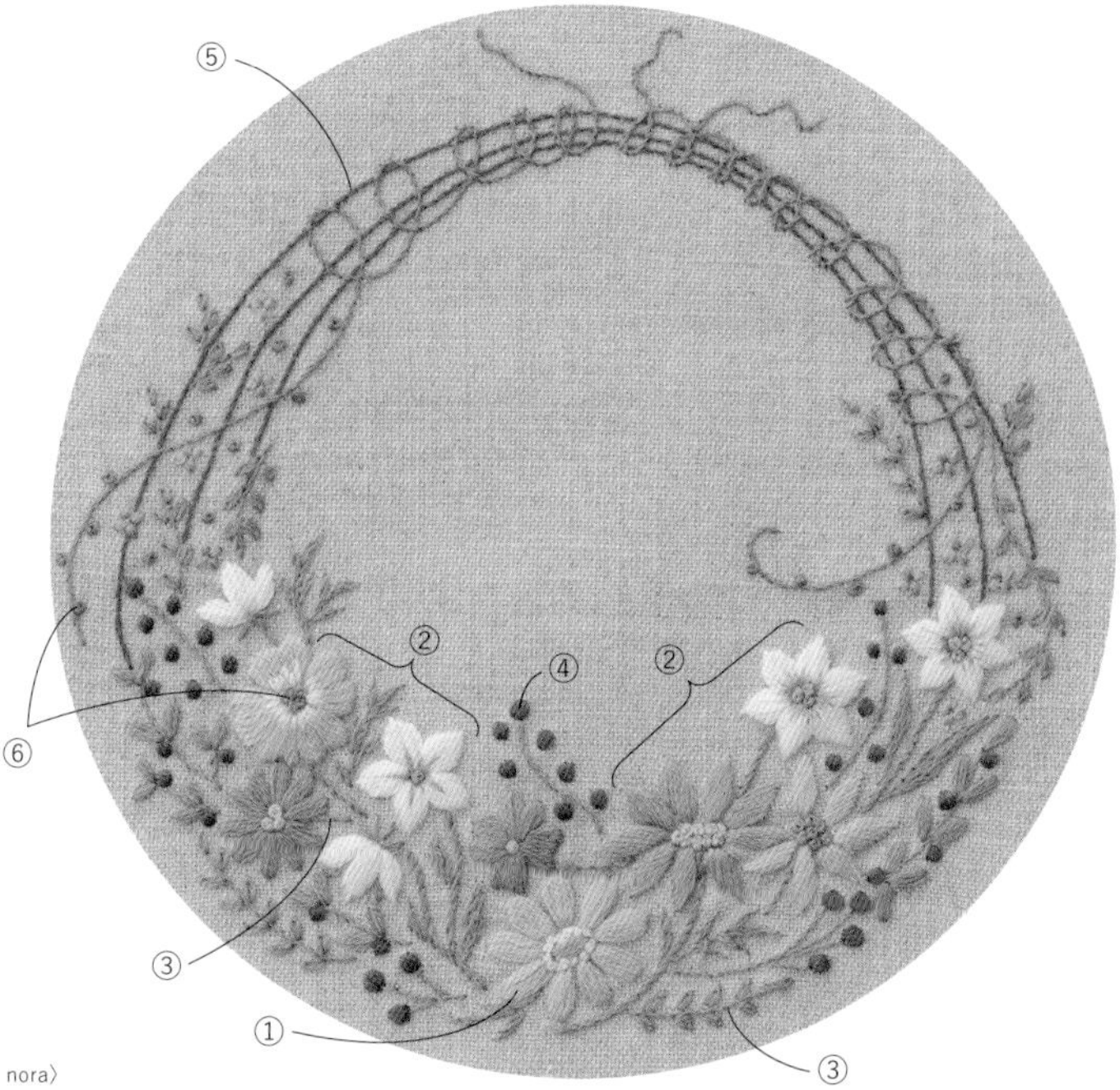

〈by atelier de nora〉

基本的には、植物の育つ順番、茎→葉→花の順に刺したいところですが、こちらのリースでは、メインの花の位置がとても重要なので、花から先に進めていきます。

①中央の花

リースの中央となるメインの花を刺します。ここを起点として左右にリースの花を広げていくイメージです。ここでは花びらのみで花芯は最後に刺します。

②花(左右へ)

中央の花の近くから左右へ向かって花を刺繍します。これらも花芯は最後です。

③花の茎と葉

花を刺し終えたら茎→葉の順に刺繍します。リースの丸い形を意識して、隙間や図案のバランスを調整すると形がきれいになります。

④実

花と茎の間に実を入れていきます。

⑤リースの枝

上部のリースの枝を刺して、全体の形を作ります。

⑥花芯や枝のフレンチノットステッチ

他の部分を刺繍しているときや、刺繍枠の取り外しの際にノットがゆるんでしまうのを防ぐため、最後に刺します。また、裏に他の刺繍の糸が渡っていた方が、糸処理が安定します。

LESSON 15

おおまかな流れとしては、頭部から体・しっぽ……と動物の上から下に刺していきます。それぞれのパーツの中では、面積の広い色や形のメインとなる色から刺すとよいでしょう。

そのあとに、マフラーなど装飾的な部分（動物の上に重なる部分）があればその部分を刺し、顔の細かい部分は最後です。先に鼻を刺し、最後の最後に目を刺します。

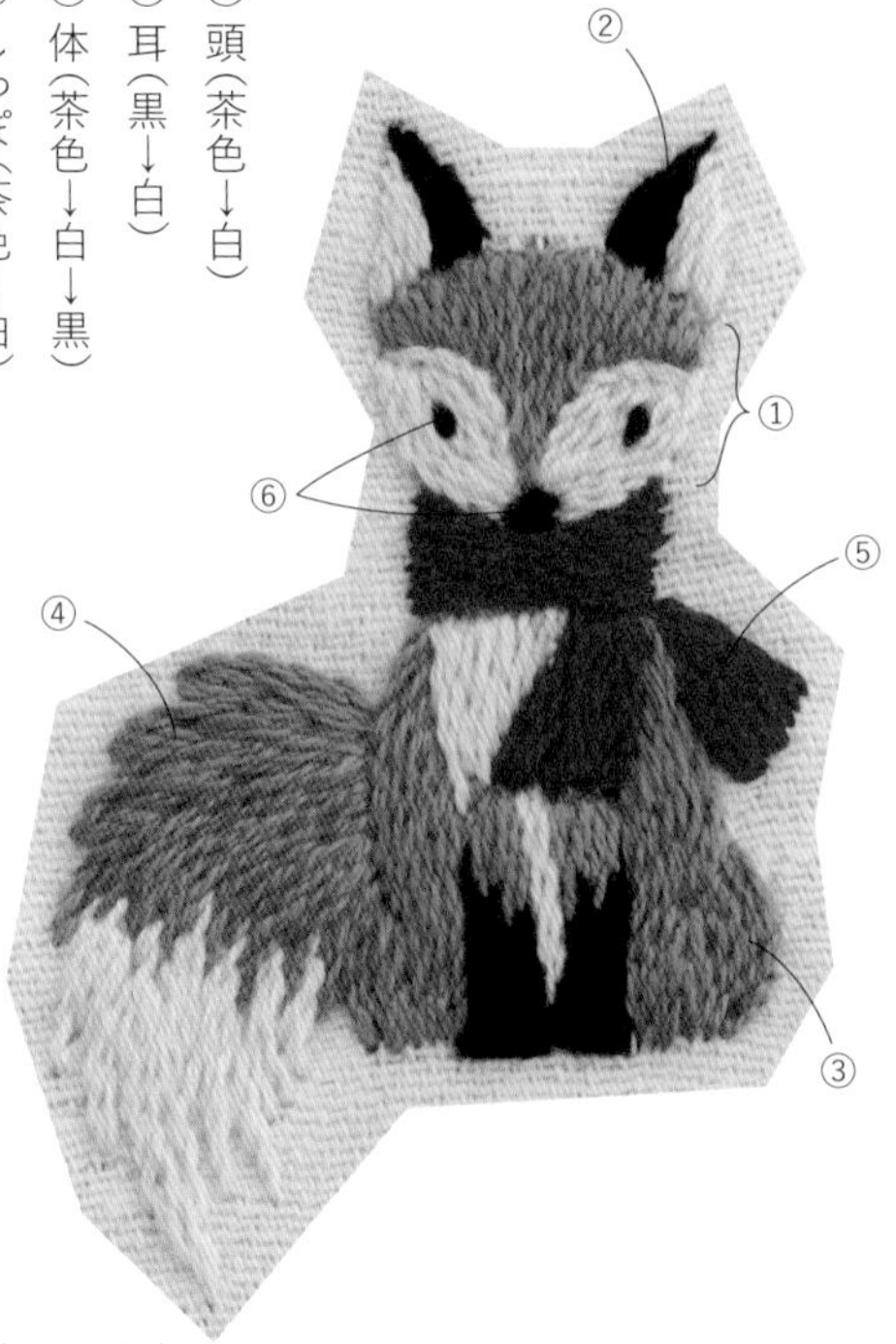

〈by FABBRICA〉

①頭（茶色→白）
②耳（黒→白）
③体（茶色→白→黒）
④しっぽ（茶色→白）
⑤マフラー
⑥顔（鼻→目）

LESSON 16

①くちばし
②頭
③頭の挿し色と胸元
④体
⑤ひれ
⑥足
⑦目

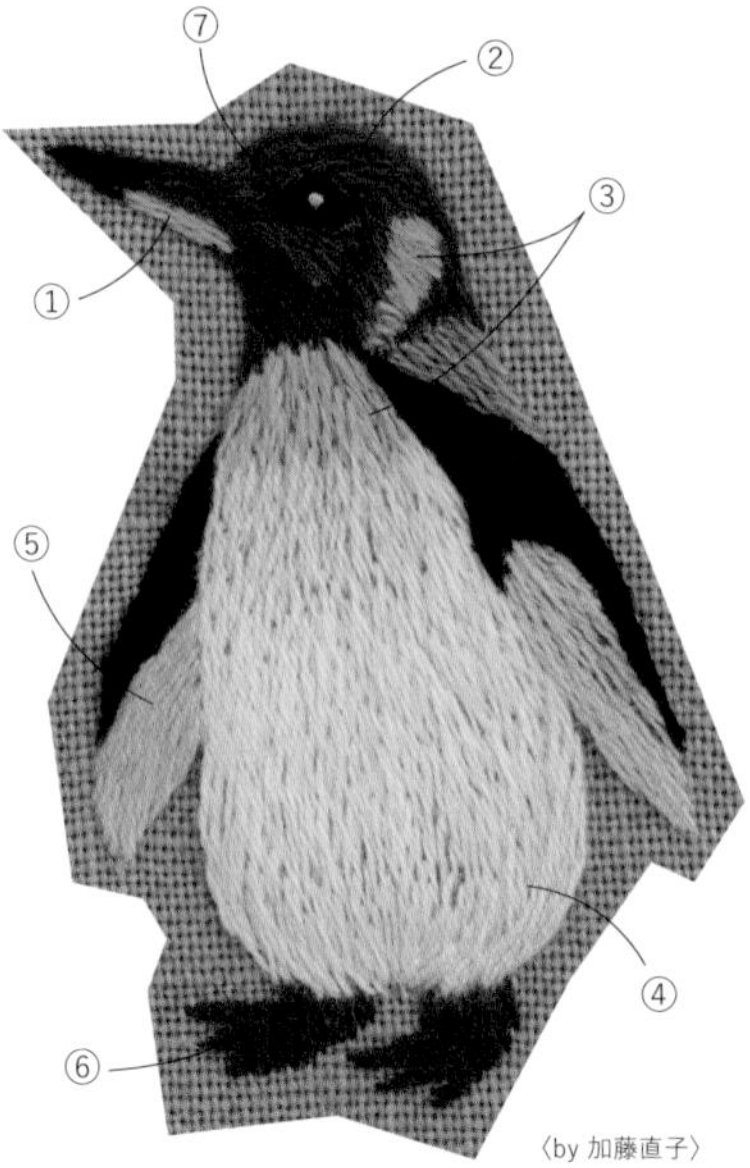

〈by 加藤直子〉

全体的に頭の上の方から下におりていくイメージでロングアンドショートステッチの方向も意識して刺し進めます。

ところどころで色を変えながら「らしさ」のある色味を自然に表現します。最後に目を入れて、完成です。

LESSON 17

①頭
②角・耳
③目・鼻
④体の模様
⑤体・脚
⑥しっぽ
⑦たてがみ
⑧あご・脚の区切り線

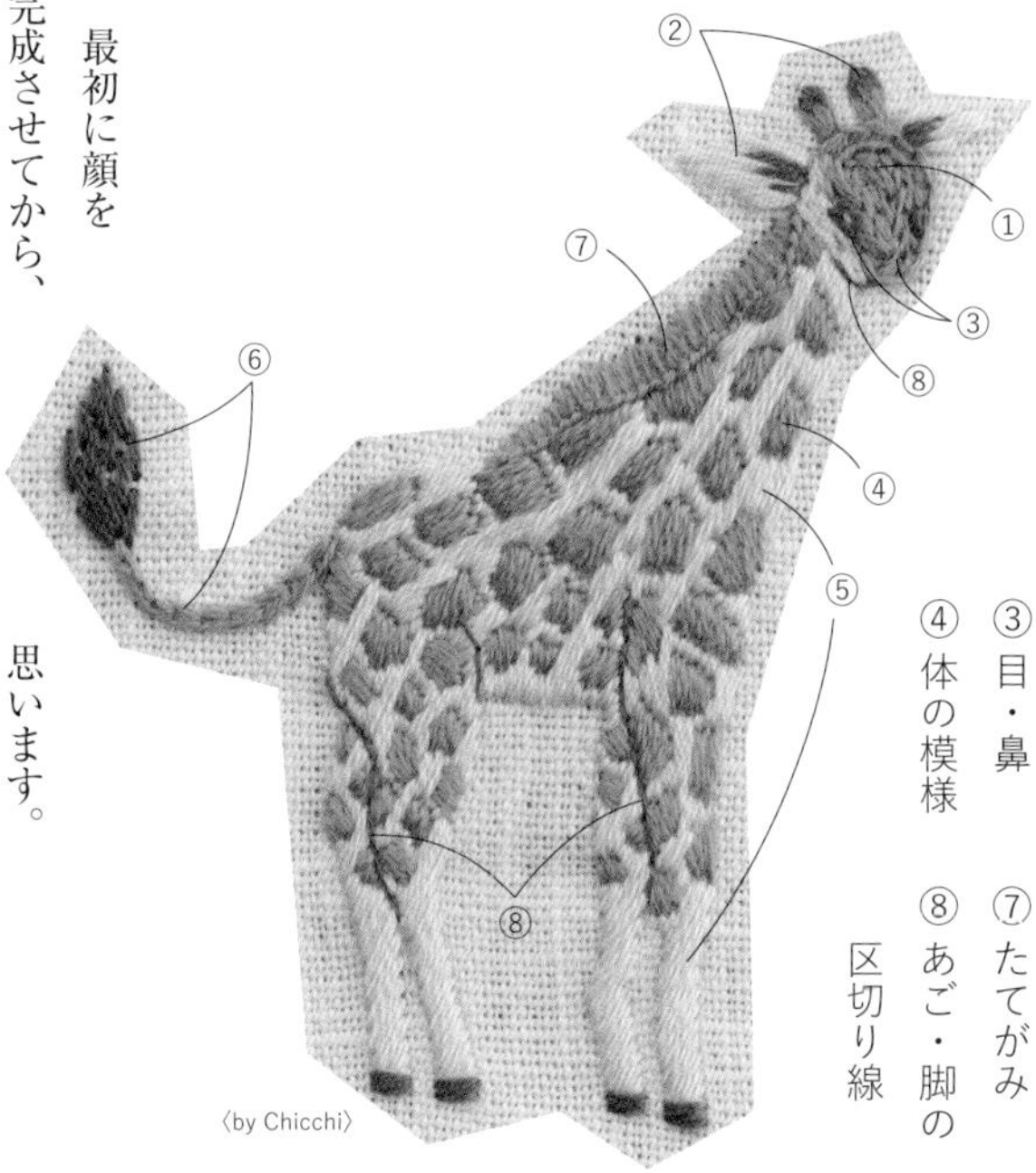

〈by Chicchi〉

最初に顔を完成させてから、体→脚→しっぽ→たてがみ……と全体を刺していき、最後にあご・首や脚の区切り線を刺します。表情を先につけた方がかわいくて、刺繍がはかどるように思います。

目は、すでに刺してある糸の上に重ねてレゼーデージーステッチを。最後の留めの糸を気持ち長めに取り、まつげを表現しています。

LESSON 18

きれいに形を出したい目は最初に刺繍します。そのあと輪郭を入れたい箇所にバックステッチを。ほっぺのあたりだけランニングステッチにしているのがポイントです。

頭・耳のあとに顔を刺し、手脚と洋服を刺して、最後に鼻・口・まつげを刺して、表情を決めます。

①目
②輪郭
③頭・耳
④顔
⑤手脚の茶色い部分・しっぽ
⑥手脚の先
⑦洋服
⑧鼻・口・まつげ

〈by spica-pika〉

作家さんに聞いてみた③ 図案制作

オリジナルの図案を考えるとき、何に着想を得て、どんな風に形にしているのでしょう?

デザインより先に、刺繍したい色が決まっていることが多いので、どんな色でも合うようにマークや記号のような単純で分かりやすい図案を描くように心がけてます。お菓子の包み紙やパッケージなど、紙もののデザインがとても参考になるので、普段から意識して見るようにしています。

chicchai-chicchaiさん

いろいろな図鑑を見ます。
特にアンティークの図鑑は写真ではなくイラストが多いので面白いです。

PieniSieniさん

刺したい動物やイメージが思い浮かんだら、インスタやPinterestなどで写真を探して、その動物の「ココがかわいい！」と思える推しポイントを意識しながら図案にしています。たとえば、リスならふわふわの尻尾、猫なら肉球を見せたい！　といった感じです。

itosinoさん

最近はお仕事で作品を制作することが多いのですが、担当さんとテーマを決めたら、「今自分が好きなもの（デザインの雰囲気や色）ってなんだろう～」ということを重視しながら、テーマに合わせてラフを起こし始めています。
日頃から、刺繍以外の自分の好きなものやことを大事にして忘れないようにしていると、結構すんなりと描けますが、こんなデザインが喜ばれるのかな？など他人の目を気にしていると全く描けません！

Chicchiさん

「かわいいな」「好きだな」と思うものを見つけたら、すぐにスケッチをしています！

junさん

思いついたアイデアをまずスケッチブックに描きます。季節のお花やイベントなどの装飾や色合いから刺激を受けたり、動物たちが仲良く生活しているシーンを思い浮かべながらイラストに描き出しています。新しいイラストはなかなかすぐにはうまく刺繍図案として活用できず、ラフのまま放置しているものも多いです。

moha._.mohaさん

植物図鑑や写真を調べて、まずはじめは簡単にラフ画から。そして、刺したいもの（写真のときはブローチに）収まるようにバランスを考えながら繰り返し描きます。刺繍糸の流れを意識して大きく花を書いてから本番に入ります。
刺繍図案のマンネリ化を防ぐために、普段から植物画を描いています。

itonohacoさん

まずは、テーマを決めます。たとえば「サーカス」「アリス」「花のお祭り」など。その時の季節や気分、展示販売する場所など、いろいろなことを鑑みてテーマを決めています。その上で「あなたに寄り添う、おとぎの森の動物たち」というspica-pikaのコンセプトから外れないように、絵を考えます。テーマに合わせたメインカラーを決め（サーカスなら赤、アリスなら水色、など）、その色が生きるように周りの色を決めています。

spica-pikaさん

日常生活で目にとまるものからヒントをもらいます。
たとえば、ペットのいつものポーズ、季節のお花やモチーフなどなど。ステッチを考えながら、写真やイラストをアレンジします。

MIKIさん

ひたすらノートに絵を描きます。
バッグや小物の刺繍したい場所に合わせて図案を考えていきます。イメージがしっかりしていると案外早く描けることもあるし、何時間描いていてもしっくりくるものが描けない日もあります。お花の写真を見たりはせず、どちらかというとこんな色の花を刺したい！とか、全体に丸く〜や縦長に〜など、形を決めて描いていくことが多いです。

アトリエ＊ノートさん

意図的に図案の題材になるものを探すことはあまりしません。散歩中に見かけた草花、すれ違った人のスカートの柄、駅で見かけたポスター広告などのように、目に飛び込んできたものの記憶が図案の種になることが多いと思います。
図案を展開する面積や形は最初に決めておきますが、図案自体は最終形が決まっていない方が楽しいので、特別な場合を除いては、刺し進めながら考えます。

atelier de noraさん

小物に仕立てる

刺繍が楽しめるようになったら、飾っておくばかりではなく、
使える小物に仕立ててみるのもよいでしょう。

刺繍作品を小物にしてみる

刺繍を枠やパネルにして飾っておくのもよいですが、使える小物に仕立ててみるのもおすすめです。とはいえ、刺繍は好きだけれど、ソーイングは自信がない、という方も多いのではないでしょうか。

できるだけ少ない材料で作れる小物をいくつか紹介します。

<by spica-pika>

フェルトに刺繍して簡単ブローチに

フェルトは切りっぱなしでも大丈夫なのがありがたい素材。そのメリットを生かして簡単ブローチにしてみましょう。

刺繍をしたら、少し余白を残して周りをカットします。

この刺繍布と同じ形に切った裏布（合皮やフェルトなど）にブローチピンを取り付け、刺繍布と裏布を手芸用接着剤で貼り合わせたら完成です。しっかり乾かしてから使いましょう。

くるみボタンもキットならお手軽に

コロンとしたフォルムがかわいいくるみボタンですが、サイズにあわせた打ち具が必要とあって、少しハードルが高い印象も。しかし、打ち具不要のキットを使えば、簡単にくるみボタンが完成します。

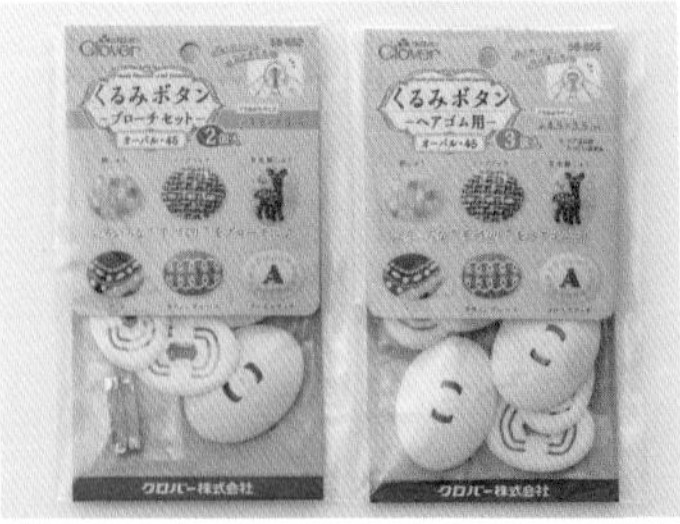

ブローチにできるもの、ヘアゴムにできるものがあります。（Clover）

作ってみよう 1

コースター

［仕上がりサイズ］縦8cm×横8cm

■材料（1点分）

●表布　縦10cm×横10cm
●裏布　縦10cm×横10cm

■作り方

1　表布に刺繍をします。
2　表布と裏布を中表に合わせ、返し口を残して周囲を縫います。
3　縫い代の角をななめにカットします。
4　表に返し、返し口をまつります。または周囲2～3mmのところをぐるりと一周縫ってもOK。

1

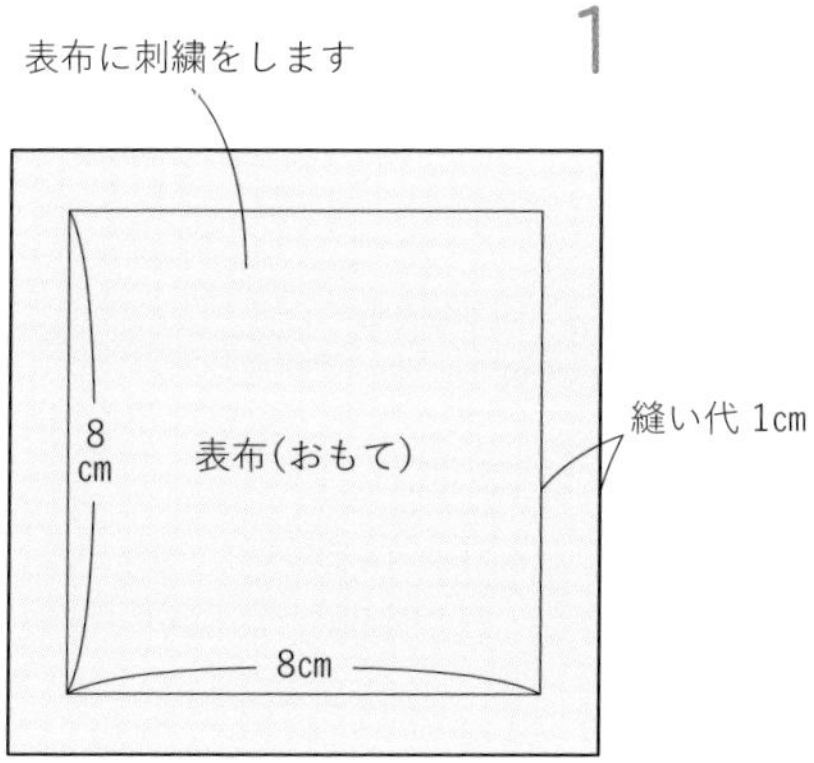

3

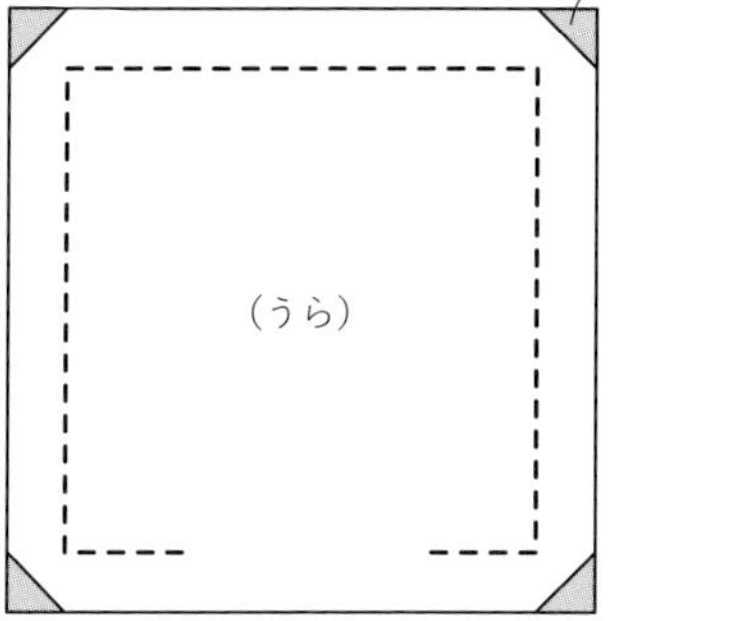

2

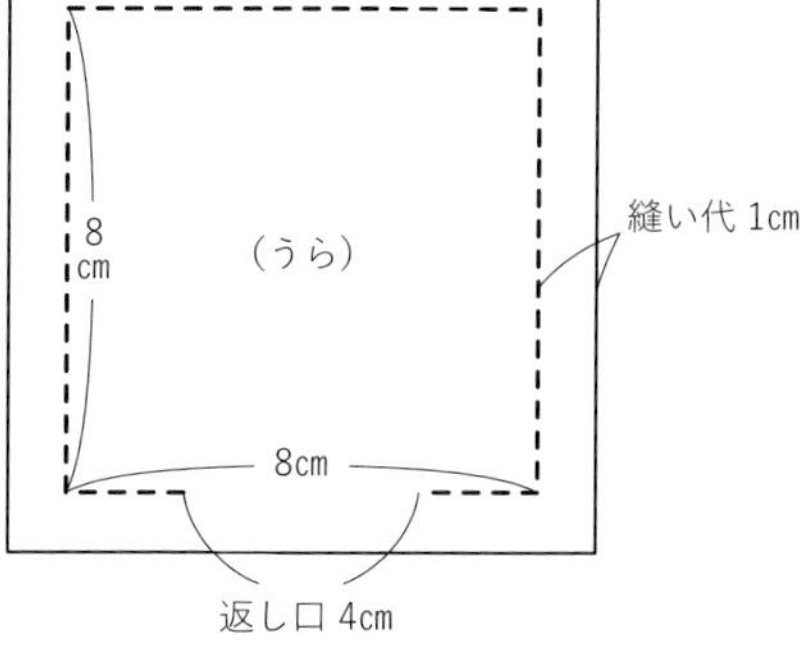

<by 遠藤佐絵子>

作ってみよう②

ポケットティッシュカバー

［仕上がりサイズ］縦9cm×横12・5cm

■材料（1点分）

●布　縦20cm×横14・5cm

■作り方

1　両端を三つ折にして、縫います（ここが取り出し口の部分になります）。

2　中表にして取り出し口が中央にくるように、両端をつき合わせ、脇を縫います。

3　縫い代を取り出し口のない側に倒し、マチ幅1cmのところを縫い、マチを作ります（4箇所）。

4　表に返し、刺繍をします。

先に刺繍しておいてもOK！

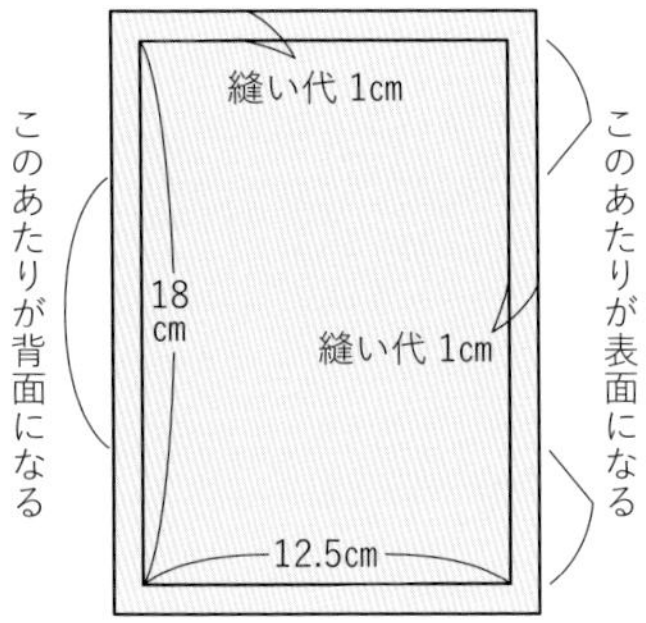

1

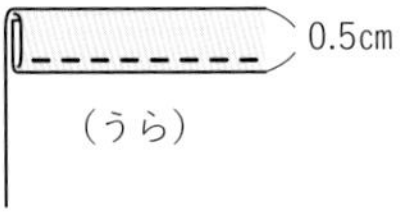

2

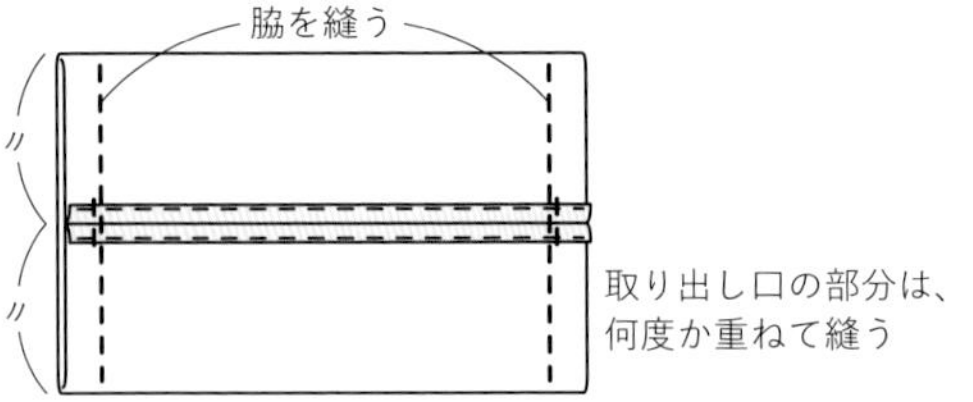

3

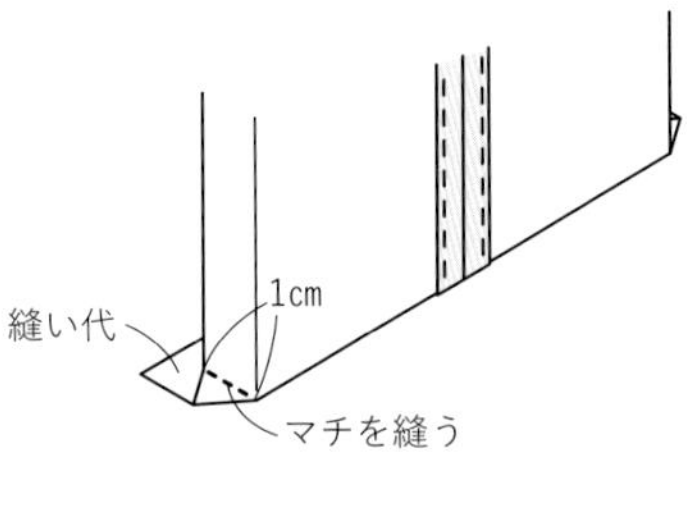

<by 遠藤佐絵子>

作ってみよう③

ブックカバー

［仕上がりサイズ］縦16cm×横29cm

■材料（1点分）

●表布　縦18cm×横36cm
●裏布　縦18cm×横36cm
●ゴムテープ（1cm幅）　18cm

■作り方

1　表布を本にかけてみて、好みの場所に刺繍をします。

2　表布と裏布を中表に合わせ、ゴムテープをはさんで返し口を残して周囲を縫います。

3　表に返し、返し口をまつります。

4　端から5cmのところを折りたたみ、まつります。

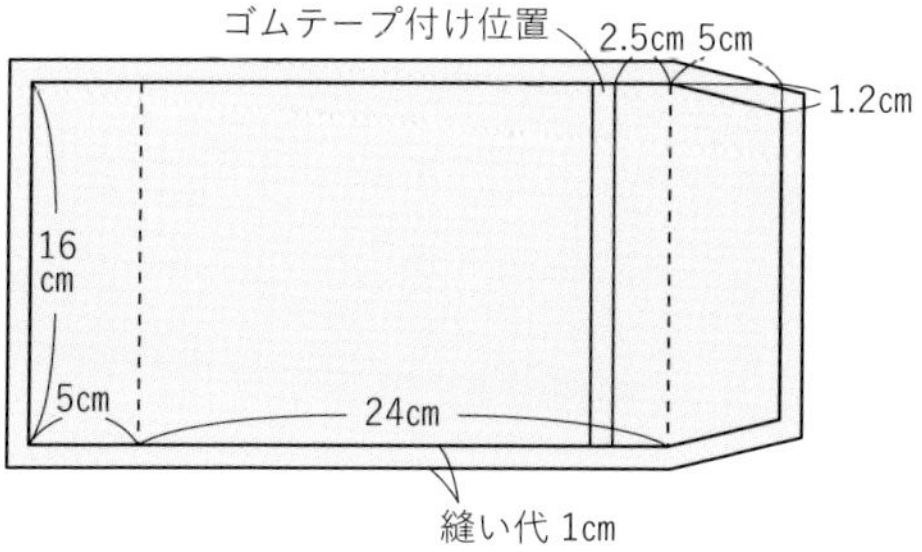

1

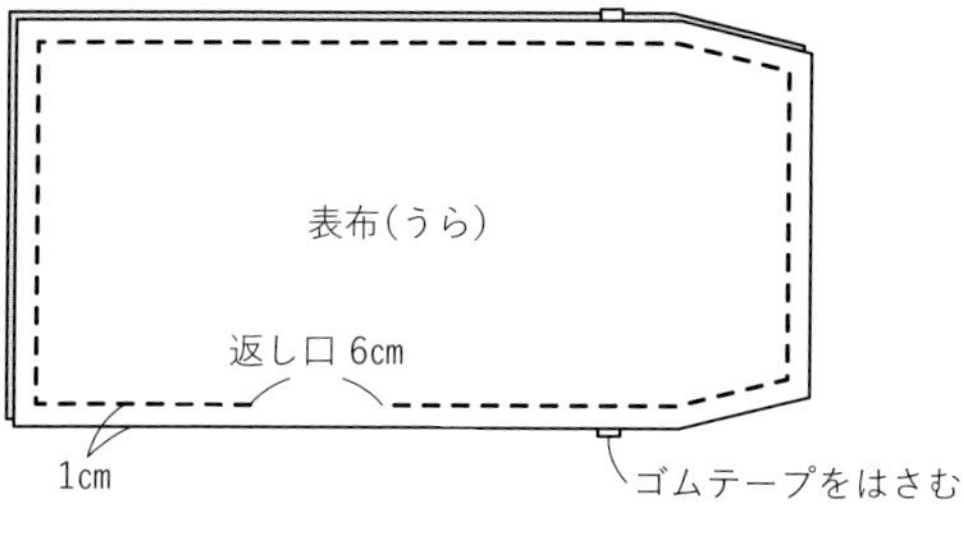

2

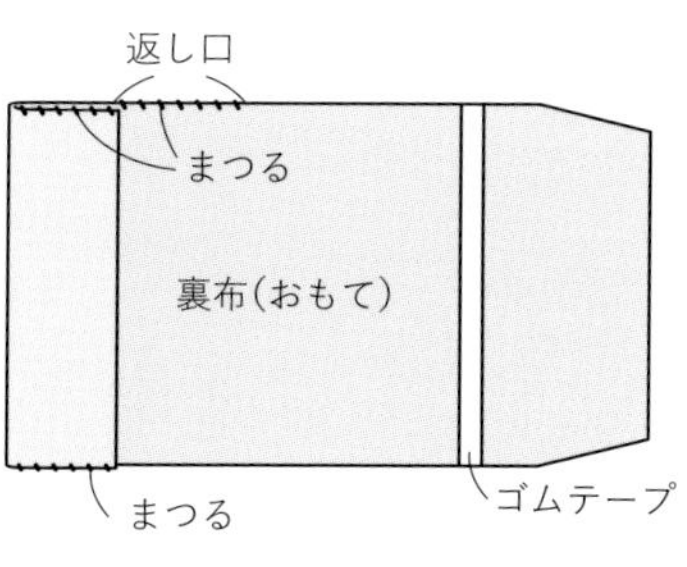

3

<by 遠藤佐絵子>

作ってみよう④

がまぐち

［仕上がりサイズ］縦10cm×横10・5cm

■材料（1点分）

- ●表布　縦15cm×横30cm
- ●裏布　縦15cm×横30cm
- ●口金　7・5cm丸型（幅7・8cm×高さ4・9cm）1個
- ●紙ひも　30cm
- ●手芸用接着剤

〈表布・裏布〉

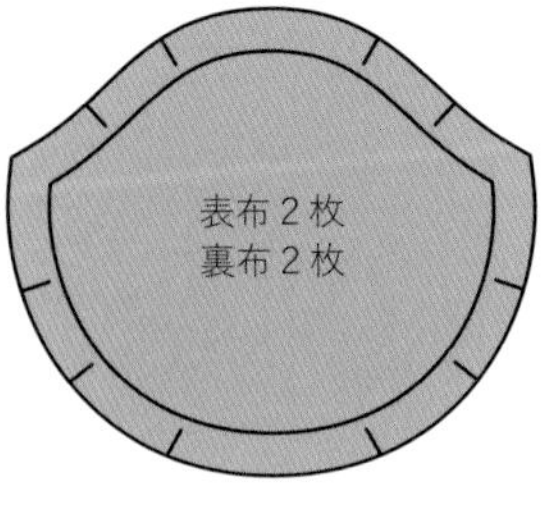

型紙は104ページ

■作り方

1 表布の1枚に刺繍をします。

2 表布を中表にして縫います。裏布も同様に縫います。

3 表布を表に返し、口の縫い代を内側（布のうら）に折ります。

4 裏布はそのまま縫い代を割り、口の縫い代は外側（布のうら）に折ります。

5 表布の中に裏布を入れ、口をまつり縫いで縫い合わせます。

＊コの字まつりだときれいに仕上がります。

6 紙ひもを口金の大きさに合わせ、2本切ります。

7 口金を開き、片方の溝に接着剤を均一に塗ります。

＊つまようじなどで溝の中全体に塗りましょう。接着剤が多すぎると本体をはめた際にあふれ出てしまうので注意。

8 袋口と口金の中心を合わせて、口金に本体をはめます。目打ちなどで口金の奥まで布をしっかり押し込みます。

9 紙ひもを中心から端へと、目打ちで口金に押し込んでいきます。

10 接着剤が乾いたら、もう片方も同様にはめます。

11 口金の端をペンチで押さえてつぶします。

＊口金が傷つかないように、あて布をしましょう。

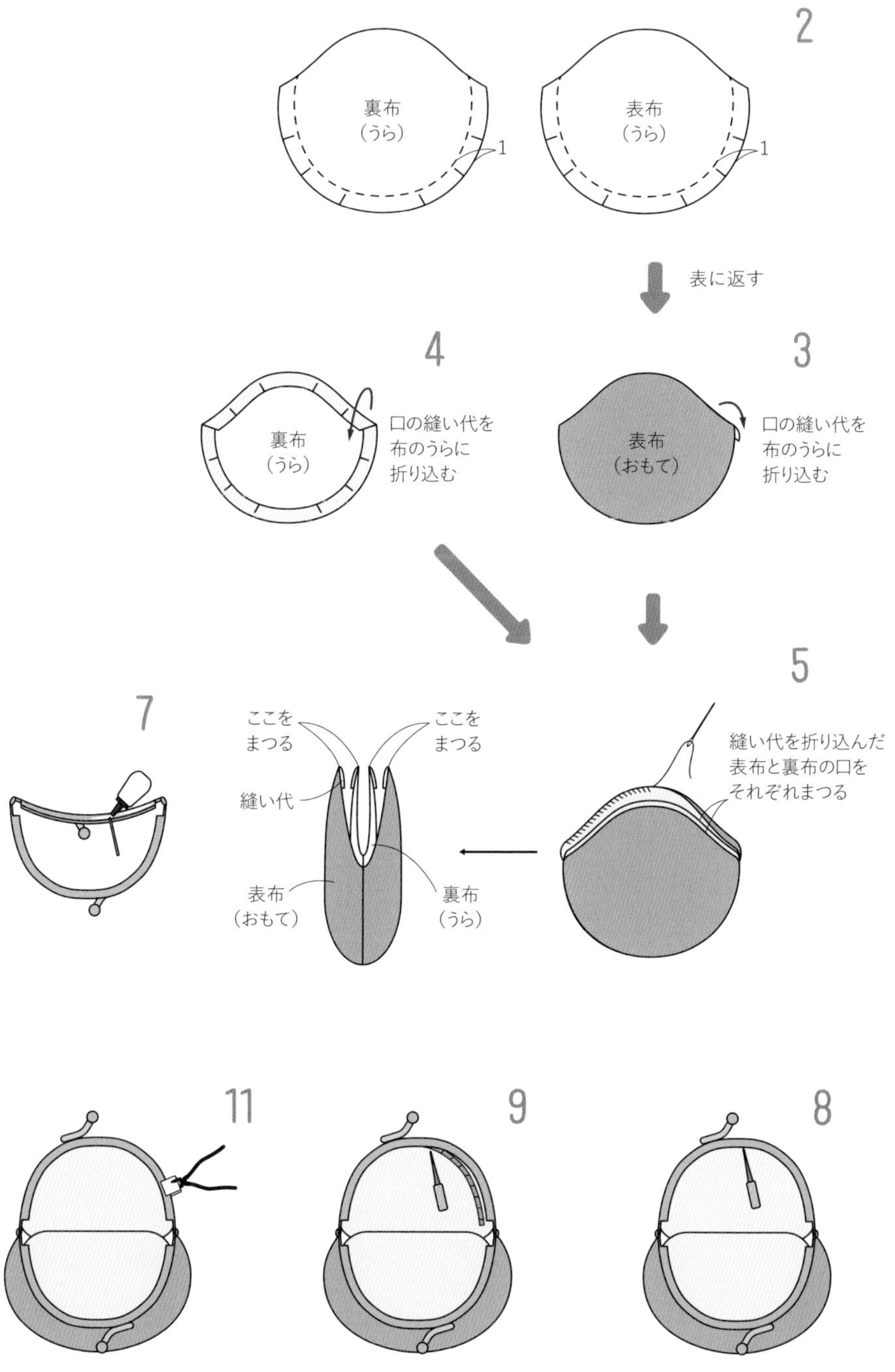

<by spica-pika>

作ってみよう 5

巾着ポーチ

［仕上がりサイズ］縦18cm×横18cm

材料（1点分）

- 表布　縦45cm×横45cm
- 裏布　縦45cm×横45cm
- ひも　90cm

＊リボンなどでも可

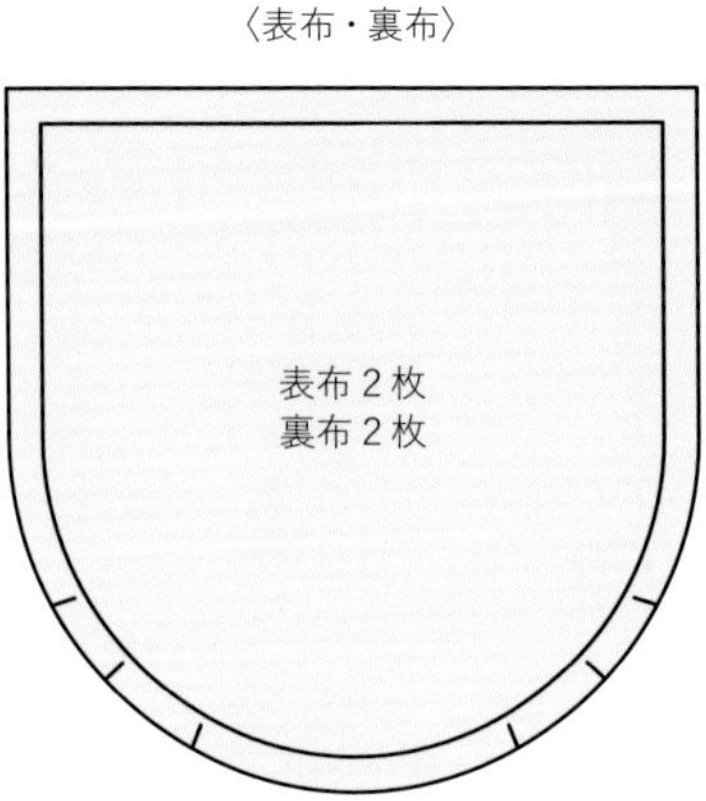

型紙は105ページ

作り方

1. 表布に刺繍をします。
2. 表布と裏布を中表に合わせ、口の部分を縫います。これを2組作ります
3. 2を開いて縫い代を割り、表布同士・裏布同士を中表に重ね、周囲をぐるりと縫います。このとき、表布にあるひも通し口と裏布にある返し口は縫わずに残します。
4. 返し口から表に返し、返し口をまつります。裏布を表布の中に入れます。
5. ひも通しの位置を縫います。
6. ひもを通し、端を結びます。

2

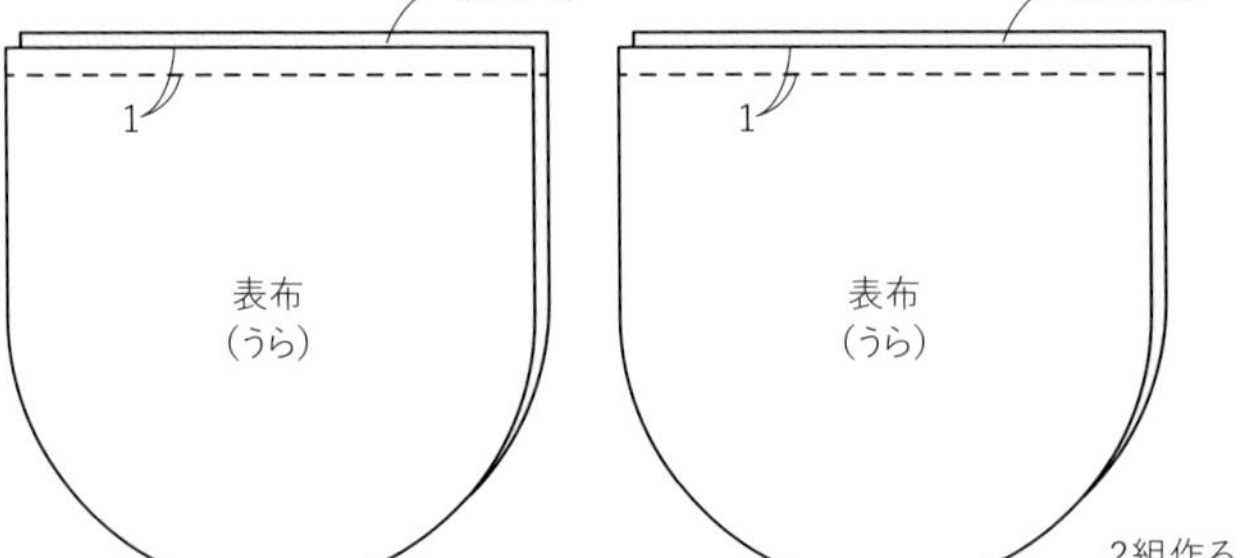

3

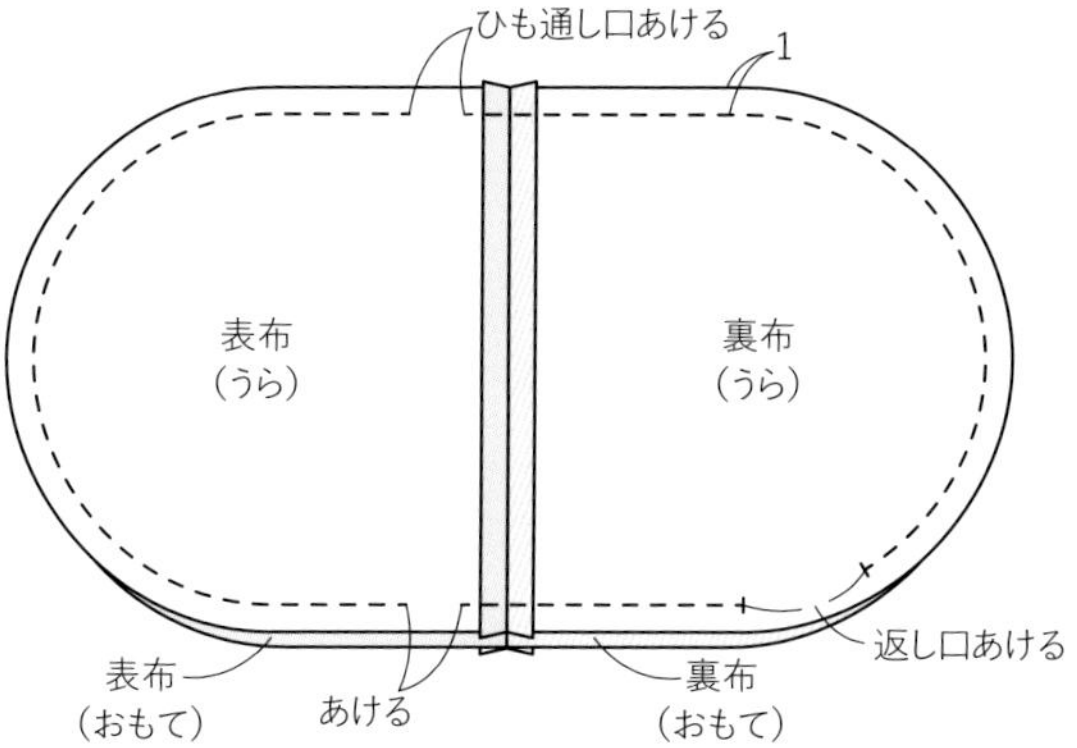

4

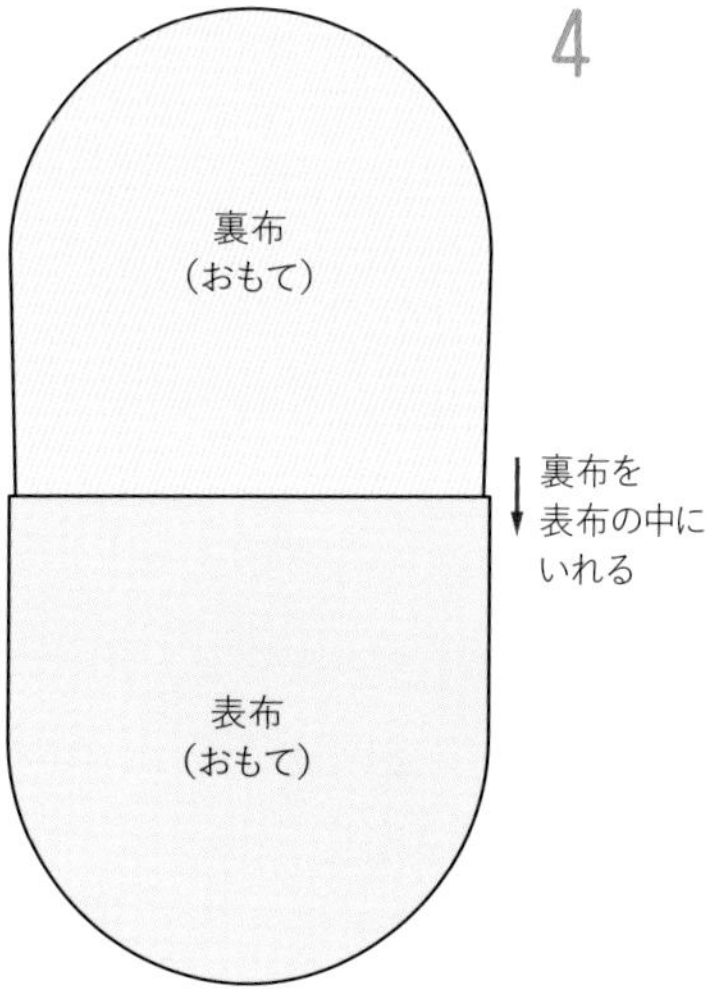

5

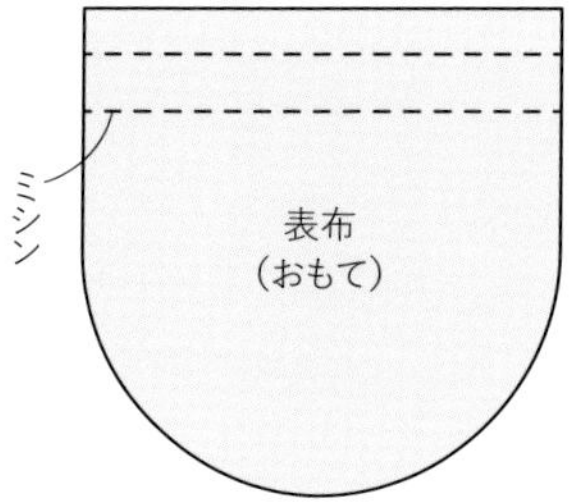

6

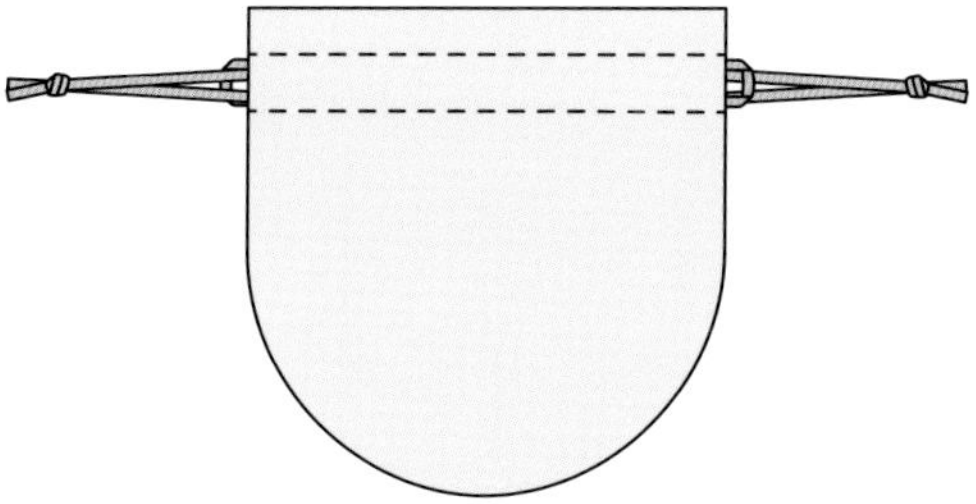

<by spica-pika>

作ってみよう⑥

ミニトートバッグ

［仕上がりサイズ］縦21cm×横21cm

■材料（1点分）

●表布　縦50cm×横50cm

●裏布　縦50cm×横30cm

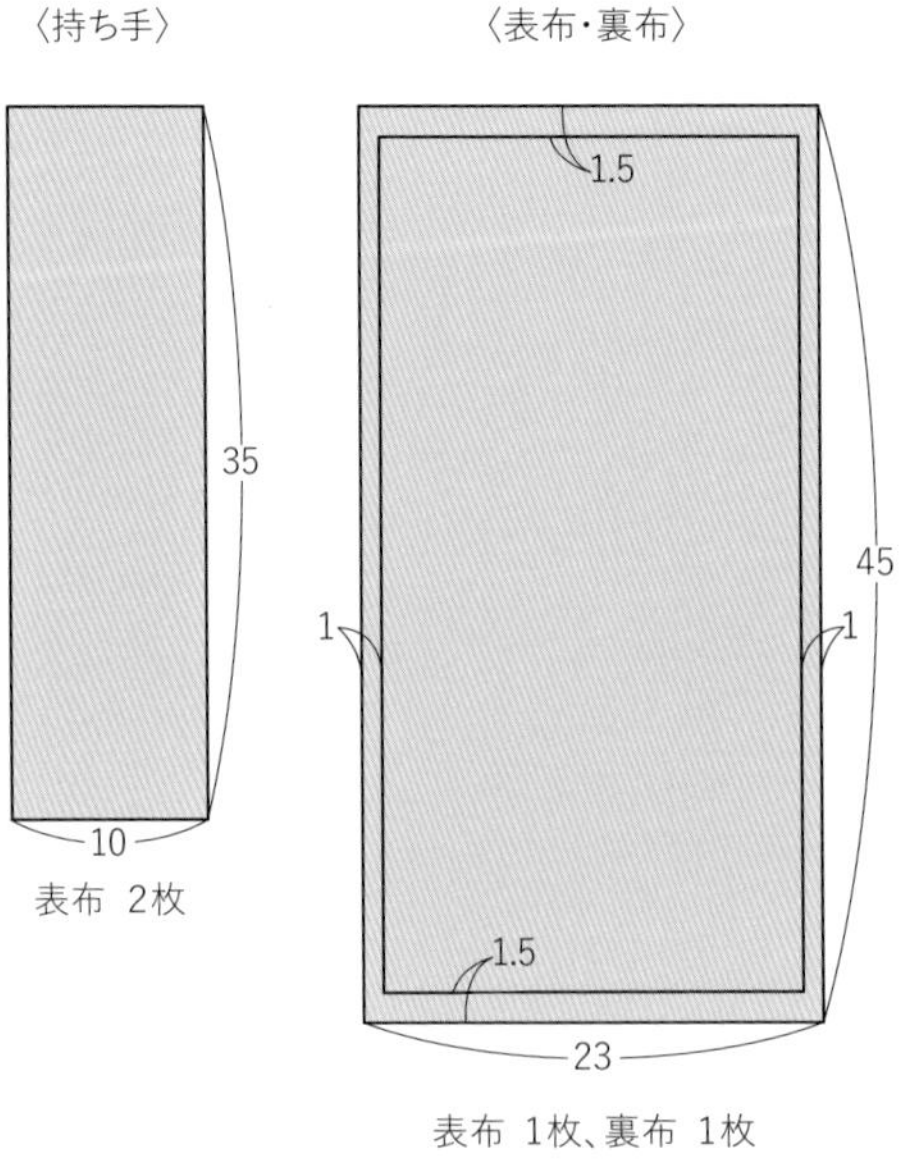

■作り方

1　表布に刺繍をします。

2　表布を中表にして両脇を縫います。

3　裏布を返口を残して、表布と同様に縫います。

4　持ち手用の布を観音折りにして、両端を縫います。

5　表布と裏布を中表に重ね、持ち手を挟んで袋口をぐるりと縫います。持ち手は端を1・5cmずつ挟み込みます。

＊このとき、持ち手を表布の縫い代部分に仮縫いすると、ずれません。

6　返し口から表に返し、返し口をまつります。裏布を表布の中に入れます。

7　袋口に押さえミシンをかけます。

1

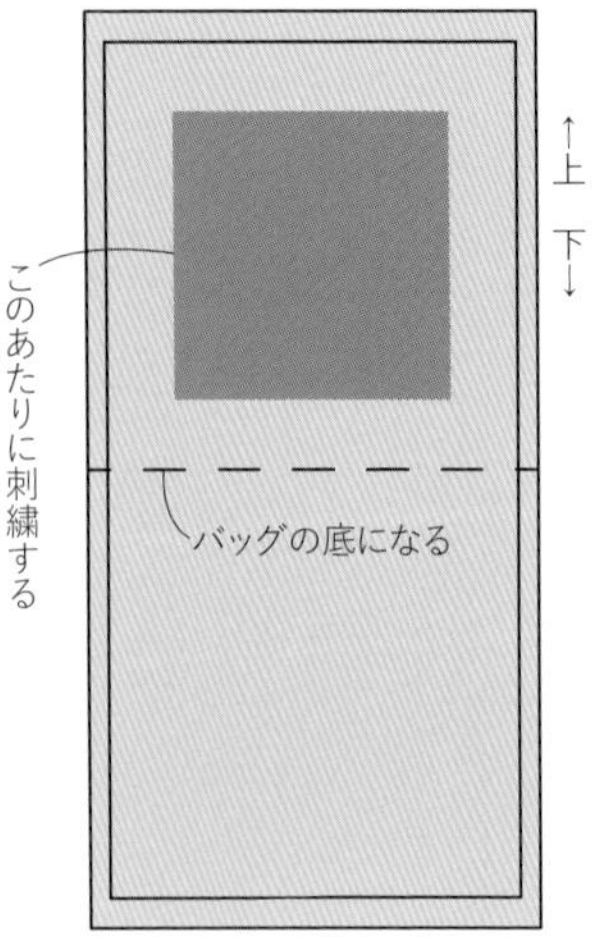

2

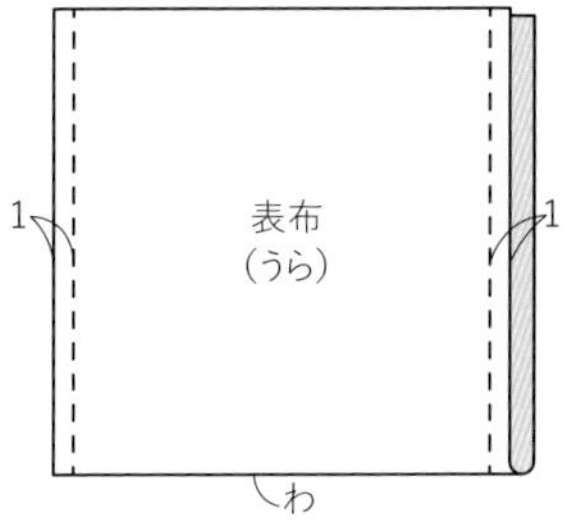

3

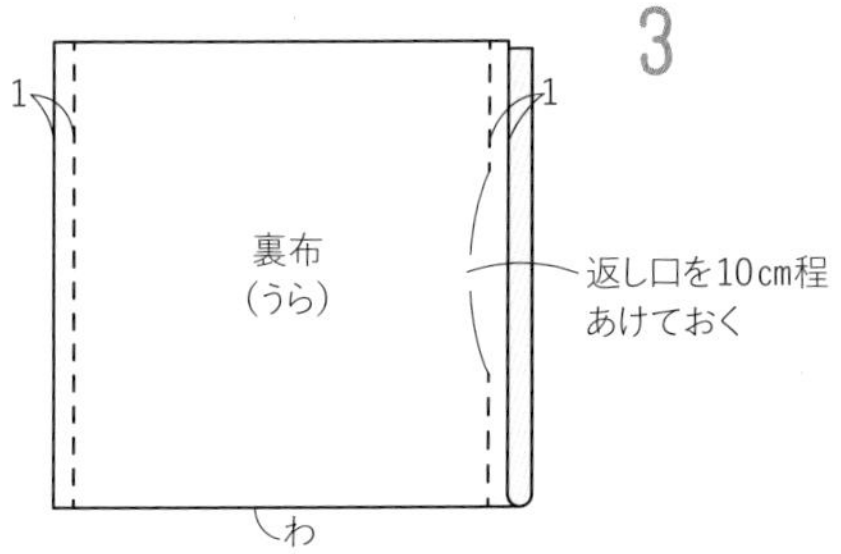

4

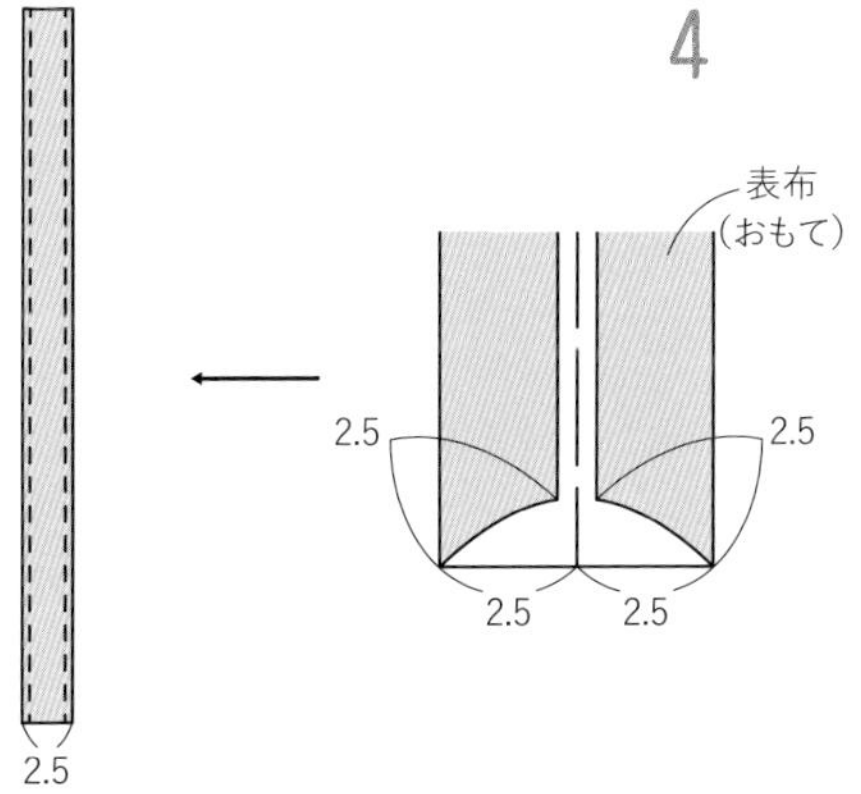

5

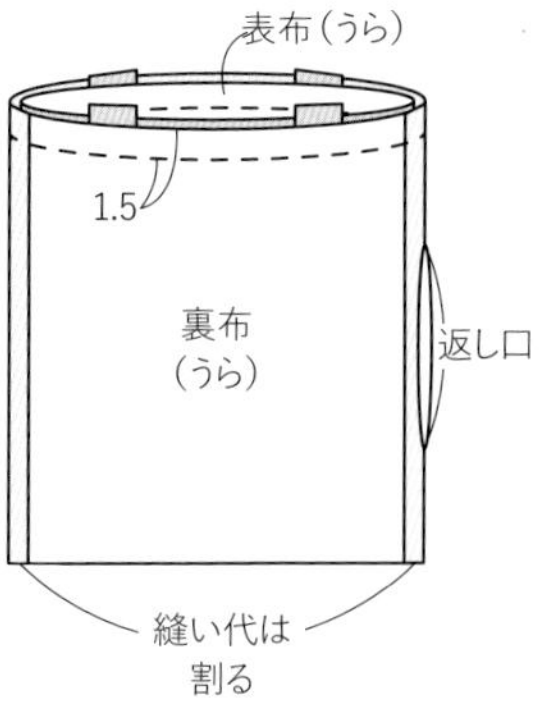

6

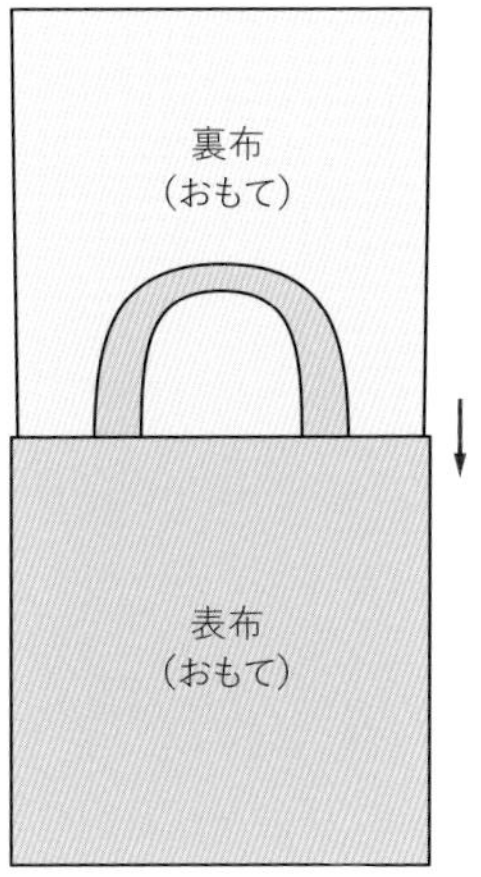

7

<by spica-pika>

がまぐち（98ページ）

実物大型紙

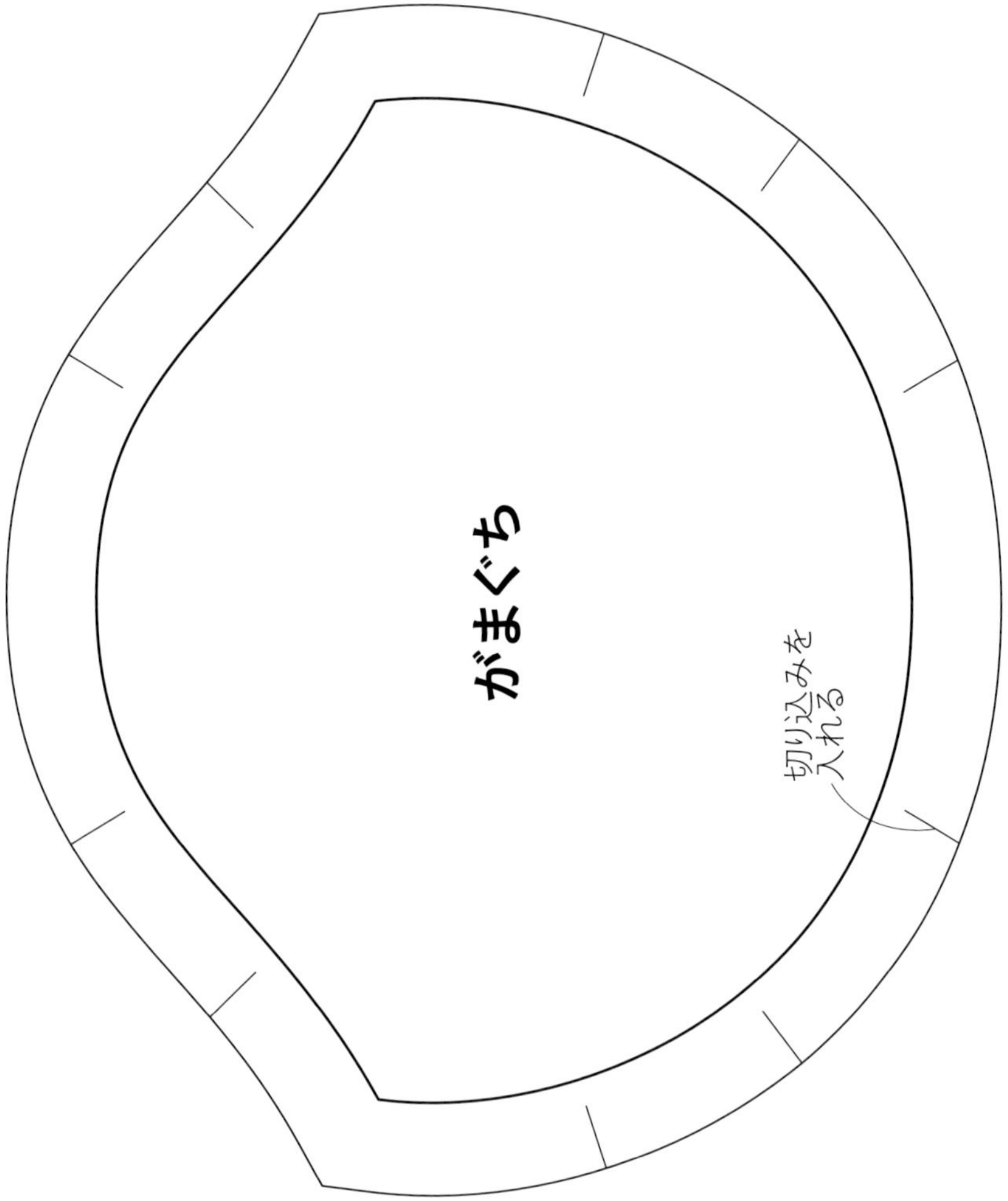

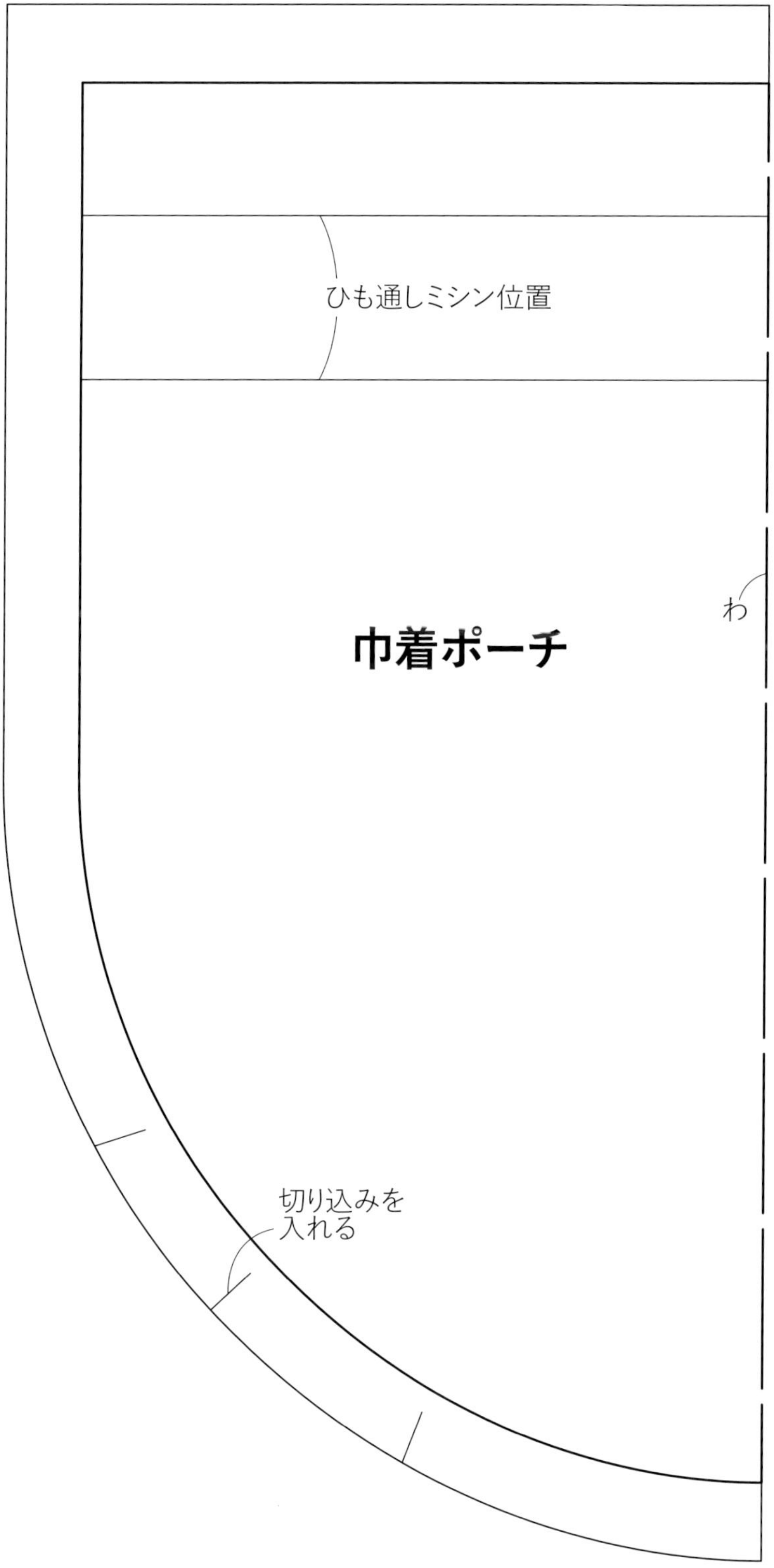
ひも通しミシン位置
わ
巾着ポーチ
切り込みを
入れる

さまざまな刺繍

フランス刺繍以外にも、さまざまな刺繍があります。
どれも興味深いものですが、その一部を紹介しましょう。

フリーステッチとカウントステッチ

フランス刺繍のように、布目の数に縛られずに自由なモチーフを刺すことができる刺繍を総じてフリーステッチ（刺繍）と呼び、図案を布に写さず、布の目数を数えて刺す刺繍をカウントステッチ（刺繍）と呼びます。

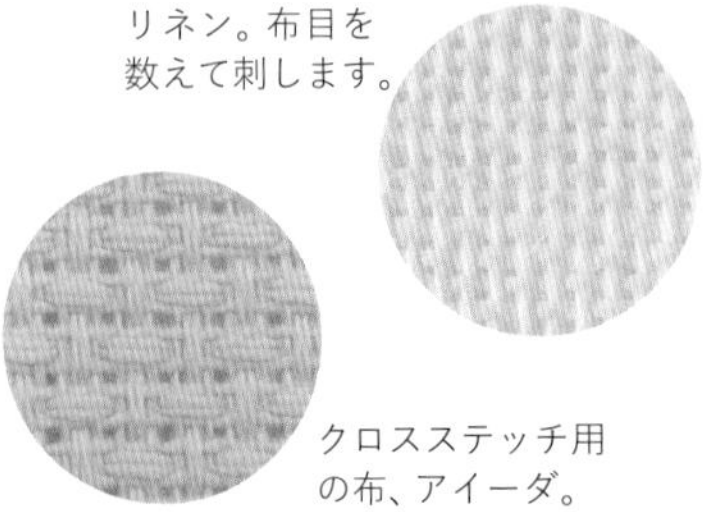

リネン。布目を数えて刺します。

クロスステッチ用の布、アイーダ。

フランス刺繍はヨーロッパ刺繍の代表的存在

刺繍の歴史はとても古いものと言われています。世界各地でそれぞれの国や文化によって、さまざまな技法やバリエーションが生まれました。

特にヨーロッパでは衣装や装飾品に施される技術者による豪華なものへと発展したのちに、一般家庭の間にも広がっていきました。民族衣装などにも使われるようになり、それぞれの国や地域ごとに刺繍文化も受け継がれてきたのです。

そのヨーロッパ刺繍の中で、代表的な存在がフランス刺繍。さまざまな刺繍の基本として、人気があります。

日本でポピュラーなフランス刺繍

日本で、ただ「刺繍」と言ったときには、フランス刺繍を指すことが多いでしょう。サテンステッチやバックステッチなどのステッチ名でおなじみの刺繍です。

もちろん、それぞれの国の刺繍があり、たとえば、日本刺繍やハンガリー刺繍なども、その国の刺繍文化です。

ハンガリーのカロチャ刺繍。

金糸が美しい日本刺繍。

ヨーロッパの伝統的な刺繍

白糸刺繍

ホワイトワークとも呼ばれ、フランスやイタリア、ドイツ、ベルギーなど各地で受け継がれてきた刺繍です。基本的に、白い布に白い糸で刺繍される上品でエレガントな刺繍。国によって、さまざまな技法があり、ノルウェーのハーダンガー、イタリアのプントアンティコ、ドイツのシュバルム、デンマークのヘデボなどの名前を聞いたことがあるかもしれませんね。

白糸刺繍で使う糸は技法によって違いがありますが、よく使われるのは、アブローダーという糸（11ページ参照）です。

ドイツのシュバルム。

写真提供／パントン久美子

カットワークとドロンワーク

カットワークは、細かい刺繍を施し、その輪郭にそって布地を切り取る伝統的な技法です。カットワークは平織りの布を使い、フリーステッチでもカウントステッチでも施すことができます。

ドロンワークも伝統的な技法で、布地の織り糸のたてかよこの一部を抜き、残った糸をステッチでかがり、模様を作ります。布の織り糸を数えながら刺繍するので、カウントステッチの一つです。

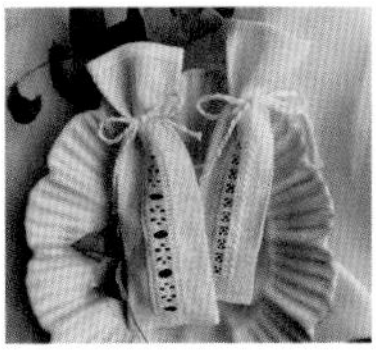

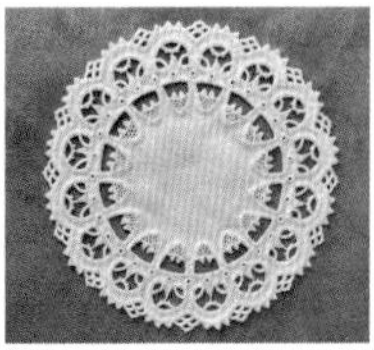

ドロンワーク（左）とカットワーク（右）。

写真提供／パントン久美子

立体刺繍のスタンプワーク

イギリス発祥の伝統的な刺繍で、綿やフェルト、ワイヤーを使って、立体的に仕上げる技法。レイズドワークとも呼ばれます。25番刺繍糸のほか、8番や5番刺繍糸が使われることもあります。

写真提供／三浦名菜

刺繍糸のかわりにリボンを使う
リボン刺繍

やわらかい刺繍用のリボンを使って刺繍します。基本はフランス刺繍と同じですが、リボン刺繍ならではのステッチやコツも。ふっくらと仕上がって存在感があり、かわいらしく華やかな印象です。

写真提供／日本リボン刺しゅう協会

毛糸で刺繍する
ウール刺繍

北欧や東欧、アメリカなど、毛糸で刺繍する文化も古くからあります。温かみのあるウール刺繍は日本でも人気。またふっくらと太いので、たっぷりとした大きな刺繍、広い面積の刺繍にも挑戦しやすいのが嬉しいところです。

クッションカバーに施されたトランシルヴァニア地方のウール刺繍。

透け感が魅力のオーガンジー刺繍

ここで紹介するオーガンジー刺繍は、透け感のある布・オーガンジーにフランス刺繍を施すものです。糸で埋めきらずにオーガンジー部分を残すことで軽やかで繊細な作品に仕上がります。

カットワークの要領で自由な形のパーツを作ることもできます。

綿や麻の生地に刺したものとはまた違う爽やかさと軽やかさ。

刺繍／ACE_embroidery　写真／奥川純一

フランスの伝統刺繍
オートクチュール刺繍

　オートクチュールとは、オーダーメイドの高級な服のことです。デザインや素材、仕立てなど、どれをとっても最高級の服を作るアトリエで、長く培われてきたのがオートクチュール刺繍。華やかで煌びやか、豪華な装飾刺繍の総称です。

　オートクチュール刺繍と聞くと、リュネビル刺繍を思い浮かべる方が多いのではないでしょうか。

　リュネビル刺繍とは、フランス・リュネビル地方発祥の刺繍で、オートクチュール刺繍のテクニックの一つ。リュネビルという細いかぎ針を使って、生地の裏側からスパンコールやビーズを刺繍します。特殊なかぎ針を使うことで、スパンコールやビーズなどの縫い付けが速く美しく作業できるのです。

　オートクチュール刺繍においては、リボン刺繍、フランス刺繍や、ビーズやスパンコールを手刺しでつけることもあり、こうした技法とリュネビル刺繍もあわせ、さまざまなテクニックを融合して制作されるのです。

　このフランスで受け継がれてきたリュネビル刺繍を、自分の作品に取り入れたいと学び、制作する人が増えています。装飾刺繍の世界の扉を開いてみてはいかがでしょうか。

写真提供／日本オートクチュール刺繍協会

カウントステッチいろいろ

布の目数を数えながら刺し進める刺繍の代表といえばクロスステッチ。クロス（×）を刺して、連続模様や絵を描く刺繍です。

他にはイギリスの伝統刺繍であるブラックワークや、キャンバス地を使うバルジェロステッチ、日本のこぎん刺しなどもカウントステッチといえるでしょう。

カウントステッチの特徴は、布に図案を写さないことと、使用する布目の大きさによって、同じ図案でも仕上がりの大きさが変わることです。布目を割らないように、フランス刺繍とくらべると、少し先の丸い針を使うことが多いでしょう。

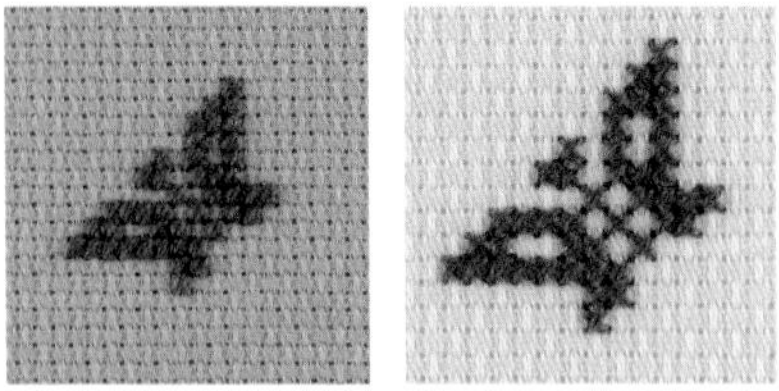

布のカウントが違うと、同じ図案でも仕上がりのサイズ感が異なります。

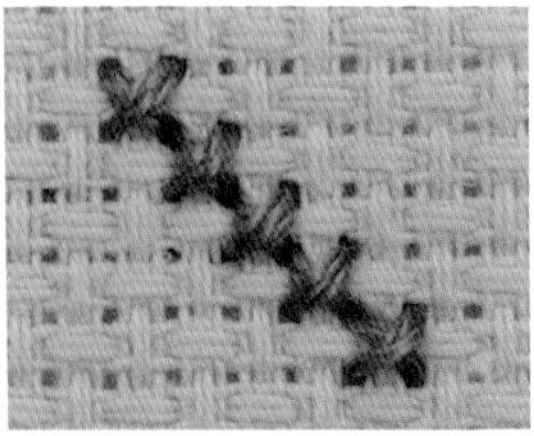

クロスステッチをきれいに刺すコツは、クロスの／と＼のどちらを上にするかを揃えること。

模様もイラストもできるクロスステッチ

等間隔のマス目をクロス（×）で塗りつぶしていくような感覚で、好きな模様や絵を描いていきます。フランス刺繍のように、複数のステッチを覚えなくてもよいので、初心者も挑戦しやすく完成させやすいのではないでしょうか。

図案を写さなくてもいいとはいっても、なりゆきでは上手く仕上がらないので、必ず完成図案を手元に用意して、刺した箇所をチェックしながら進みます。ワンポイントや小さな模様もよいですが、絵画や挿絵のような作品も魅力。完成作品に面積の広がりを持たせていくと、細かい表現ができます。

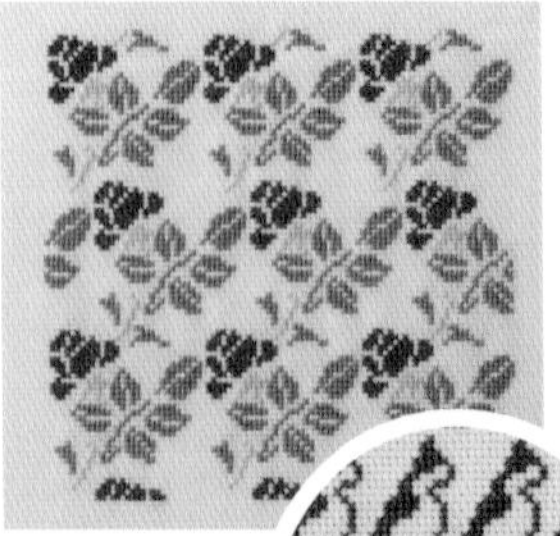

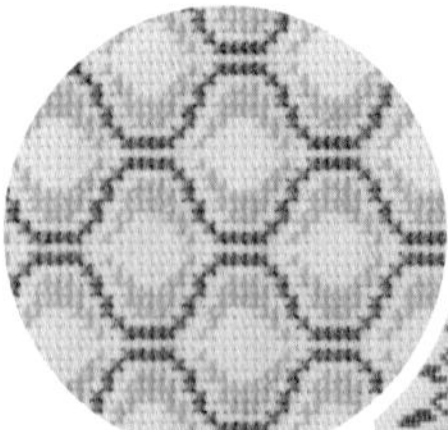

連続模様やモチーフはクロスステッチの醍醐味。

<by 遠藤佐絵子>

イギリスの伝統刺繍　ブラックワーク

その名の通り、黒1色で刺すイギリスの伝統刺繍の一つです。繊細な見た目からは想像しにくいかもしれませんが、基本のステッチはランニングステッチとバックステッチのみ。単純なステッチの繰り返しで幾何学模様を描いていきます。針運びに明確なルールはありませんが、できるだけ線が歪まず形が整うように刺し進むとよいでしょう。裏側を表と同じ模様にしたい場合は、ランニングステッチの往復（ダブルランニングステッチ：別名ホルベインステッチ）で刺します。

　模様を組み合わせたり、糸の本数や模様の密度を変えてグラデーションを作ったり、陰影をつけて絵画のようにしたり、1色でのさまざまな表現を楽しめます。

写真提供／mifu

キャンバス地を使うバルジェロステッチ

バルジェロステッチは、格子状（メッシュ状）のキャンバス地を埋めるようにウール糸を刺し、模様を描いていく「ニードルポイント」と呼ばれる刺繍の一つです。ウール糸を使うため、ふんわりと厚みのあるしっかりとした仕上がりになります。仕上げた作品は、タペストリーやクッションカバーなどのインテイリアにぴったり。イタリアが発祥とされている、幾何学模様と色合わせが楽しいステッチです。

　クロスステッチのように1目ずつ埋めるのではなく、一針で何目か進み、糸目の長さによって模様を描きます。

このようなキャンバス地にウール糸を通します。

こちらの作例は、リネンに25番刺繍糸で刺したもの。
<by 杉田佳恵>

日本のカウントステッチ
こぎん刺し

こぎん刺しは青森県津軽地方に伝わる刺繍。目の粗い藍染の麻布の服の保温・補強のために白の木綿糸で施されたのが始まりといわれていますが、今では、カラフルに楽しまれています。

糸を横に渡して模様を描きます。1、3、5、7と奇数の目で構成されます。

菱形が特徴的な菱刺し

青森県南部地方に伝わる刺繍で、こぎん刺しと同様に布の保温と補強のために生まれました。菱形の枠でモチーフを囲んだ模様は「型刺し」と呼ばれます。こぎん刺しと違い2、4、6、8と偶数の目で構成されます。

こぎん刺しにくらべると、やや横長の菱形。
〈by 倉茂洋美〉

ちくちく模様を描く
刺し子

布を補強し、大切に長く使おうという工夫から生まれた刺し子。なみ縫いで、模様を描いていきます。

伝統的な名前のついた模様もあれば、今は自由に描いて楽しむことも。

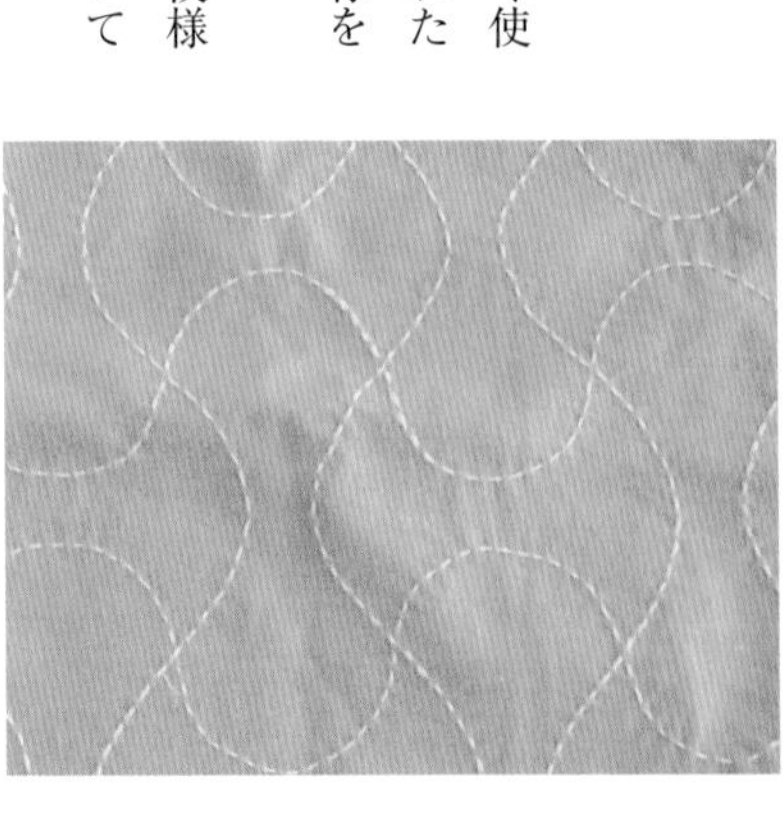

刺し子の技法の一つ
一目刺し

たて、よこ、ななめと一方向に刺し進めて模様を作っていく技法です。

右記の刺し子が曲線なども描くのに対して、一目刺しは規則性のある模様が浮かび上がります。

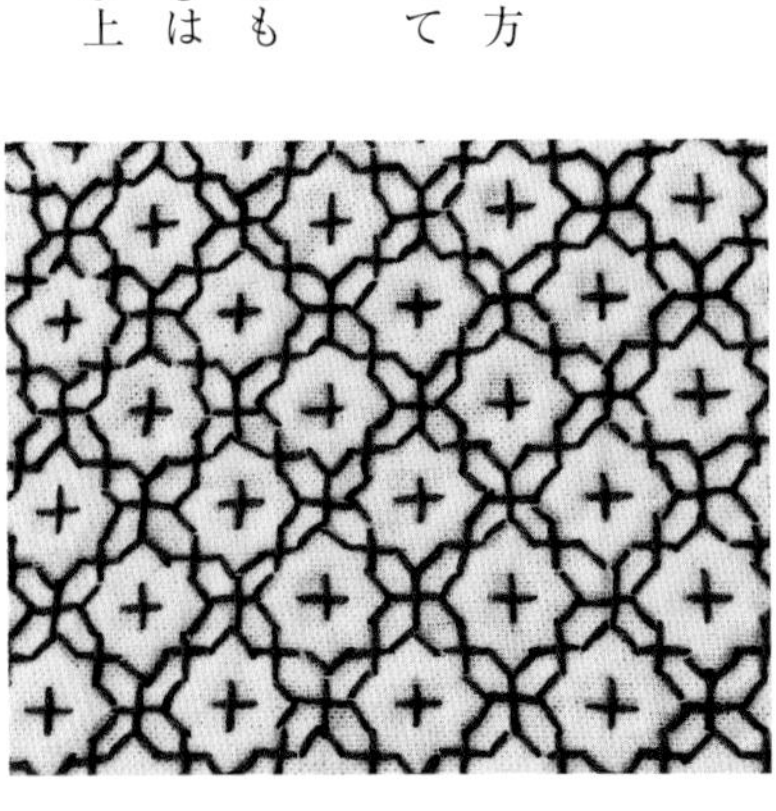

美しい絹糸の刺繍
日本刺繍

刺し子やこぎん刺しなどが暮らしの中で生まれ、家庭で受け継がれてきた伝統刺繍だとしたら、絹地に絹糸で施す日本刺繍は、着物や帯などの和装を豪華絢爛に彩る装飾刺繍として、職人の手によって受け継がれてきた伝統刺繍です。

なんといっても、その美しさを担っているのは釜糸と呼ばれる絹糸でしょう。絹糸を使うことで、刺繍面には光沢と煌めきが生まれます。

日本刺繍の釜糸は撚られていないため、刺繍する前に必要な本数を撚ってから使います。一方で、糸を撚らずに使うことを「平糸」で刺繍するといい、撚った糸で刺繍した凛とした姿とはまた違った艶のある仕上がりとなり、どちらもとても美しく魅力的です。

前述のオートクチュール刺繍やリュネビル刺繍を自分で楽しむ人が増えているように、日本刺繍も家庭で楽しむことができます。小さな図案から始めてみてはいかがでしょうか。

釜糸（写真左）と金糸（写真右）。

金糸が映え、煌めきます。

絹糸を使用するため、
洗濯をしないものに。
こちらは帯留めに仕立ててあります。

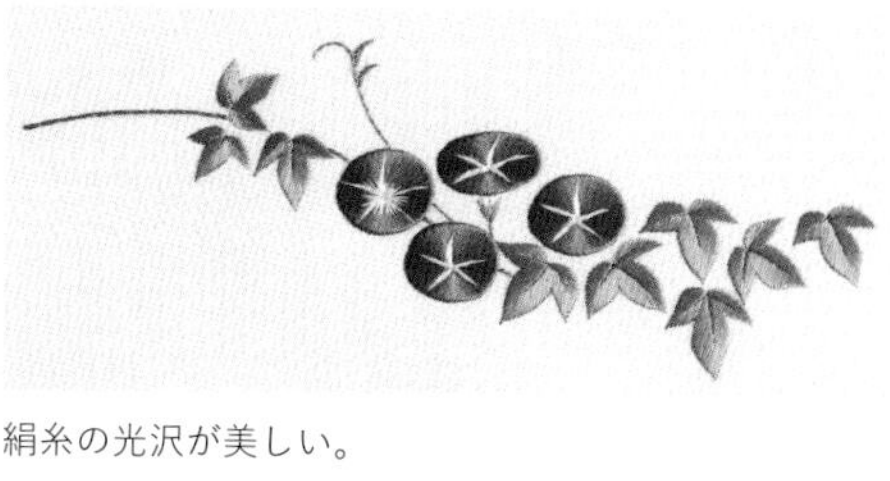

絹糸の光沢が美しい。

縫い方（フランス刺繍でいうステッチ）は複数ありますが、フランス刺繍の経験のある方には親近感を覚えるものも。写真左の花びらは「ぬいきり」と呼ばれるぬい方で、サテンステッチと同じ要領です。フレンチノットステッチに見える箇所は「相良ぬい」。写真右の花びらは「さしぬい」で、ロングアンドショートステッチの要領です。

刺繍　浅賀菜緒子　／写真　下村しのぶ

刺繍にまつわる言葉

刺繍をしていると出会うさまざまな刺繍の名前や言葉。
刺繍の世界はこんなに広く深く楽しいのだということを、
見渡してもらえたら嬉しいです。

アップリケ刺繍

アップリケとは、土台の布に別の布を重ねて縫い付け、絵柄を施す手芸。

アップリケ刺繍は、ここに刺繍をプラスしたものを指すことが多いです。面を埋めるような刺繍をするのは大変だけれど、面は布をアップリケして、ポイント（輪郭や模様、顔パーツなど）を刺繍するだけで、かわいいアップリケ刺繍の完成です。

紙刺繍

布ではなく、紙（色画用紙など）に刺繍をします。刺繍ができたら、そのままカードやタグ、栞にもなり、贈り物に添えるのにぴったりのオリジナルアイテムになります。市販のポストカードや封筒、ノートの表紙などに刺しても素敵でしょう。

失敗したら穴だらけになっちゃうの？　と心配の方、ご安心を。図案にあわせて、あらかじめ針の通る穴を開けておく方法があります。

ゴールドワーク

イギリスの伝統刺繍の一つで、王室や貴族の衣装などに施された金と銀の糸を使う上品で煌びやかな刺繍です。

金糸、銀糸に加え、スパンコールやビーズ、クリスタルといった装飾パーツや、メタルスレッド（メタル糸）を使います。

スカラップ刺繍

布端を半円の形で刺繍して余分な布をカットして仕上げた刺繍。ハンカチや服の裾などに施されます。スカラップ（scallop）は、ホタテ貝の意味。

背《せ》守《まも》り

日本で、子供の着物の背中につけていた縫い目のこと。子供の健やかな成長を願い、悪いものを遠ざけるおまじないとして縫い目をつけました（目が魔物をにらんで退散させると考えられていたのです）。

麻の葉や亀甲、矢など縁起ものモチーフはもちろん、やがてうさぎや蝶などデザイン性の強いものも刺繍されるようになりました。

ダーニング刺繍

ダーニングとは、「繕う」という意味で、主にヨーロッパで伝統的に行われている衣類を修繕する針仕事のこと。穴があいたり、擦り切れたりした箇所に、たて糸・よこ糸をわたして繕います。

このダーニングの技法で刺繍糸やウール刺繍糸を使って、かわいい刺繍をプラスします。

日本三大刺し子

青森県津軽の「こぎん刺し」、青森県南部の「菱刺し」、山形県庄内の「庄内刺し子」は、日本三大刺し子と呼ばれています。いずれも冬の寒さが厳しい東北地方の暮らしの知恵から生まれたものです。

こうした暮らしに根付いた針仕事は、全国に分布していますが、とりわけこの3種類の針仕事をまとめて、このように呼ばれます。

パンチニードル

専用針（ニードル）を使い、布の上に刺繍糸やウール糸を埋め込んで絵柄を描く技法です。ざくざくと刺すだけなので、手芸初心者さんも気軽に楽しむことができます。

もこもこした仕上がりがかわいく、大きなものも作りやすいので、小物や雑貨作りに向いています。

ビーズ刺繍

ビーズやスパンコール、天然石などを針と糸で布に縫い付けていく刺繍のことで、これらの資材をワンポイントで飾りとして取り入れるというより、糸よりもビーズがメインの作品のことをこのように呼ぶことが多いようです。

ビーズの穴に通せる細い糸と針、ビーズ刺繍糸とビーズ刺繍針が活躍します。

ちなみに「ビーズステッチ」という手芸もありますが、こちらは布に縫い付けるのではなく、ビーズのみで形を作っていく、「ビーズ刺繍」とはまた違った技法となります。

立体刺繍

主に、スタンプワークの技法の作品を指します。布に刺繍をしながらフェルトや綿を詰めてぷっくりさせたり、布とワイヤーを使って刺繍パーツを作り、よりリアルに立体的に表現したりします。

一方で、「立体的な刺繍」という意味で広く使われることもあり、スタンプワーク以外の技法、作家さんのオリジナルの技法で作られる作品もあります。心惹かれたときには、どんな立体刺繍なのかな？ とチェックしてみてください。

この本で紹介、解説してきた言葉もありますが、似た言葉・同じものを指す言葉など、ふと迷いがちな言葉を集めました。

アウトライン フィリングステッチ

アウトラインステッチを繰り返して面を埋めることをアウトラインフィリングステッチといいます。図案や本によっては、「アウトラインステッチ」とのみ書いてある場合も、「アウトラインステッチで埋める」と書いてある場合もあります。

embroidery（エンブロイダリー）

embroidery は英語で「刺繍」のこと。絵や模様などデザイン的なものを縫うことを指します。

一方で、よく耳にする stitch は、○○ステッチ……とステッチの名称に使われていることも多いですね。こちらはどちらかというと embroidery のように、デザイン的なイメージは含まれず、より単純に「縫われた目」「一目」という意味。こうした針目の総称として「刺繍」という意味も広義で含まれて使われています。

サンプラー

sampler は元々技術習得を目的として作られた刺繍見本作品で、お手本や実習見本とのことです。実習用にたくさんの種類のステッチが使われていたり、文字や動植物、装飾文様などさまざまなデザインの図案が刺繍されていました。平面的なものを指すことがほとんどです。

今でも、同じようにお手本や見本という意味で、キットや図案集に掲載されている作品をサンプラーと呼びます。

自由刺繍

フリーステッチ（106ページ参照）、フリー刺繍と同じ意味で、針が自由に刺せる布に、自分の好きな絵柄を自由に刺す刺繍のことです。日本で愛好家の多いフランス刺繍は自由刺繍の一つです。

「繍」と「繡」

どちらもよく見かけますね。同じ意味で、「繡」が旧字（正字）、「繍」が新字（略字）です。

ステムステッチ

アウトラインステッチとよく似たステッチでステムステッチと呼ばれるステッチがあります。日本の図案集ではアウトラインステッチが多く、ステムステッチが掲載されていることはあまり多くありませんが、洋書や海外のキットなどで見かけることがあるかもしれません。

基本的な刺し方・針運びは

アウトラインステッチと同じで、糸が斜めに重なったステッチです。

　左から右に進む場合に、右下がりの線になる（糸を針の下に置きながら刺す）ステッチを日本ではアウトラインステッチ、逆に右上がりの線になる（糸を針の上にかけながら刺す）ステッチをステムステッチと呼ぶことが多いようです。

　しかし、「日本でアウトラインステッチと呼ばれているものが海外ではステムステッチで、そうではない方がアウトラインステッチ」という前述とは逆の考え方、教え方もあります。

　見本がある場合には、糸の重なり方を見て、合わせてもよいですし、あまりステッチ名にとらわれずに、自分が刺しやすいやり方で刺し進めてみるのもよいでしょう。

チャコペーパー

「チャコペーパー」は、チャコペーパー株式会社の図案写し用紙の商品名です。とても有名なので、図案写し用紙全般のことを、ついこのように言っている（指している）こともあります。たとえば、COSMOは「刺しゅう用コピーペーパー」Cloverは「クロバーチャコピー」などの転写ペーパー商品があります。100円ショップで買えるものやその他のメーカーさんのものもありますので、自分が使いやすいものも見つけてくださいね。

図案や刺し方図などに出てくる言葉

サテンＳ（２）

ステッチ名と糸の本数です。「サテン」はステッチ名、「Ｓ」はステッチの略、「（２）」は「２本どり」の意味です。図案によっては、①サテンＳ（２）のように、ステッチ名の前に番号が振られていることがありますが、その場合は、そのモチーフの中での刺し順を示しています。

また、ステッチ指示の前に刺繍糸の色番号が記載されていることも多いです。

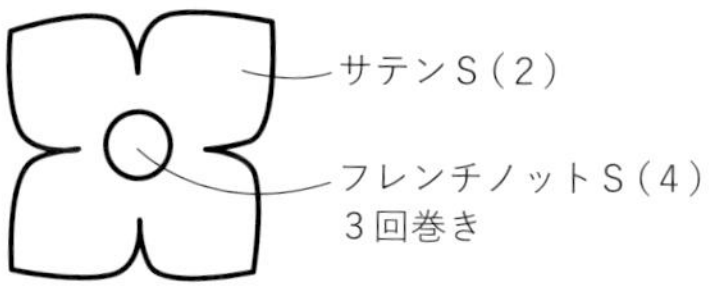

１出・２入・３出……

図案集やキット、動画などでよく見かける刺し方手順を表す省略記号です。数字は針を動かす順番を、「出」は布の裏から表に針を出すこと、「入」は布の表から裏に向かって針を入れることを指します。「３出」は「３番目にこの位置で針を表に出す」という意味です。

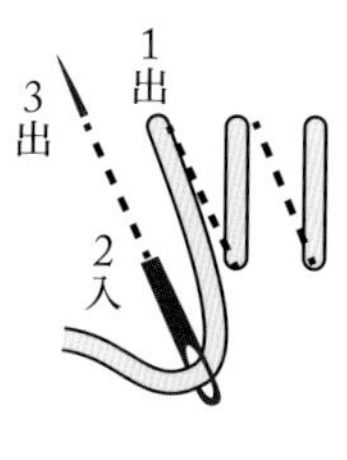

よく使われるステッチ

キットや図案集でよく使われる基本的なステッチと
動植物を刺す際に役立つステッチを集めました。

自分が刺しやすいスタイルを見つけて

フランス刺繍において、刺繍を楽しむための基本のステッチと、知っておくと表現が広がるステッチを紹介します。すべてを一度に覚えなくても大丈夫です。こういうステッチがあるんだな、と頭の片隅に入れておけば、ふと「あ、あのステッチを使ってみよう」と必要な時に思い出し、作品の表現に幅が出せるかもしれません。

ステッチによっては、例示している以外の方法もあったり、こうしたほうが自分の表現や作業の仕方にあうな、ということもあると思います。基本を覚えつつ、自分が刺しやすいスタイルを見つけてください。

ランニングステッチ

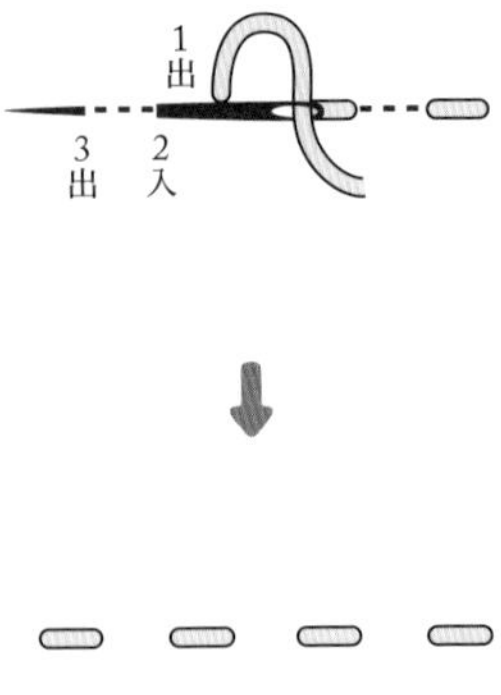

バックステッチ

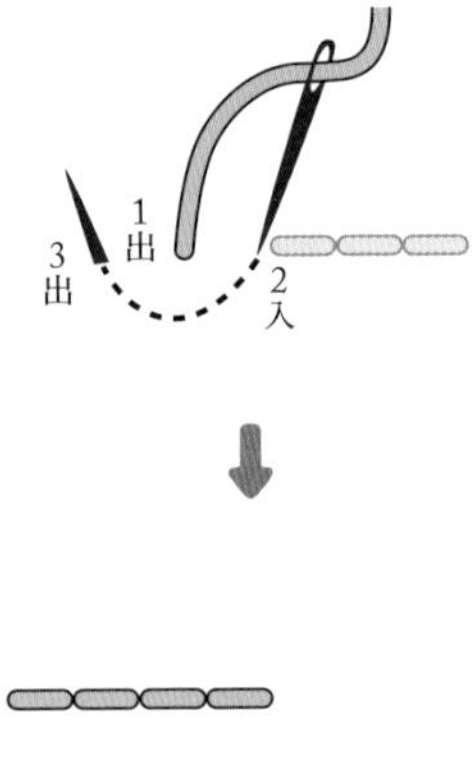

ストレートステッチ

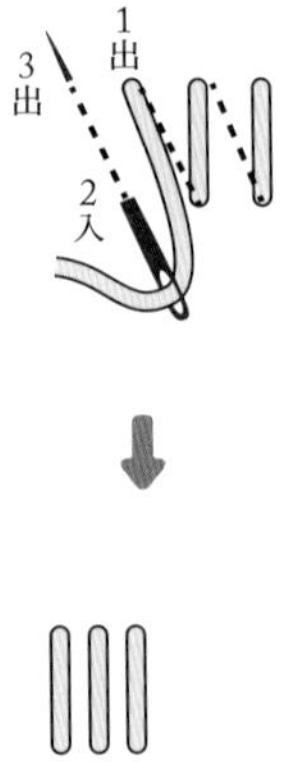

どれもラインを入れるのに便利なステッチ！
バックステッチは輪郭を
刺すのにもよく使われます

チェーンステッチ

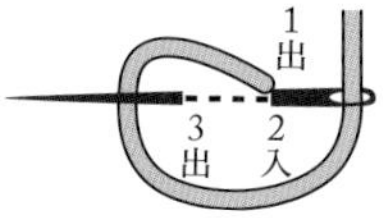

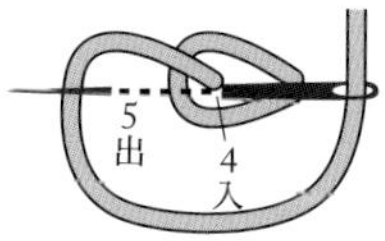

ラインとして
面を埋めたり
(チェーンフィリング
ステッチ)にも
使える！

フレンチノットステッチ

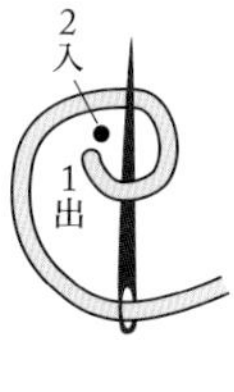

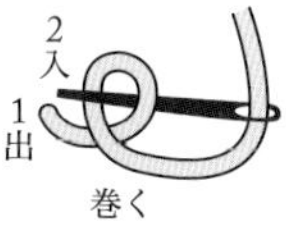

何本どりか
何回巻くかで
仕上がりが大きく変わる！

アウトラインステッチ

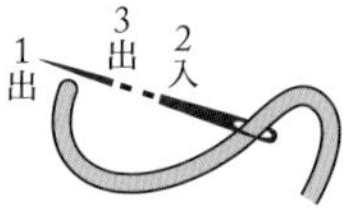

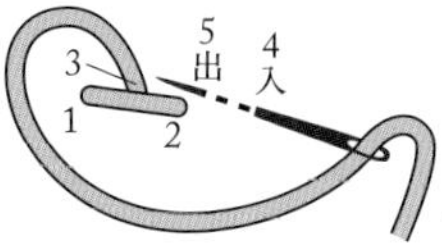

重なり方の幅で
太さを調節できます

輪郭や植物の茎にしたり、
面を埋めたり(＝アウトラ
インフィリングステッチ)、
とても登場頻度の高い
ステッチです

ロングアンドショートステッチ

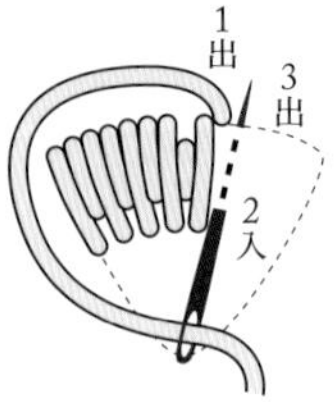

長・短の糸目を
並べて…

次の糸は
先に刺したステッチに
少し重ねて刺す方法と、
糸が重ならないように
ぴったりに刺す方法がある

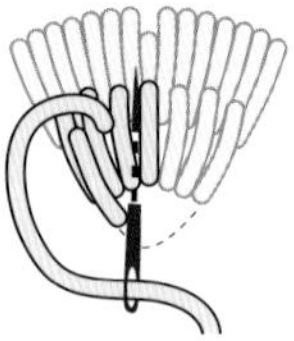

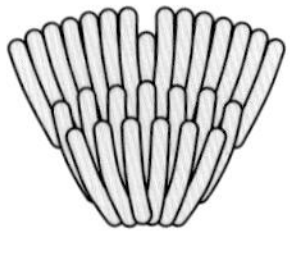

芯入りサテンステッチ

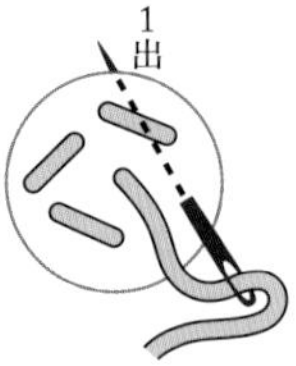

芯はランダムに刺したり、
上に刺す糸目と逆方向に
刺したりする

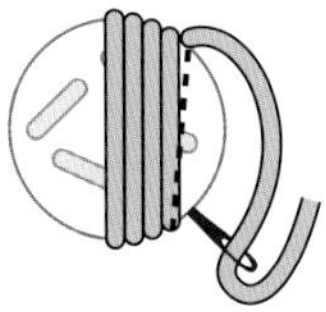

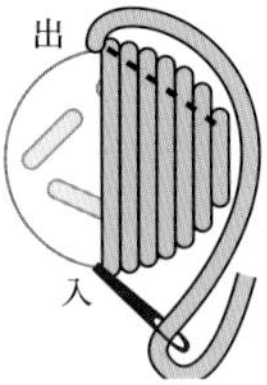

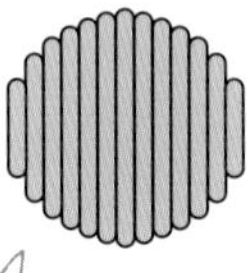

ふっくら
するよ♪

サテンステッチ

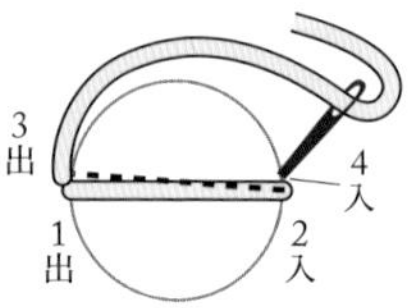

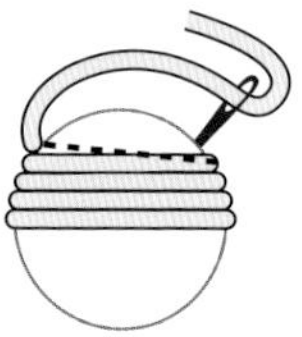

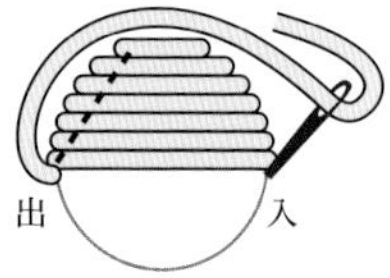

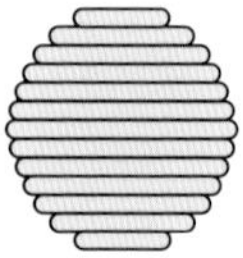

面を埋める
ステッチの代表！

ダブルレゼーデージーステッチ

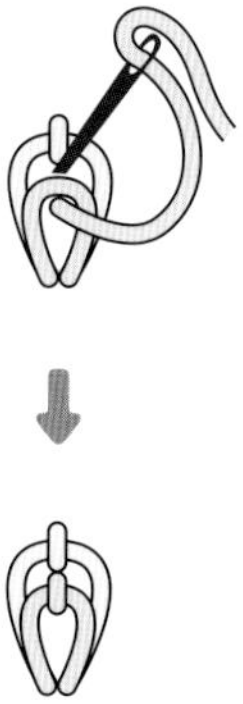

レゼーデージーステッチ＋ストレートステッチ

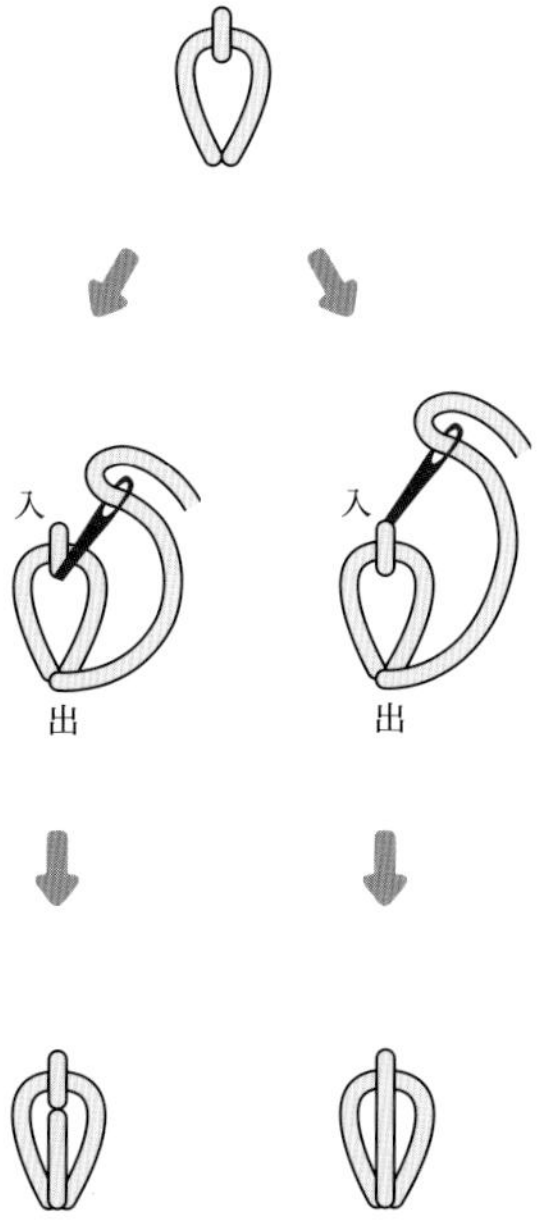

使用例は
59ページに！

レゼーデージーステッチ

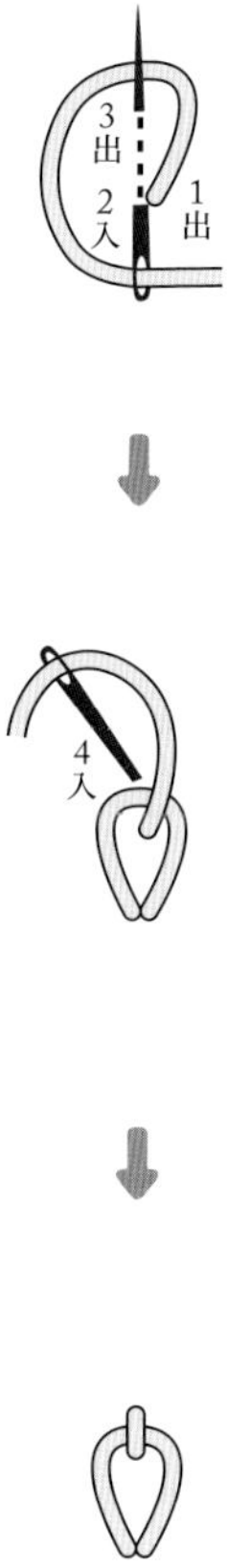

花びらや葉っぱに
大活躍！
しずく形の模様に
もなります

バリオンステッチ

なんと
専用針が
あるよ！

フィッシュボーンステッチ

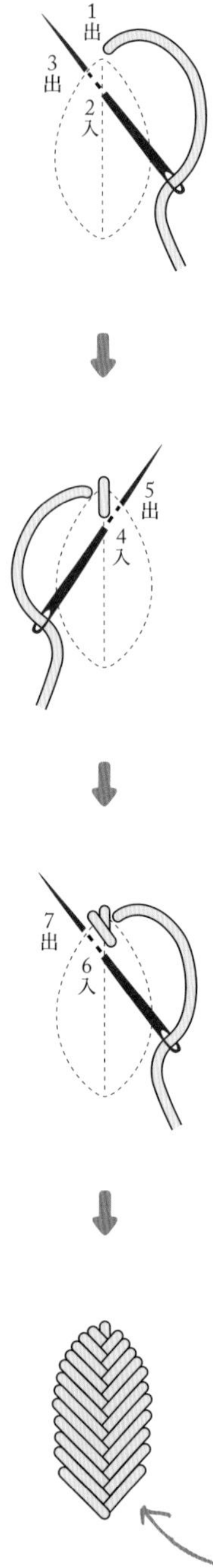

リーフステッチ

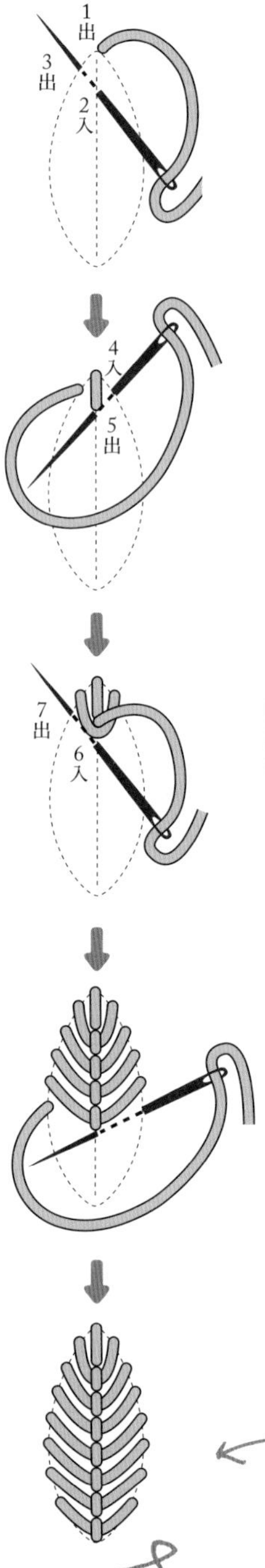

フライステッチ

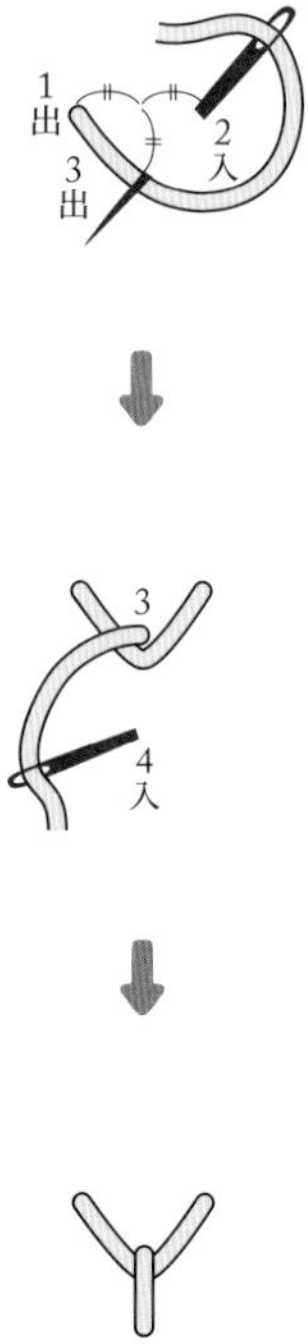

葉っぱを刺すのに
人気の3ステッチ！

ブランケットステッチ

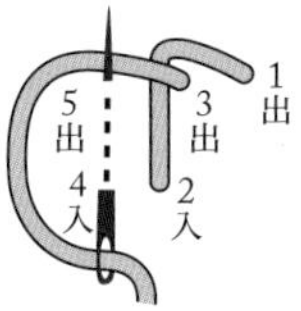

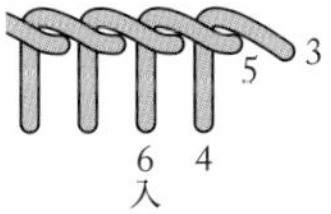

同じ要領で、間隔を詰めて
密に刺したステッチを
ボタンホールステッチと
呼びます。刺し方自体は
どちらも同じです。

ターキーノットステッチ（スミルナステッチ）

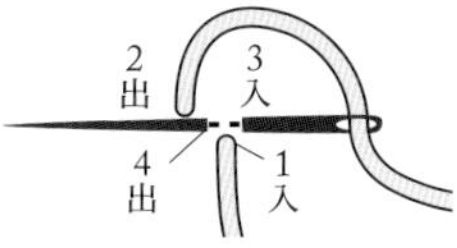

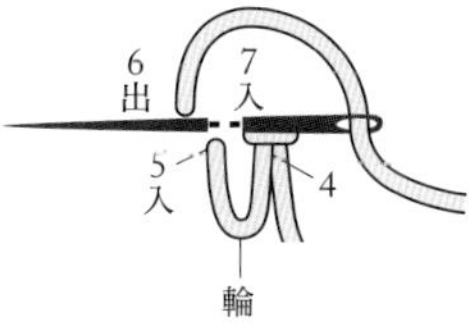

仕上がりのふわふわ感を
どのくらいにしたいかに
よって、ループの長さを
変えましょう

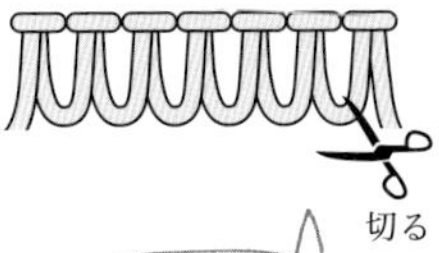

カットで
ふわふわを
整えます

スパイダーウェブローズステッチ

名前の通り、バラを
イメージした
ステッチです

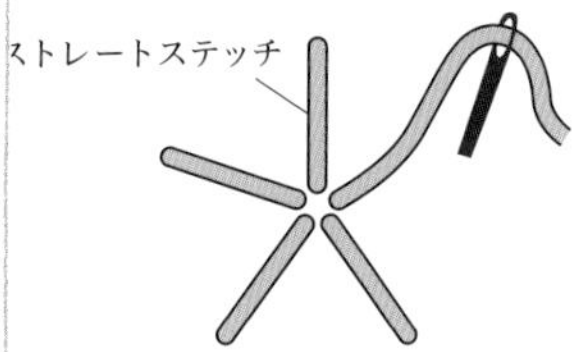

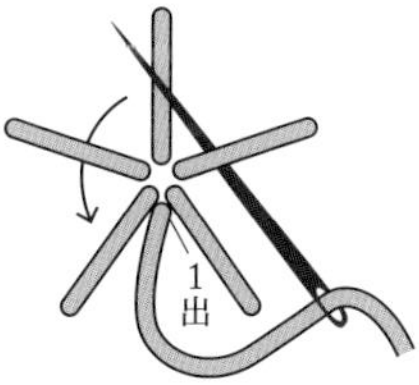

巻いた糸は引っ張り
すぎないように……
ふんわりふんわり

ウィップドバックステッチ

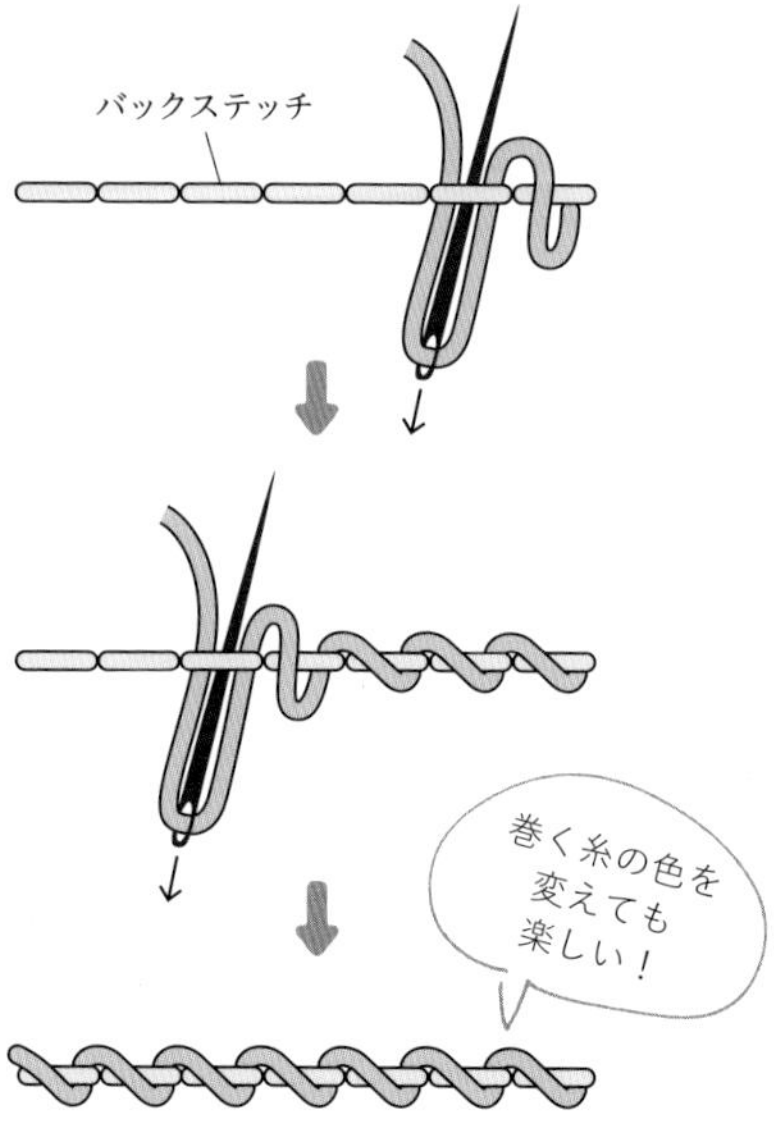

ウィップドチェーンステッチ

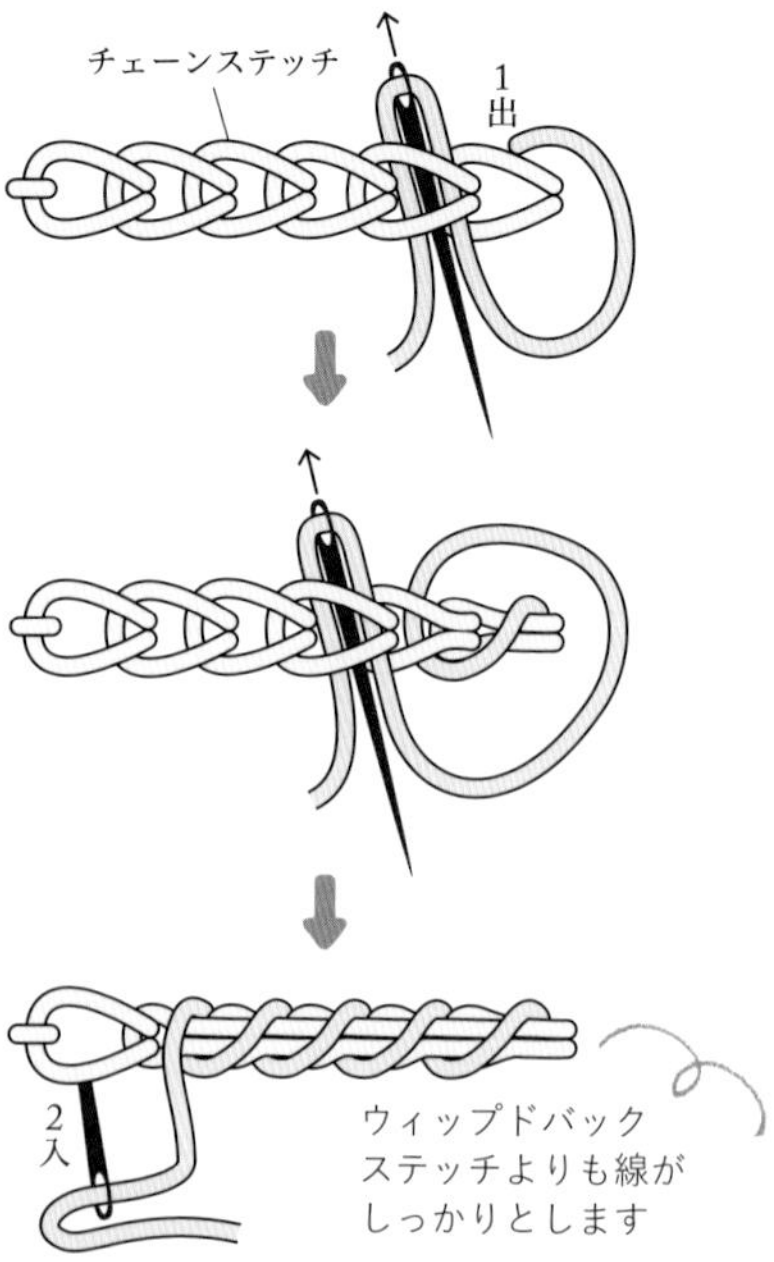

スプリットステッチ

スプリットとは「割る」という意味。
見た目はチェーンステッチに
似ていますが、糸を割って
刺し進めていきます

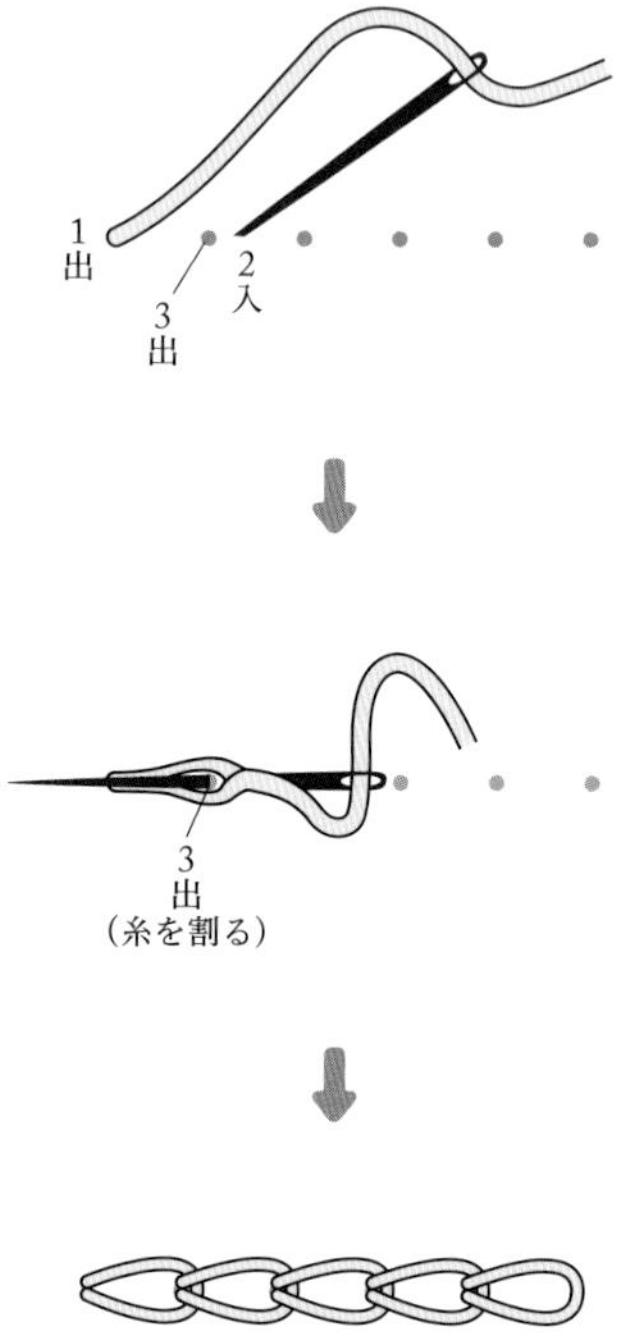

ラインにしたり、サテン
ステッチやロングアンド
ショートステッチで埋める
パーツの輪郭を補助するた
めに先に刺したりします

バスケットステッチ

たて、よこに交互に糸をくぐらせて、
まさにバスケットのように
するステッチ

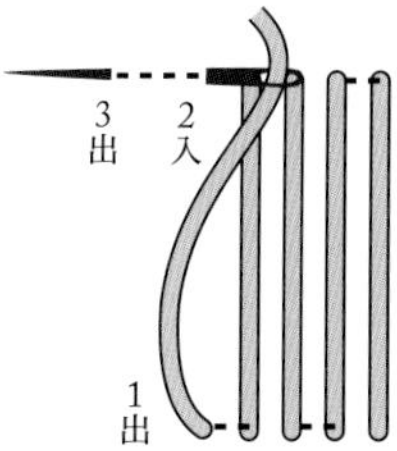

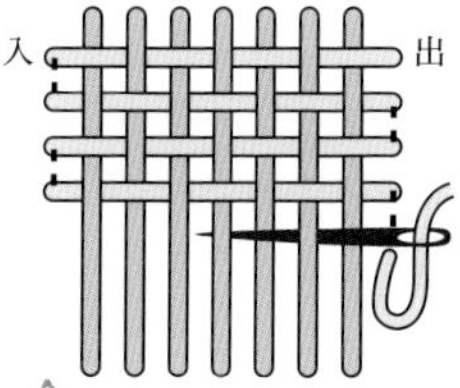

たての糸と
色を同じにしても
変えてもかわいい！

コーチングステッチ

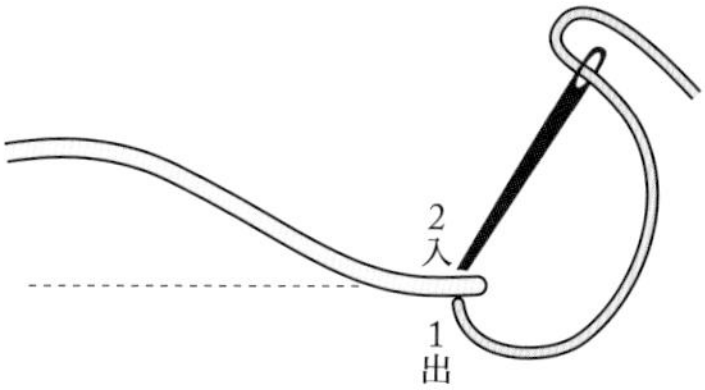

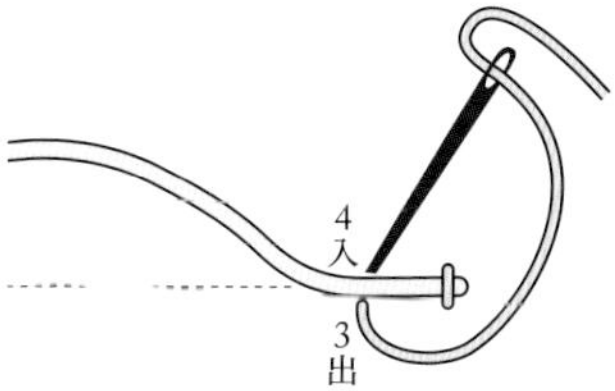

留める糸の色を
同色にしてなじませても、
別の色にして
目立たせても

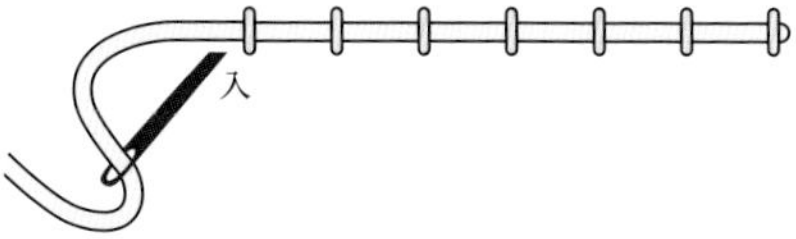

片方の糸を、もう片方の糸で留めていくステッチなので上手にできるようになると、曲線もなめらかに、自由になんでも描けるようになります！

Special Thanks

アドガー工業株式会社　https://www.adger.co.jp/

オリムパス製絲株式会社　https://www.olympus-thread.com/

株式会社ルシアン　https://www.lecien.co.jp/

「COSMO」「Seasons」「スマ・プリ」は株式会社ルシアンの登録商標です。

クロバー株式会社　https://clover.co.jp/

チャコペーパー株式会社　http://www.chacopaper.com/

ディー・エム・シー株式会社　https://www.dmc.com/JP/

一般社団法人日本オートクチュール刺繍協会　https://haute-couture-embroidery.or.jp/

一般社団法人日本リボン刺しゅう協会　https://ribbon-shisyu.or.jp/

ももん　https://crossstitch.momonohanablog.com/

参考文献

『いちばんわかりやすい刺繍ハンドブック』(KADOKAWA)

『きれいに仕上がるステッチのコツとポイント集』(日本ヴォーグ社)

『今日からはじめる刺しゅうのキホン』(成美堂出版)

『おとぎの森の動物刺繍』(河出書房新社)

『刺しゅう きほんの基本』(高橋書店)

『刺しゅうステッチ事典150』(日本ヴォーグ社)

『刺しゅうの基礎』(日本文芸社)

『植物刺繍図鑑』(河出書房新社)

『植物刺繍図鑑　リースとブーケ』(河出書房新社)

『ちいさな日本刺繍』(河出書房新社)

『動物刺繍図鑑』(河出書房新社)

『はじめてでも上手にできる刺しゅうの基本』(西東社)

『BLACK WORK』(河出書房新社)

Thanks for Sampler

浅賀菜緒子	https://www.instagram.com/pontomarie/
R 4	https://www.instagram.com/r04r04/
atelier de nora	https://www.instagram.com/atelier_de_nora/
アトリエ＊ノート	https://www.atelier-note.com/
un peu	https://www.instagram.com/unpeu_c/
itosino	https://www.instagram.com/itosino_mori/
itonohaco	https://www.instagram.com/itonohaco/
itonomori	https://www.instagram.com/itonomori_/
Awj handmade	https://awjhandmade.com/
ACE embroidery	https://www.instagram.com/__aceembroidery_/
遠藤佐絵子	
OKEIKO	https://www.instagram.com/okeiko_92/
kaitoandkite	https://www.instagram.com/kaitoandkite/
かこますみ	https://www.instagram.com/pupurem/
加藤直子	https://www.instagram.com/naoko2118/
kanaecco	https://www.instagram.com/kanaecco/
金星ソナタ	https://www.instagram.com/artlium39/
近藤実可子	https://www.instagram.com/mikako_kondo/
ささきみえこ	https://www.instagram.com/hanahakka_miekosasaki/
シライカズミ	https://www.instagram.com/ironnahappa/
jun	https://www.instagram.com/juntikutiku/
杉田佳恵	https://www.instagram.com/bibilyuski/
spica-pika	https://spica-pika.com/
Tender＊Rainbow	https://www.instagram.com/tender_rainbow/
Chicchi	https://www.chicchi-no-embroidery.com/
chicchai_chicchai	https://www.instagram.com/chicchai_chicchai/
Nunomushi	https://lit.link/nunomushi/
パントン久美子	https://www.instagram.com/kumip_broderie/
PieniSieni	https://lit.link/pienisieni/
FABBRICA	https://www.instagram.com/fabbrica_yaji47/
三浦名菜	https://www.instagram.com/nana_embroidery_works/
MIKI	https://www.instagram.com/pui_kou_pui/
mifu	https://stitchby-a.com/
moha._.moha	https://moha-moha.amebaownd.com/
森本繭香	https://www.cherin-cherin.com/
山神亜衣子	https://lit.link/tsutae/
渡部友子	https://www.instagram.com/a_little_bird_embroidery/

デザイン　土屋裕子（WADE）
DTP　田村浩子（WADE）
撮　影　わだりか（mobiile,inc.）
図案、小物作り方図　WADE
校　正　佐藤英絵
ステッチ図　渡辺梨里香（PearFields）
執筆協力　河中里子、鈴木佳奈、田辺和子

＊本書に掲載の商品情報等は2024年3月現在のものです。
＊本書の一部は、小社刊『植物刺繡図鑑』『植物刺繡図鑑リースとブーケ』『動物刺繡図鑑』『おとぎの森の動物刺繡』等の内容を再編集・再構成し掲載しています。

本書の内容に関するお問い合わせは、お手紙かメール（jitsuyou@kawade.co.jp）にて承ります。恐縮ですが、お電話でのお問い合わせはご遠慮くださいますようお願いいたします。

知りたかった！がつまってる
はじめてさんからの刺繡読本

2024年5月30日 初版発行
2024年9月30日 2刷発行

発行者　小野寺優
発行所　株式会社河出書房新社
〒162-8544 東京都新宿区東五軒町2-13
電話　03-3404-1201（営業）
03-3404-8611（編集）
https://www.kawade.co.jp/
印刷・製本　TOPPANクロレ株式会社

Printed in Japan
ISBN978-4-309-29387-5